Clauß Peter Sajak

Religion unterrichten

Voraussetzungen, Prinzipien, Kompetenzen

Mit einem Beitrag zur kompetenzorientierten Unterrichtsvorbereitung
von Wolfgang Michalke-Leicht

Klett | Kallmeyer

Bibliografische Information der Deutschen Nationalbibliothek
Die Deutsche Nationalbibliothek verzeichnet diese Publikation in der Deutschen Nationalbibliografie; detaillierte bibliografische Daten sind im Internet über http://dnb.d-nb.de abrufbar.

Impressum

Clauß Peter Sajak
Religion unterrichten
Voraussetzungen, Prinzipien, Kompetenzen

2. Auflage 2020

Redaktion: Hildegard Piegeler, Berlin
Druck: BELTZ Grafische Betriebe GmbH, Bad Langensalza
Printed in Germany

ISBN: 978-3-7800-4900-1

Clauß Peter Sajak

Religion unterrichten

Voraussetzungen, Prinzipien, Kompetenzen

Mit einem Beitrag zur kompetenzorientierten Unterrichtsvorbereitung
von Wolfgang Michalke-Leicht

Klett | Kallmeyer

Für Paul Niklas
unser kleines großes Wunder

1 Einleitung: Religion unterrichten

Je mehr die Jugend die Vorstellungen selber entwickeln hilft, desto vollkommener wird der Unterricht sein.
(Friedrich Schleiermacher)

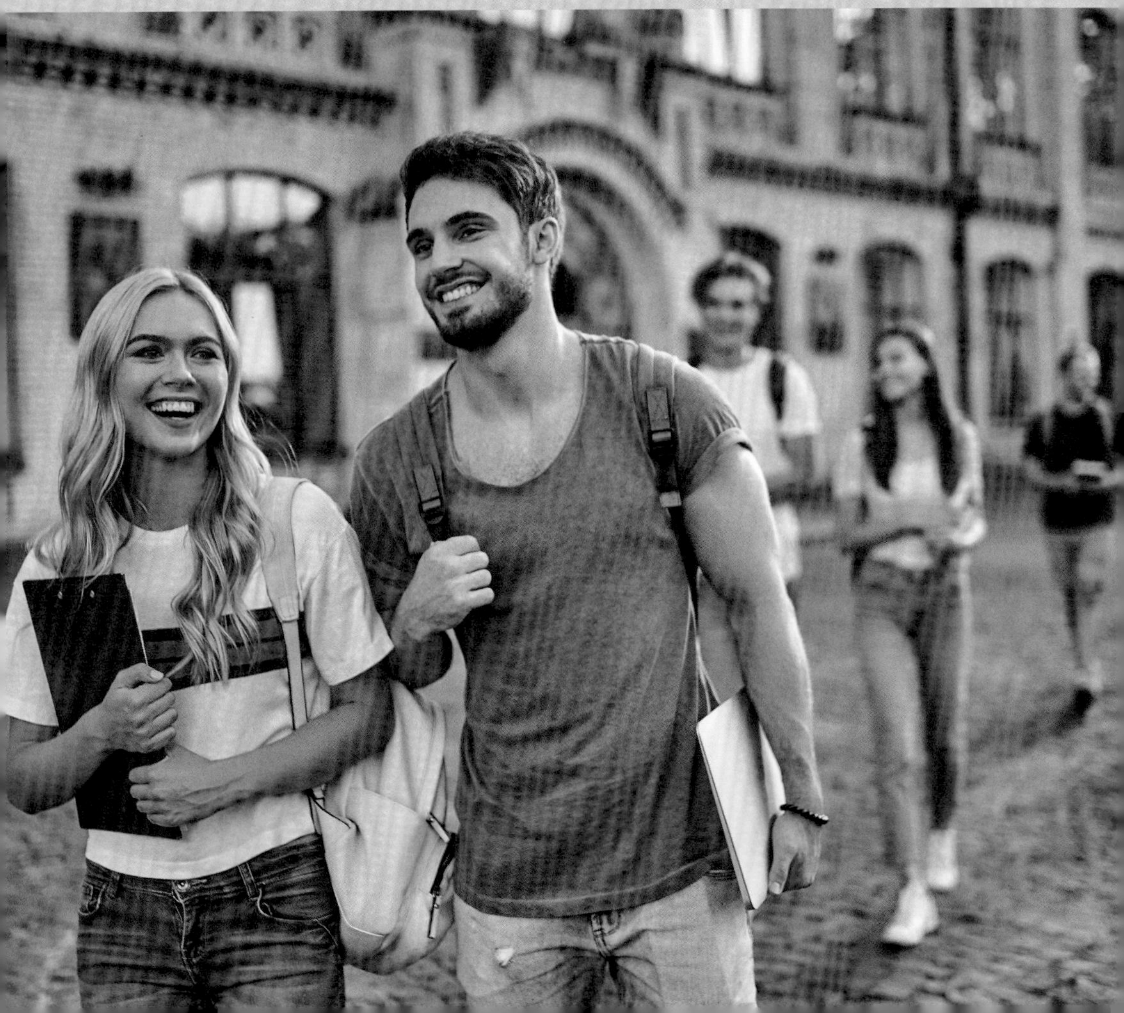

Die in diesem Buch entfaltete Fachdidaktik für den Religionsunterricht hat sich zum Ziel gesetzt, die Neuausrichtung des Religionsunterrichts an Kompetenzen von Schülerinnen und Schülern ernst zu nehmen und in aller Konsequenz für die religionsdidaktische Praxis zu durchdenken. Unter Kompetenzen werden auch im Religionsunterricht die bei Schülerinnen und Schülern verfügbaren oder erlernbaren „kognitiven Fähigkeiten und Fertigkeiten, um bestimmte Probleme zu lösen sowie die damit verbundenen motivationalen, volitionalen und sozialen Bereitschaften und Fähigkeiten“ (Klieme 2003, 21) verstanden, die von den Religionsgemeinschaften inzwischen aufgegriffen und in Kompetenzmodelle für den konfessionellen Religionsunterricht überführt worden sind (Sajak 2010). Zwar liegt zurzeit eine Fülle religionsdidaktischer Einführungen (vgl. Hanisch 2010; Mendl 2018; Riegel 2014) und Lehrbücher (vgl. Hilger/Ritter 2014; Hilger/Leimgruber/Ziebertz 2010; Kalloch/Leimgruber/Schwab 2014) vor, doch sind sie bis auf wenige Ausnahmen (vgl. Lindner 2012 /Woppowa 2018) noch nicht auf das Praxisfeld eines kompetenzorientierten Religionsunterrichts bezogen. Die Ausführungen in diesem Buch wollen dagegen in einem zweifachen Sinne kompetenzorientiert sein: Aufbauend auf den religionsdidaktischen Grundprinzipien Korrelation und Elementarisierung, werden in den folgenden Kapiteln sieben grundlegende religionsdidaktische Kompetenzen beschrieben, die Lehrerinnen und Lehrer beherrschen müssen (1.), um einen an den Kompetenzen von Schülerinnen und Schülern ausgerichteten Religionsunterricht zu planen, durchzuführen und zu reflektieren (2.). Dabei kann auf Forschungsergebnisse zurückgegriffen werden, die zuletzt in den beiden unterrichtspraktischen Forschungsprojekten *KompRU – Entwicklung und Evaluation kompetenzorientierten Religionsunterrichts* und *KompKath – Kompetenzentwicklung im Katholischen Religionsunterricht gestalten* (vgl. Sajak 2012) erhoben und publiziert worden sind.

Das in diesem Zusammenhang entwickelte Modell einer kompetenzorientierten Religionsdidaktik ist in seiner Grundstruktur an das Elementarisierungsmodell von Karl-Ernst Nipkow (Nipkow 2002) angelehnt. In diesem wird zwischen fünf Erscheinungsformen des Elementaren, also des im Lernprozess Grundlegenden (Boschki 2008, 138: „fünf Pole“ des religionsdidaktischen Prozesses), unterschieden, die als Dimensionen des religionsdidaktischen Vermittlungsgeschehens verstanden werden: die *Erfahrungen* der Schülerinnen und Schüler, ihre altersabhängigen und individuell je eigenen *Zugänge*, der zu vermittelnde theologische *Inhalt*, die für das Vermittlungsgeschehen zu entwickelnde didaktische *Struktur* und die mit dieser Struktur verbundene *Methodenwahl*. Wer Unterricht planen, strukturieren und gestalten will, benötigt folglich zur Bearbeitung dieser Dimensionen lebensweltliche (1.), pädagogische (2.), theologische (3.), didaktische (4.) und methodische (5.) Kompetenz. Zusätzlich zu diesen fünf aus dem Tübinger Elementarisierungsmodell gewonnenen Kompetenzen werden außerdem noch mit Blick auf die spezifischen Anforderungen eines dezi-

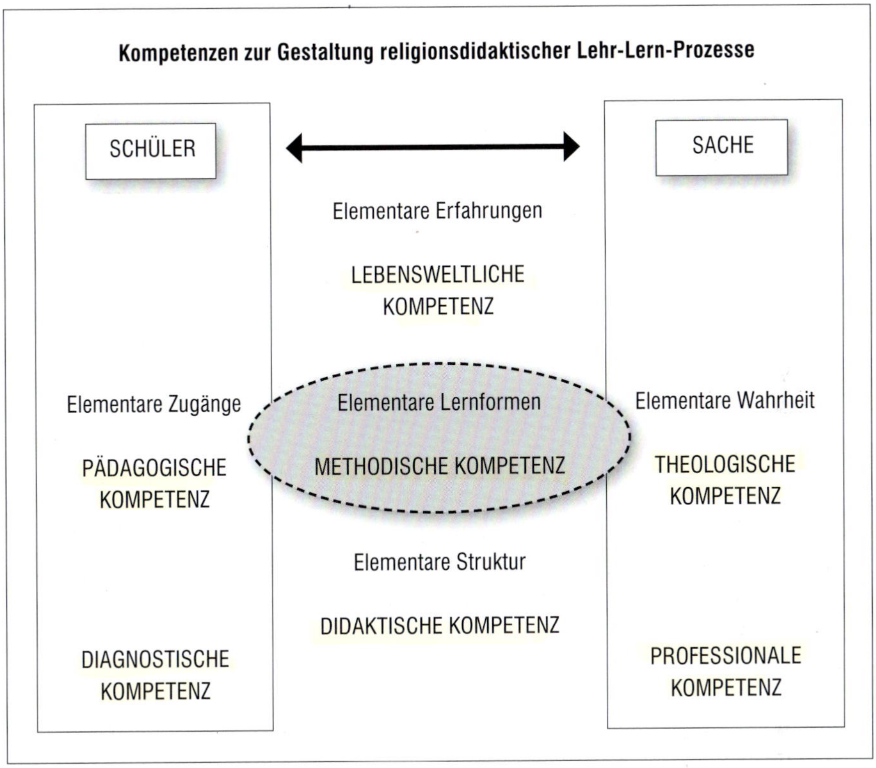

Abb. 1: Dimensionen der Elementarisierung und notwendige Kompetenzen

diert kompetenzorientierten Religionsunterrichts die diagnostische Kompetenz (6.), aber auch eine professionale Kompetenz (7.) aufgenommen und erläutert.

Ein in dieser Weise strukturierter Religionsunterricht setzt allerdings voraus, dass hier ein Vermittlungsprozess zwischen Menschen und Sachen, zwischen Schülerinnen bzw. Schülern und theologischen Inhalten initiiert werden soll. Zu einem wirklichen Vermittlungsprozess gehört zum ersten die Erschließung des Unterrichtsthemas durch die Lernenden, so dass sich ihre Sicht auf die Wirklichkeit nachhaltig verändert. Das setzt zum zweiten aber voraus, dass die theologischen Inhalte didaktisch so ausgewählt, reduziert und präsentiert werden, dass sie für die Lernenden zugänglich und begreifbar sind. Diese beiden konstitutiven Elemente des religionsdidaktischen Vermittlungsprozesses sind im religionsdidaktischen Diskurs als *Korrelation* und *Elementarisierung* bekannt. Weil sie konstitutiv und unverzichtbar für religiöse Lernprozesse sind, werden Korrelation und Elementarisierung als religionsdidaktische Grundprinzipien bezeichnet. *Grundprinzipien* und *Kompetenzen* tragen zur Planung, Gestaltung und Reflexion einer unterrichtspraktischen Bearbeitung von Religion bei, die vor allem im konfessionellen Religionsunterricht ihren schulpädagogischen Ort hat. Warum diese Form der religiösen Bildung in Deutschland überwiegende Praxis ist und welche schulrechtlichen Konstruktionen hinter diesem Fach stehen, wird im Einführungskapitel unter dem Stichwort *Voraussetzungen* ausführlich beschrieben. Damit ist die Struktur dieser kompetenzorientierten Fachdidaktik für den Religionsunterricht vorgestellt.

Die in diesem Buch entfalteten Ausführungen zu religionsdidaktischen Prinzipien und Kompetenzen bauen auf meinen Überlegungen auf, die ich zuerst in meiner *Einführung in die Religionspädagogik* (Sajak 2012) formuliert und skizziert habe. Dass ich in dieser Publikation meinen Ansatz und mein Konzept nun ausführlich vorstellen und entfalten kann, verdanke ich Dr. Fritz Seydel und Dr. Gabriela Holzmann: Sie haben mir die Möglichkeit eröffnet, in der Fachdidaktik-Reihe des Klett-Kallmeyer-Verlages eine kompetenzorientierte Religionsdidaktik zu projektieren. Danken will ich aber auch meinen Mitarbeiterinnen am Lehrstuhl für Religionspädagogik an der Westfälischen Wilhelms-Universität in Münster: Paulina Rörick, Mona Seitz, Felix Neugart und Anne Oeldemann für die Entwicklung und Erprobung der Arbeitsmaterialien in den Tutorien und Repetitorien meiner Religionsdidaktik-Vorlesung, Sabrina Arnold für die Erstellung des Glossars. Außerdem hat sich dankenswerter Weise Dr. Wolfgang Michalke-Leicht, dessen Beiträge zum kompetenzorientierten Religionsunterricht den Diskurs seit Jahren bereichern (vgl. Michalke-Leicht 2011), bereit erklärt, für diesen Band einen Aufsatz zur Unterrichtsvorbereitung beizusteuern, so dass *Religion unterrichten* nicht nur Basiswissen und Materialien für das Studium der Religionsdidaktik bereitstellt, sondern auch als Leitfaden für die Praktikumsvorbereitung und -begleitung genutzt werden kann.

Literatur

Boschki, Reinhold (²2014), Einführung in die Religionspädagogik, Darmstadt.

Hanisch, Helmut (²2010), Unterrichtsplanung im Fach Religion. Theorie und Praxis, Göttingen.

Hilger, Georg/Leimgruber, Stephan/Ziebertz, Hans-Georg (⁶2010), Religionsdidaktik. Ein Leitfaden für Studium, Ausbildung und Beruf, München.

Hilger, Georg/Ritter, Werner H. et al. (2014), Religionsdidaktik Grundschule. Handbuch für die Praxis des evangelischen und katholischen Religionsunterrichts, überarbeitete Neuauflage, München.

Kalloch, Christina/Leimgruber, Stephan/Schwab, Ulrich (³2014), Lehrbuch der Religionsdidaktik für Studium und Praxis in ökumenischer Perspektive, Freiburg i. Br.

Klieme, Eckhard (²2003), Zur Entwicklung nationaler Bildungsstandards. Eine Expertise, Berlin.

Lindner, Heike (2012), Kompetenzorientierte Fachdidaktik Religion, Göttingen.

Mendl, Hans (2018), Religionsdidaktik kompakt. Für Studium, Prüfung und Beruf, überarbeitete Neuauflage, München.

Michalke-Leicht, Wolfgang (2011), Kompetenzorientiert unterrichten. Ein Praxisbuch für den Religionsunterricht, überarbeitete Neuauflage, München.

Nipkow, Karl-Ernst (2002), Elementarisierung. In: Bitter, Gottfried/Englert, Rudolf/Miller, Ga-

briele (Hg.), Neues Handbuch religionspädagogischer Grundbegriffe, München, 451–456.
Riegel, Ulrich (²2014), Religionsunterricht planen. Ein didaktischer Leitfaden für die Planung einer Unterrichtsstunde, Stuttgart.
Sajak, Clauß Peter (2010), Kompetenzorientierung im Religionsunterricht. Zum aktuellen Stand der Diskussion. In: Religionsunterricht an höheren Schulen 53 (2010), 42–48.
Sajak, Clauß Peter (2012), Einführung in die Religionspädagogik. In: Ders. (Hg.), Praktische Theologie. Theologie studieren – Modul 4, Paderborn, 65–119.
Woppowa, Jan (2018), Religionsdidaktik (Grundwissen Theologie), Paderborn.

2 Voraussetzungen

Die Geheimnisse des Glaubens sind wie die Sonne: Hineinschauen kann man nicht, aber in ihrem Licht sehen wir alles anders. (Gilbert Keith Chesterton)

2.1 Religion und Bildung

„Zu glauben ist schwer, nichts zu glauben ist unmöglich." Das dem französischen Dichter Victor Hugo zugeschriebene Zitat bringt es auf den Punkt: Jeder Mensch glaubt an Menschen, Konstellationen und Ereignisse, die sich dem Bereich von Wissen und Kalkül entziehen. In diesem Sinne ist jeder Mensch gläubig: In einer bedingten und letztendlich nicht berechenbaren Wirklichkeit setzt der Mensch seine Hoffnung immer auf bestimmte Glaubenssätze, seien es metaphysische Annahmen („Es gibt ein göttliches Wesen, das einen jeden von uns kennt und liebt"), naturwissenschaftliche Hypothesen („Diese Welt ist durch einen Urknall entstanden und wird einst wieder vergehen!") oder ökonomische Konzepte („Die Märkte regeln sich selbst!"). Für die sogenannte funktionalistische Religionstheorie ist dieser Glauben bereits Religion. In den Augen von Soziologen wie Thomas Luckmann verschwindet Religion in unseren westlichen Gesellschaften deshalb nicht etwa, sondern sie verändert ihre Form: In einem inzwischen legendären Essay *Die unsichtbare Religion* (erstmals 1973, hier 1991) zeigte Luckmann auf, dass eine solche weite Deutung des Religionsbegriffs in den modernen Gesellschaften eine Neudefinition des Begriffes „Religion" mit sich bringt: „Man versteht leicht, warum Religion gemeinhin mit einer ihrer besonderen Formen verwechselt wird, nämlich mit der Form, die wir aus der Geschichte der abendländischen Gesellschaften kennen" (Luckmann 1991, 77). Unter dem Einfluss von Judentum und Christentum „kam eine irreführende Definition von Religion auf. Diese Definition ist eher substantiell als funktional" (ebd., 77 f.). Versteht man Religion in diesem klassisch-substantialistischen Sinne als Verwiesenheit und Verpflichtung auf eine höhere Macht und den entsprechenden Gottesdienst – das klassische *religare et relegere*, exemplarisch bei Laktanz und Cicero (vgl. Berner 1996) –, muss man in den Gesellschaften der westlichen Hemisphäre zweifellos einen Verlust an Religion konstatieren. Trennt man sich aber von einer solchen substantialen, also materialen, mit bestimmten Glaubensinhalten verknüpften Religionstheorie und verwendet stattdessen einen eher formalen, an den Funktionen von Religion orientierten Begriff, lassen sich viele Verhaltensweisen auch in der modernen Gesellschaft durchaus als „Religion" bezeichnen, die aber im Vergleich mit den großen Religionssystemen eher unsichtbar sind: Man muss nur an den Kult um Stars und Sternchen, um Fußballvereine, Markenartikel oder Kultfiguren wie Steve Jobs denken.

Für eine substantialistische Religionstheorie, in der Religion im traditionellen Sinne als Glaube und Verehrung einer höheren außerweltlichen Macht verstanden wird, können solche gesellschaftlichen Phänomene im besten Fall Religionsersatz sein. Doch auch Vertreter der genannten religionssoziologischen Schule beobachten in den letzten Jahren eine neue Dynamik in Sachen traditioneller Religion: Mit den politischen Entwicklungen, die am 11. September 2001 ihren Ausgang genommen und mit den Flüchtlingsbewegungen im Herbst 2015

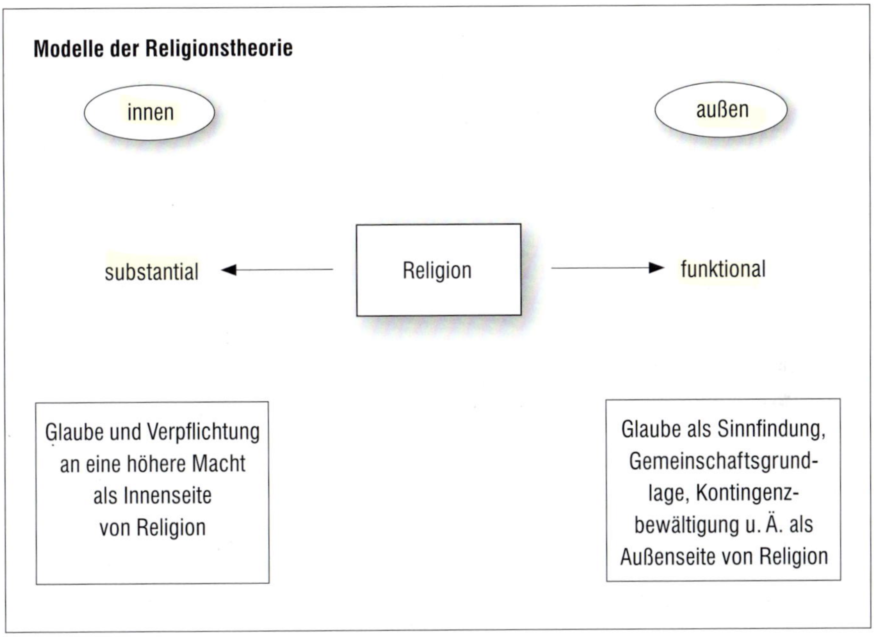

Abb. 2: Funktionalistische und substantialistische Religionsbestimmungen

einen neuen Höhepunkt gefunden haben, ist auch der deutschen Öffentlichkeit deutlich geworden, dass die Vorstellung, alle Religion werde sich im Rahmen des „Nullsummenspiel[s] zwischen den kapitalistisch entfesselten Produktivkräften von Wissenschaft und Technik auf der einen, den haltenden Mächten von Religion und Kirche auf der anderen" (Habermas 2001) mit der Zeit verflüchtigen und auflösen, ein Mythos der Moderne ist. Das hat Jürgen Habermas, der letzte große Vertreter der Frankfurter Schule, zur Überraschung vieler eindrücklich in seiner Friedenspreisrede am 14. Oktober 2001 konzediert. Die klassischen Religionen sind wieder Thema und das in einem Maße, das nicht nur europäische, sondern auch amerikanische Sozialphilosophen und Soziologen überrascht. So schreibt Martin Riesebrodt in der Einleitung seines Buches *Die Rückkehr der Religionen*:

> Die dramatische weltweite Rückkehr der Religionen und ihre Bedeutung als öffentliche Macht hat die meisten von uns überrascht, ob wir nun Sozialwissenschaftler sind oder nicht. Wir glaubten alle mehr oder weniger zu wissen, dass ein solches Wiedererstarken von Religion nicht möglich sei. Denn der westliche Modernisierungsmythos hatte uns gelehrt, einen fortschreitenden Trend in Richtung einer Säkularisierung und Privatisierung von Religionen zu erwarten (Riesebrodt 2000, 9).

In der Bundesrepublik Deutschland zeigt sich diese Rückkehr der Religionen in die Sphäre der Öffentlichkeit vor allem in Gestalt des Islam. Inzwischen leben ca. 5 Millionen Muslime in der Bundesrepublik Deutschland und viele von ihnen praktizieren und repräsentieren ihren Glauben mit großer Selbstverständlichkeit und wachsendem Selbstbewusstsein. Die Frage nach der Legitimität des Schächtens und der Legalität der Beschneidung, die Diskussionen um repräsentative Moscheebauten in deutschen Kommunen und die Bemühungen um islamischen Religionsunterricht in den öffentlichen Schulen zeigen deutlich, dass die im Grundgesetz garantierte positive Religionsfreiheit inzwischen nicht mehr nur von den christlichen Kirchen, sondern immer mehr auch von den muslimischen Verbänden und Religionsgemeinschaften eingefordert wird. Dies führt zu großen Irritationen auf Seiten der – auch durch die Wiedervereinigung – zunehmend säkularisierten und entkonfessionalisierten politischen Öffentlichkeit. Jürgen Habermas hat deshalb in der bereits zitierten Friedenspreisrede ausgeführt, dass es von fundamentaler Bedeutung für die Zukunft unserer Gesellschaft sein wird, die fortschreitende Säkularisierung der (noch) Mehrheiten in eine Richtung zu steuern, in der eine „Übersetzung" der religiösen Traditionen und Werte in den rationalen Diskurs der offenen Gesellschaft noch möglich ist (vgl. Habermas 2001). Ein solcher Übersetzungsprozess baut allerdings auf Voraussetzungen auf, die zu einem verantwortungsvollen Umgang mit den Phänomenen von Religion und Glauben befähigen: Notwendig ist eine Art „Religious Literacy", also die basale Fähigkeit, das Symbolsystem religiöser Glaubenssysteme „lesen" und sich in diesem „verständigen" zu können. Notwendig sind zum anderen aber auch Einstellungen und Haltungen, mit denen Glaube und Religion verstanden, akzeptiert, ja mehr noch: mit Wertschätzung wahrgenommen werden sollen. In diesem Sinne ist die Gestaltung des gesellschaftlichen Miteinanders auch von individuellen Fähigkeiten, Haltungen und Einstellungen abhängig, die sich auf das Wissensgebiet von Religion beziehen. Damit sind elementare Ziele religiöser Bildung benannt.

In der Sprache der Bildungswissenschaften wird ein Wissensgebiet wie Religion als „Domain" bezeichnet. Dabei ist zu beachten, dass der Kanon unserer schulischen und universitären Domains – also Kunst, Musik, Sprachen, Mathematik, Ökonomie etc. – nicht als eine Addition der verschiedenen Bereiche verstanden werden darf, in dem Sinne, dass sich das Ganze von Wirklichkeit schlicht aus der Summe des Wissens aus den verschiedenen Wissensgebieten „aufaddiert". Vielmehr bieten die unterschiedlichen Domains verschiedenartige Perspektiven auf und damit Zugänge zur Wirklichkeit. Im Kontext der PISA-Studie hat der Bildungswissenschaftler Jürgen Baumert in diesem Sinne vier „Modi der Weltbegegnung" (Baumert 2002, 106 f.) identifiziert, welche als grundlegende Wirklichkeitszugänge die Voraussetzung individueller Bildung darstellen und die jeweils eigenständig wie unersetzbar sind: die kognitiv-instrumentelle Rationalität (Mathematik, Naturwissenschaften), die moralisch-evaluative (Geschich-

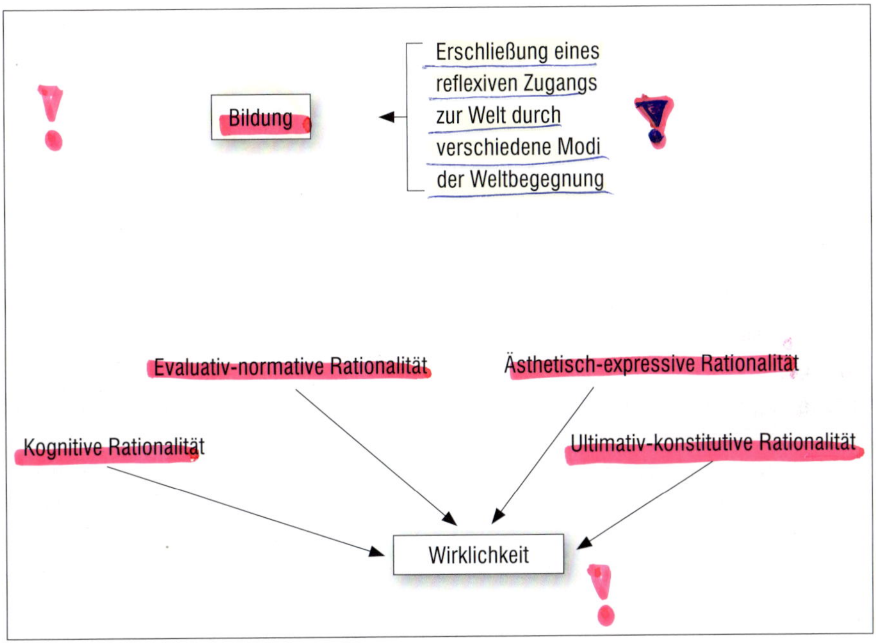

Abb. 3: Die vier Modi der Weltbegegnung nach Jürgen Baumert (vgl. Baumert 2002, 106 f.)

te, Wirtschaft, Sozialkunde/Politik, Recht), die ästhetisch-expressive (Sprache, Literatur, Kunst, Musik) sowie die konstitutive Rationalität (Religion, Philosophie). Religiöse Bildung zielt also auf den Umgang mit konstitutiver Rationalität: Konstitutiv, also „festlegend" ist diese Rationalität, weil sie die Grundkategorien (z. B. Gott) sowie Erklärungs- bzw. Deutungsmuster (z. B. Schöpfung) bestimmt, mit denen der Mensch über die Totalität von Wirklichkeit reflektieren und sich selbst mit dieser produktiv auseinandersetzen kann. Religiöse Bildung soll also den Menschen ermächtigen, das Ganze von Wirklichkeit in den Blick zu nehmen, um sich dann zu diesem Ganzen in ein Verhältnis setzen zu können (vgl. ausführlich Sajak 2009).

Jürgen Baumert betont in seinen Ausführungen, dass alle vier Modi der Weltbegegnung im Kontext menschlicher Bildung notwendig sind: sie können sich nicht gegenseitig ersetzen. Entsprechend muss eine schulische Bildung, die auf das Leben in der dem Menschen gegebenen Wirklichkeit vorbereiten soll, alle vier Weltzugänge eröffnen, bearbeiten und einüben. Somit hat die Behandlung von Religion als Modus konstitutiver Rationalität im Kanon der schulischen Fächer auch in der säkularen Schule nicht nur historische oder schulrechtliche (s. im Folgenden 2.2), sondern vor allem auch eine bildungswissenschaftliche Begründung.

ZUSAMMENFASSUNG

Glaube und Religion gehören wesentlich zur Geschichte des Menschen. Dies zeigt nicht nur die historische Religionswissenschaft und die vergleichende Religionssoziologie, sondern auch die sozialwissenschaftlich ausgerichtete Bildungsforschung. Religion ist einer von vier Modi der Welterschließung, die unsere menschliche Rationalität konstituieren. Sollen in der schulischen Bildung mit Hilfe eines Kanons von Unterrichtsfächern alle Rationalitätsformen eingeübt und weiterentwickelt werden, so muss Religion in der Schule produktiv bearbeitet und nicht tabuisiert oder marginalisiert werden.

Literatur

Baumert, Jürgen (2002), Deutschland im internationalen Bildungsvergleich. In: Killius, Nelson/Kluge, Jürgen/Reisch, Linda (Hgg.), Die Zukunft der Bildung, Frankfurt a. M., 100–150.

Berner, Ulrich (1996), Art. Religion. In: Waldenfels, H. (Hg.), Lexikon der Religionen. Phänomene – Geschichte – Ideen, Freiburg i. Br./Basel/Wien, 531–532.

Habermas, Jürgen (2001), Glaube und Wissen. Rede zur Verleihung des Friedenspreises am 14. Oktober 2001. In: Frankfurter Allgemeine Zeitung vom 15. Oktober 2001, 9.

Luckmann, Thomas (1991), Die unsichtbare Religion, Frankfurt a. M.

Riesebrodt, Martin (2000), Die Rückkehr der Religionen. Fundamentalismus und „Kampf der Kulturen", München.

Sajak, Clauß Peter (2009), Abstieg ins Tal von Elah – Kompetenz, Kanon und religiöse Bildung. In: Theologische Revue 105 (2009), Nr. 6, Sp. 441–452.

1a

Arbeitsblatt

2.1 Religion und Bildung

Vergewisserung

1. **Betrachten Sie die verschiedenen Äußerungen zum Thema „Natur“ und ordnen Sie diese den vier Modi der Welterschließung von Jürgen Baumert zu. Begründen Sie Ihre Entscheidung.**
2. **Erläutern Sie, inwiefern das Modell der Wirklichkeitserschließung von Jürgen Baumert von zentraler Bedeutung für den schulischen Religionsunterricht ist.**
3. **Entwickeln Sie die vier Modi der Welterschließung an einem Beispiel Ihrer Wahl.**

Alles Natur?

Septembermorgen

Im Nebel ruhet noch die Welt,
Noch träumen Wald und Wiesen:
Bald siehst du, wenn der Schleier fällt,
Den blauen Himmel unverstellt,
Herbstkräftig die gedämpfte Welt
In warmem Golde fließen.

Eduard Mörike, 1827

Fotosynthese (Kreislauf biochemischer Reaktionen)

Der Sonnengesang

[…]
Gelobt seist du, mein Herr, mit allen deinen Geschöpfen,
zumal dem Herrn Bruder Sonne;
er ist der Tag, und du spendest uns das Licht durch ihn.
Und schön ist er und strahlend in großem Glanz,
dein Sinnbild, o Höchster. […]
Gelobt seist du, mein Herr, durch unsere Schwester, Mutter Erde,
die uns ernähret und lenkt (trägt)
und vielfältige Früchte hervorbringt und bunte Blumen und Kräuter. […]

Gebet von Franz von Assisi, 13. Jhd.

§ 9 Empfehlungen des Bundesministeriums für Umwelt, Naturschutz und Reaktorsicherheit

(1) Zur Erreichung des in § 1 Nr. 2 genannten Zwecks kann das Bundesministerium für Umwelt, Naturschutz und Reaktorsicherheit der Bevölkerung bestimmte Verhaltensweisen empfehlen. Die Empfehlungen sollen im Benehmen mit den zuständigen obersten Landesbehör-

1b

Arbeitsblatt

2.1 Religion und Bildung

den ergehen. Soweit Empfehlungen Lebensmittel, Tabakerzeugnisse, Bedarfsgegenstände, Arzneimittel und deren Ausgangsstoffe sowie Futtermittel betreffen, ergehen sie im Einvernehmen mit den Bundesministerien für Gesundheit, für Ernährung, Landwirtschaft und Verbraucherschutz und für Wirtschaft und Technologie.
Ausschnitt aus dem StrVG, Bundesministerium für Justiz

Vertiefung

1. **Geben Sie jeweils den Gedankengang der nachfolgenden Texte wieder.**
2. **Vergleichen Sie die Aussagen der beiden Texte. Stellen Sie Gemeinsamkeiten heraus. Erarbeiten Sie die Unterschiede, die sich hinsichtlich der Bedeutung von Religion aus den beiden Texten ergeben.**

Rudolf Otto: Mysterium Tremendum

Betrachten wir das Unterste und Tiefste in jeder starken frommen Gefühls-regung sofern sie noch mehr ist als Heilsglaube Vertrauen oder Liebe, dasjenige was auch ganz abgesehen von diesen Begleitern auch in uns zeitweilig das Gemüt mit fast sinn-verwirrender Gewalt erregen und erfüllen kann; verfolgen wir es durch Einfühlen durch Mit- und Nachgefühl bei anderen um uns her, in starken Ausbrüchen des Frommseins und seinen Stimmungs-äußerungen, in der Feierlichkeit und Gestimmtheit von Riten und Kulten, in dem was um religiöse Denkmäler Bauten Tempel und Kirchen wittert und webt, so kann sich uns als Ausdruck der Sache nur einer nahe legen: Gefühl des *mysterium tremendum*, des schauervollen Geheimnisses. Das Gefühl davon kann mit milder Flut das Gemüt durchziehen in der Form schwebender ruhender Stimmung versunkener Andacht: es kann so übergehen in eine stetig fließende Gestimmtheit der Seele die lange fortwährt und nachzittert bis sie endlich abklingt und die Seele wieder im Profanen läßt. Es kann auch mit Stößen und Zuckungen plötzlich aus der Seele hervorbrechen. Es kann zu seltsamen Aufgeregtheiten, zu Rausch Verzückung und Ekstase führen. Es hat seine wilden und dämonischen Formen. Es kann zu fast gespenstischem Grausen und Schauder herabsinken. Es hat seine rohen und barbarischen Vorstufen und Äußerungen. Und es hat seine Entwicklung ins Feine Geläuterte und Verklärte. Es kann zu dem stillen demütigen Erzittern und Verstummen der Kreatur werden vor dem – ja wovor? Vor dem was im unsagbaren *Geheimnis* über aller Kreatur ist.

(aus: Rudolf Otto, Das Heilige. Über das Irrationale in der Idee des Göttlichen. Ein Verhältnis zum Rationalen, 2. Aufl. München (Beck) 2004, S. 8 f.)

Funktion der Religion

Die Voraussetzung für ein funktionales Verständnis von Religion liegt also vor allem darin begründet, dass sich gesellschaftlich die Verhältnisse in der Beziehung zwischen Leben und Religion umgekehrt haben. [...] Unbestritten scheint – nach dem Urteil der meisten Soziologen – zu sein, dass Religion in diesem Rahmen im Leben eines jeden Menschen von Bedeutung ist. Der Soziologe F. X. Kaufmann etwa beschreibt diese in sechs Funktionen:

1. Affektbindung und Angstbewältigung
2. Deutung von außeralltäglichen Handlungen in diesem Bereich
3. Verarbeitung von Kontingenzerfahrungen
4. Legitimation von Gemeinschaftsbildung und soziale Integration
5. Kosmisierung von Welt
6. Ermöglichung von Protest gegen ungerechte und unmoralische Gesellschaften.

Nach Kaufmann hat die Religion allerdings kein Monopol für diese Funktion. Die Leistungen werden von verschiedenen Instanzen und durch verschiedene Träger erbracht.

(aus: Michael Böhmke, Theologische Gründe für und wider die Funktionalität der christlichen Religion, in: Jömann, Norbert (Hg.), Religion – Wieso, weshalb, warum? Zur Funktionalität von Religion aus soziologischer, biologischer, philosophischer und theologischer Sicht, Münster 2004, 91 – 112, hier 98 f.)

2.2 Religion und Schule

Die Domain Religion und der mit ihr verbundene Modus religiöser Bildung kann im Raum der Institution Schule in unterschiedlicher Weise bearbeitet werden: So besteht zum einen die Möglichkeit, dass Religion aus einer weltanschaulich neutralen Perspektive unterrichtet wird, mit dem Ziel, vor allem allgemeine Kenntnisse über Religiosität und die großen Weltreligionen zu vermitteln. Ein solcher Unterricht wird als *Religionskunde* bezeichnet, seine universitäre Bezugswissenschaft ist nicht die evangelische, katholische, jüdische oder islamische Theologie, sondern die vergleichende Religionswissenschaft. Dieses Modell einer staatlichen Religionskunde ist allerdings in Deutschland ein Sonderfall, der sich so nur in den Bundesländern Bremen (über Jahrzehnte das Unterrichtsfach „Biblische Geschichte", seit 2014 nun das Fach „Religion"), Brandenburg (das Unterrichtsfach „Lebensgestaltung – Ethik – Religionskunde") und Berlin (das Unterrichtsfach „Ethik", das auch religionskundliche Themeneinheiten umfasst) findet. In allen anderen Ländern der Bundesrepublik Deutschland wird Religion nicht aus neutraler, staatlicher Perspektive, sondern in der Verantwortung der einzelnen Religionsgemeinschaften unterrichtet: Hier gibt es in der Regel evangelischen und katholischen, in manchen Regionen auch alevitischen, jüdischen und orthodoxen Religionsunterricht. An der Etablierung eines islamischen Religionsunterrichts wird in den meisten Bundesländern zur Zeit intensiv gearbeitet, das bevölkerungsreichste deutsche Bundesland Nordrhein-Westfalen hat ein solches Fach mit Beginn des Schuljahrs 2012/13 eingeführt. Weil der Religionsunterricht aus der Perspektive eines bestimmten religiösen Bekenntnisses (lat. confessio) unterrichtet wird, spricht man im Schulrecht von einem *konfessionellen Religionsunterricht*. Im Gegensatz zu einem religionskundlichen Unterricht, in dem Kinder und Jugendliche *über* Religion unterrichtet werden, werden sie im konfessionellen Unterricht *in* einer bestimmten Religion unterrichtet, was nicht ausschließt, dass natürlich auch über andere Konfessionen und Religionen in diesem Zusammenhang informiert wird, dann natürlich aber in einem konfessionskundlichen bzw. religionskundlichen Modus. In der englischsprachigen Religionspädagogik, also der Religious Education, wird in analoger Weise seit längerem zwischen „teaching about religion" bzw. „studying theology" auf der einen und „teaching in religion" und „doing theology" auf der anderen Seite unterschieden (vgl. klassisch Hull 1977). Für Schülerinnen und Schüler, die keinem religiösen Bekenntnis angehören, wird in allen Bundesländern inzwischen ein Ersatzfach parallel zum Religionsunterricht angeboten, das in der Regel „Ethik", in Nordrhein-Westfalen „Praktische Philosophie" heißt. Aber auch in diesem Fach ist Religion Thema, in dem Sinne nämlich, dass hier in einem religionskundlichen Modus, also „by teaching about religion", die klassischen Weltreligionen behandelt und erschlossen werden sollen. Somit ist auch hier gewährleistet, dass ein Grundmaß religiöser Bildung vermittelt wird.

Weil das Grundgesetz der Bundesrepublik Deutschland einen Religionsunterricht in Übereinstimmung mit den Grundsätzen der Religionsgemeinschaften vorsieht, wird dieser in den meisten deutschen Bundesländern als konfessionelles Schulfach praktiziert. Die zentralen Bestimmungen zu dieser Frage sind in Art. 7 Abs. 3 Satz 1 und 2 des Grundgesetzes enthalten. Dort heißt es:

> Der Religionsunterricht ist in den öffentlichen Schulen, mit Ausnahme der bekenntnisfreien Schulen, ordentliches Lehrfach. Unbeschadet des staatlichen Aufsichtsrechts wird Religionsunterricht in Übereinstimmung mit den Grundsätzen der Religionsgemeinschaften erteilt.

In Fortführung von Regelungen der Weimarer Reichsverfassung von 1919 schreibt somit auch die Verfassung vom 23. Mai 1949 fest, dass der Religionsunterricht in der Bundesrepublik Deutschland den Status eines ordentlichen Lehrfachs hat und dass seine Erteilung eine staatliche Aufgabe und Angelegenheit ist, bei der allerdings die inhaltliche Gestaltung durch die jeweilige Religionsgemeinschaft zu erfolgen hat. Dahinter steckt der Gedanke, dass der Staat im Raum der Schule seine weltanschauliche Neutralität nicht wahren könnte, wenn er in Sachen Glaube und Ethos Position beziehen müsste. Entsprechend sollen diese materialen Fragen der Unterrichtsgestaltung von der Religionsgemeinschaft entschieden werden, so dass der Staat sich auf die Unterrichtsorganisation beschränken kann. Diese Zusammenarbeit von Religionsgemeinschaft und Staat wird in der Sprache der Rechtswissenschaft als „res mixta", also als gemeinsame Sache bezeichnet. In der konkreten Praxis hat sich die res mixta inzwischen in den meisten Bundesländern so ausgeprägt, dass der Staat für die Organisation des Religionsunterrichts und die Ausbildung der Lehrerinnen und Lehrer verantwortlich zeichnet, während die Religionsgemeinschaften der Einstellung von Religionslehrerinnen und -lehrern zustimmen und Lehrpläne wie Unterrichtsmaterialien approbieren müssen. Deshalb haben z. B. die katholischen Bischöfe die Konzeption des katholischen Religionsunterrichts in ihrem Jurisdiktionsbereich immer schon maßgeblich durch Veröffentlichungen normativen Charakters mitbestimmt. Zu nennen sind hier vor allem der Beschluss der Würzburger Synode *Der Religionsunterricht in der Schule* aus dem Jahr 1974, die bischöflichen Verlautbarungen *Die bildende Kraft des Religionsunterrichts* von 1996 und *Der Religionsunterricht vor neuen Herausforderungen* von 2005 sowie das jüngste Dokument *Die Zukunft des konfessionellen Religionsunterrichts* aus dem Jahr 2016. Im evangelischen Bereich kommt eine solche konfessionelle Regelungsgewalt den einzelnen Landeskirchen zu, für welche die Evangelische Kirche in Deutschland (EKD) ebenfalls entsprechende Programmpapiere vorgelegt hat; zu nennen sind hier z. B. die Denkschriften *Identität und Verständigung* aus dem Jahr 1994 und *Religiöse Orientierung gewinnen* aus dem Jahr 2014.

Wie aber verhält es sich mit den Bundesländern in Deutschland, die keinen konfessionellen, sondern eine alternative Form des Religionsunterrichts eingerichtet haben? Warum dürfen sie einen Unterricht im Modus der Religionskunde überhaupt anbieten? In Art. 141 des Grundgesetzes findet sich hierzu die sogenannte „Bremer Klausel", die es Bundesländern mit einer anderen Rechtstradition ermöglicht, von einem konfessionellen Religionsunterricht als ordentlichem Schulfach gemäß Art. 7 Abs. 3 Abstand zu nehmen.

> Artikel 7 Abs. 3 Satz 1 findet keine Anwendung in einem Lande, in dem am 1. Januar 1949 eine andere landesrechtliche Regelung bestand.

Auf diesen Passus berufen sich die Bundesländer Bremen, Brandenburg und Berlin, um ihre Sonderregelung eines Unterrichts mit religionskundlicher Ausrichtung zu begründen. Alle drei Bundesländer haben dabei aber unterschiedliche Modelle entwickelt: So gibt es in Berlin zusätzlich zum Ethikunterricht außerordentlichen Religionsunterricht durch die Religionsgemeinschaften, der freiwillig zusätzlich von den Schülerinnen und Schülern besucht werden kann und in dem es keine versetzungsrelevanten Zensuren gibt. In Brandenburg dagegen hat der konfessionelle Religionsunterricht nach einem Urteil des Bundesverfassungsgerichts inzwischen den Status eines Ersatzfaches: Religionsmündige Schülerinnen und Schüler bzw. die Erziehungsberechtigten von noch nicht mündigen Kindern haben das Recht, den Austritt aus „Lebensgestaltung – Ethik – Religionskunde" zu erklären; stattdessen muss für sie ab einer bestimmten Gruppenstärke konfessioneller Religionsunterricht angeboten werden.

Zwischen dem Modell einer neutralen Religionskunde und dem Modus eines konfessionellen Religionsunterrichts haben sich inzwischen verschiedene neue religionsunterrichtliche Formate entwickelt, die mit der Problematik getrennter konfessioneller Lerngruppen im Religionsunterricht zusammenhängen: Wenn in einer Jahrgangsstufe neben katholischen, evangelischen und konfessionslosen Schülerinnen und Schülern inzwischen auch muslimischen Schülerinnen und Schülern – vielleicht noch getrennt nach verschiedenen islamischen Ausrichtungen – eine eigene Lerngruppe im Rahmen des Regelunterrichts angeboten werden soll, stellt dies viele Schulleitungen vor große organisatorische Schwierigkeiten. Hinzu kommt, dass im Kontext der föderalen wie kommunalen Mängelverwaltung an vielen Schulen in dieser Republik weder das entsprechend qualifizierte Lehrpersonal, geschweige denn notwendige Lernräume zur Verfügung gestellt werden können. Faktisch stehen viele Schulleiterinnen und Schulleiter vor der Aufgabe, neben all den Schwierigkeiten, die sich ihnen im Bereich der Unterrichtsversorgung der Kernfächer zeigen, mit großem Aufwand gerade für den Bereich des Religionsunterrichtes pragmatische Lösungen für eine reibungslose Organisation zu schaffen. Dies führt oft dazu, dass christliche Schülerinnen und Schüler eine Lerngruppe bilden, in der die Schülerinnen und Schüler der zahlenmäßig kleineren christlichen Konfession am Unterricht der Mehrheitskonfession teilnehmen. In pluralen Ballungsgebieten fordern

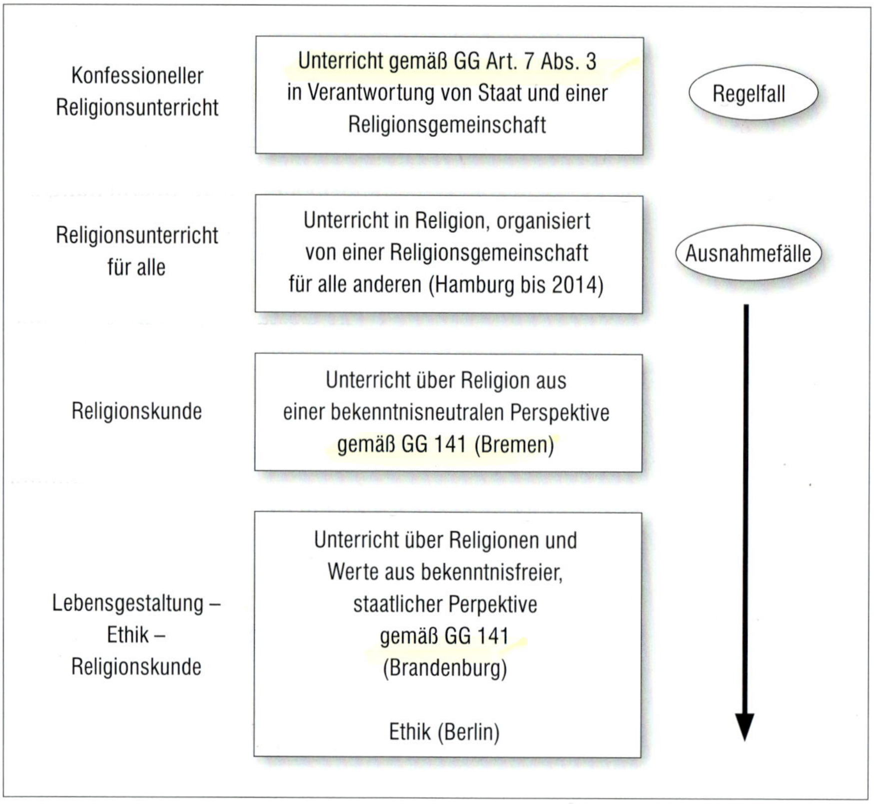

Abb. 4: Die Organisationsformen des Religionsunterrichts in den Bundesländern

evangelische Religionspädagogen in Anlehnung an das sogenannte „Hamburger Modell" inzwischen vehement die Einführung eines „Religionsunterrichts für alle" (vgl. Rickers 2001 und Weiße 2004). Dieser Religionsunterricht versteht sich nicht religionskundlich, sondern als ein von den christlichen Kirchen und gegebenenfalls auch anderen Religionsgemeinschaften gemeinsam verantworteter Unterricht über Konfessionen und Religionen. Die katholische Kirche lehnt einen solchen Religionsunterricht bisher ab: Sie hat stattdessen durch verschiedene landesspezifische Vereinbarungen der Diözesen mit Kultusministerien und Landeskirchen über einen konfessionsübergreifenden bzw. konfessionell kooperierenden Religionsunterricht reagiert. Diese Regelungen lassen einen gemeinsamen Unterricht von Schülerinnen und Schülern der beiden christlichen Konfessionen zu, unter der Voraussetzung, dass die Zahl der evangelischen und katholischen Schülerinnen und Schüler die Bildung von konfessionellen Lerngruppen in einer Jahrgangsstufe nicht zulässt. Baden-Württemberg hat ein solches Modell konfessioneller Kooperation zum Regelunterricht erhoben, allerdings unter den Voraussetzungen zeitlicher Beschränkungen auf bestimmte Schuljahre und unter der Voraussetzung entsprechender Lehrerinnen- und Lehrerfortbildung (vgl. Evangelische Landeskirche in Baden et al. 2017). Ähnliche Regelungen gibt es bereits in Niedersachsen und Nordrhein-Westfalen. Es scheint so, dass ein solcher konfessionell-kooperativer Religionsunterricht ein Zukunftsmodell für die Bearbeitung des religiösen Weltzugangs im Raum der Schule sein könnte (vgl. Sekretariat der Deutschen Bischofskonferenz 2016), zumal auch die Stadt Hamburg seit dem Schuljahr 2014/15 einen nun religionskooperativen Unterricht erprobt (Bauer 2014).

Wie zeigt sich nun die materiale, also inhaltliche Gestaltung des konfessionellen Religionsunterrichts durch die Religionsgemeinschaften? Im Folgenden soll exemplarisch auf die kirchlichen Vorgaben zum katholischen Religionsunterricht eingegangen werden: Dieser ist maßgeblich durch den Beschluss der Würzburger Synode *Der Religionsunterricht in der Schule* aus dem Jahr 1974 geprägt worden. „Würzburger Synode" ist ein im katholischen Sprachgebrauch geläufiger Terminus für die Gemeinsame Synode der Bistümer in Deutschland, die zwischen 1970 und 1975 regelmäßig in Würzburg tagte, um die Beschlüsse des II. Vatikanischen Konzils, das zwischen 1962 bis 1965 in Rom stattfand, in den verschiedenen kirchlichen Handlungsfeldern der deutschen Ortskirche konkret werden zu lassen. Wie das II. Vatikanische Konzil, so ist auch die Würzburger Synode ein Ereignis der Kirchengeschichte gewesen, das vom Geist des Aufbruchs und des „Aggiornamento" (Papst Johannes XXIII.) Zeugnis ablegte. Für den Religionsunterricht entwickelten die Synodalen ein fundamental neues Konzept, das bis heute Gültigkeit hat.

Die entscheidende Neukonzeption der Synode ist die Trennung von schulischem Religionsunterricht und Gemeindekatechese. Während bis zur Synode schulischer Religionsunterricht vor allem Unterweisung in der katholischen Glaubenslehre bedeutete – z. B. durch die materialkerygmatische Methode –, unterscheidet das neue Konzept zwischen katholischer Unterweisung in der Pfarrgemeinde, z. B. im Rahmen der Sakramentenvorbereitung, und dem Religionsunterricht in der Schule (vgl. Sekretariat der Deutschen Bischofskonferenz 1989, 1.4.). Letzterer ist zwar durch die dreifache Identität – katholische Lehrkraft, katholische Adressaten und katholische Inhalte – konfessionell verortet, soll aber auch aufgrund des schulischen Bildungskontextes nichtreligiöse oder religiös indifferente Schülerinnen und Schüler, wie sie die Auflösung der konfessionellen Milieus in den 1970er Jahren hervorgebracht hat, ansprechen und erreichen. Folglich ist es nicht mehr Ziel des schulischen Religionsunterrichts, den katholischen Glauben zu verkünden und in diesen einzuführen, sondern eine eigenständige religiöse Entscheidung der Schülerinnen und Schüler zu ermöglichen und ihr Engagement in Kirche und Gesellschaft zu fördern.

Dies impliziert auch das sogenannte Bildungsparadox: Dadurch, dass Kindern und Jugendlichen der edukative Prozess hin zu Autonomie und Differenzfähig-

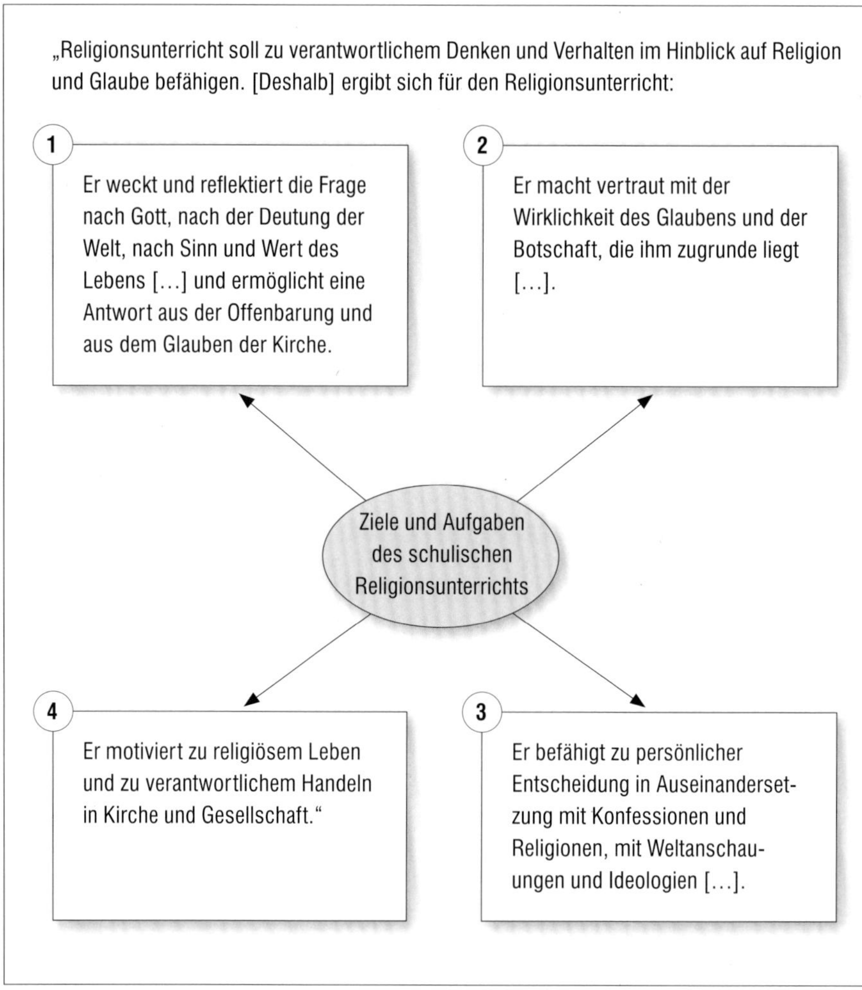

Abb. 5: Die Ziele des Religionsunterrichts gemäß des Würzburger Synodenbeschlusses (1974)

keit eröffnet wird, ergibt sich in zwingender Weise auch die Möglichkeit der Entscheidung gegen eine konkrete religiöse Tradition und deren Perspektive des Glaubens. So entsteht Pluralität, die wiederum neue Bildungskonzeptionen verlangt, will man den Prozess der Edukation in der nächsten Generation wieder initiieren, denn der Traditionszusammenhang hat sich durch Wahl vervielfältigt, zumindest aber eben differenziert (vgl. Englert 2007, 167).

Aber selbst ohne diesen Paradigmenwechsel am Lernort Schule wäre es wohl in den folgenden 30 Jahren auch im katholischen Bereich zu den bekannten Entwicklungen der Individualisierung, Pluralisierung und des Traditionswandels gekommen. Die nächste Schrift der deutschen Bischöfe *Die bildende Kraft des Religionsunterrichts* aus dem Jahre 1996 verstand sich als Reaktion auf diese gesellschaftlichen Prozesse, gab aber keine wirklich neuen konzeptionellen Antworten. Vielmehr bestätigte das Dokument lediglich die Konzeption der Würzburger Synode und betonte angesichts der neuen demographischen Situation nach der Wiedervereinigung stärker als bisher die Konfessionalität des Religionsunterrichts. Hier findet sich die bereits erwähnte Idee, dass Lehrerinnen und Lehrer vor dem Horizont des persönlichen Bekenntnisses und der institutionellen Verwurzelung in der Glaubensgemeinschaft den Schülerinnen und Schülern das Angebot machen, eine „Heimat in der Kirche" zu finden. Das Dokument ist allerdings in den kirchlichen Verbänden und Institutionen wenig und in der katholischen Theologie fast gar nicht rezipiert worden.

Anders verhält es sich nun mit dem jüngsten Dokument der deutschen Bischöfe aus dem Jahre 2005, das den Titel *Der Religionsunterricht vor neuen Herausforderungen* trägt. Mit dieser Schrift ist den deutschen Bischöfen eine Neuausrichtung des Religionsunterrichts gelungen, die im religionspädagogischen Diskurs entsprechend diskutiert worden ist. Nach einer ausführlichen, nüchternen Analyse der Situation in Familie, Pfarrgemeinde und Schule, formulieren die Bischöfe (Sekretariat der Deutschen Bischofskonferenz 2005, 18):

> Unter den veränderten Bedingungen kann der Religionsunterricht sein Ziel, die Schülerinnen und Schüler zu verantwortlichem Denken und Handeln im Hinblick auf Religion und Glaube zu befähigen und Glaube zu ermöglichen, nur erreichen, wenn er gemäß seiner gewachsenen Bedeutung weiterentwickelt wird. Bestimmte Schwerpunkte sollen neu gesetzt werden. Zukünftig wird der Religionsunterricht in der Schule sich drei Aufgaben mit noch größerem Nachdruck stellen müssen, nämlich
> - der Vermittlung von strukturiertem und lebensbedeutsamem Grundwissen über den Glauben der Kirche,
> - dem Vertrautmachen mit Formen gelebten Glaubens und
> - der Förderung religiöser Dialog- und Urteilsfähigkeit.

Begleitet werden soll diese dreifache Aufgabenbearbeitung durch eine verstärkte Schulpastoral, durch seelsorgerische und liturgische Angebote im Raum der Schule. Nur erwähnt werden kann an dieser Stelle, dass das Bischofswort Baustein eines umfassenden Konzeptes zur Weiterentwicklung des Religionsunterrichts ist, zu dem auch Richtlinien für Bildungsstandards am Ende der Primarstufe und der Sekundarstufe I sowie die EPA (= Einheitlichen Prüfungsanforderungen im Abitur) für den Katholischen Religionsunterricht gehören (s. 2.3). Damit ist das didaktische Prinzip der Kompetenzorientierung auf der Ebene der konkreten Unterrichtsgestaltung angesprochen.

ZUSAMMENFASSUNG

Religion kann in der Schule in zwei unterschiedlichen Formaten bearbeitet werden: So wird in Religionskunde aus neutraler Sicht über die verschiedenen Religionen informiert, während im Religionsunterricht aus konfessioneller Perspektive eine spezifische Religionsgemeinschaft in eine religiöse Tradition einführt. Das schließt aber nicht aus, dass auch im konfessionellen Religionsunterricht über andere Religionen informiert wird, denn auch die Religionsgemeinschaften verpflichten sich mit der Verantwortung für ein ordentliches Unterrichtsfach in der staatlichen Schule auf eine religiöse Bildung, die zum Umgang mit Pluralität befähigen soll.

Literatur

Bauer, Jochen (2014), Die Weiterentwicklung des Hamburger Religionsunterrichts in der Diskussion zwischen Verfassungsrecht und Schulpädagogik. In: Zeitschrift für evangelisches Kirchenrecht 59. Band 3, 227–256.

Englert, Rudolf (2007), Zur Aufgabe religiöser Bildung. In: Ders., Religionspädagogische Grundfragen. Anstöße zur Urteilsbildung, Stuttgart, 161–172.

Evangelische Kirche in Deutschland (1994), Identität und Verständigung. Standort und Perspektiven des Religionsunterrichts in der Pluralität. Eine Denkschrift der Evangelischen Kirche in Deutschland, Gütersloh.

Evangelische Kirche in Deutschland (2014), Religiöse Orientierung gewinnen. Evangelischer Religionsunterricht als Beitrag zu einer pluralitätsfähigen Schule. Eine Denkschrift des Rates der Evangelischen Kirche in Deutschland, Gütersloh.

Evangelische Landeskirche in Baden, Evangelische Landeskirche in Württemberg, Erzdiözese Freiburg und Diözese Rottenburg-Stuttgart (2005), Konfessionelle Kooperation im Religionsunterricht an allgemeinbildenden Schulen. Vereinbarung zwischen der Evangelischen Landeskirche in Baden, der Evangelischen Landeskirche in Württemberg, der Erzdiözese Freiburg und der Diözese Rottenburg-Stuttgart vom 1. März 2005, Stuttgart.

Hull, John M. (1977), What is Theology of Education? In: Scottish Journal of Theology 30, 3–29.

Rickers, Folkert (2001), Art. Interreligiöses Lernen. In: Mette, Norbert/Rickers, Folkert (Hg.), Lexikon der Religionspädagogik, Bd. 1, Neukirchen-Vluyn, 874–881.

Sekretariat der Deutschen Bischofskonferenz (1989), Der Religionsunterricht in der Schule. Ein Beschluß der Gemeinsamen Synode der Bistümer in der Bundesrepublik Deutschland 1974. In: Nachkonziliare Texte zu Katechese und Religionsunterricht, Bonn, 263–303.

Sekretariat der Deutschen Bischofskonferenz (1996), Die bildende Kraft des Religionsunterrichts. Zur Konfessionalität des katholischen Religionsunterrichts (= Die deutschen Bischöfe 56), Bonn.

Sekretariat der Deutschen Bischofskonferenz (2005), Der Religionsunterricht vor neuen Herausforderungen (= Die deutschen Bischöfe 80), Bonn.

Sekretariat der Deutschen Bischofskonferenz (2016), Die Zukunft des konfessionellen Religionsunterrichts (= Die deutschen Bischöfe 103).

Weiße, Wolfram (2004), Dialogischer Religionsunterricht in Hamburg. In: Grundschule, 36/4, 13–15.

2a

Arbeitsblatt

2.2 Religion und Schule

Vergewisserung

1. **Benennen Sie die zwei unterschiedlichen Formate von schulischem Religionsunterricht in Deutschland und geben Sie an, auf welche rechtliche Grundlage sich diese stützen.**
2. **Erläutern Sie die Unterschiede dieser Formate.**

Vertiefung

Die Modelle des Religionsunterrichts im Vergleich

	Konfessionelles Modell	**Religionskundliches Modell**	**Dialogisches Modell**
Leitideen von Religion	Religion als Bekenntnis	Religion als kulturelle Tatsache	Religion als situierte Praxis
Thematisierung von Religion	religiöse Vielfalt im Horizont einer konkreten religiösen Tradition	religiöse Vielfalt im Horizont der Vielfalt religiöser Traditionen	religiöse Vielfalt im Horizont der Erfahrungen der Lerngruppe
Religiöse Wahrheit	objektivierbar	ohne Bedeutung	relational
Bezugswissenschaft	Theologie	Religionskunde	Ethnographie
Leitperspektive	Teilnehmer	Beobachter	Teilnehmer & Beobachter
Zielsetzung	Orientierung in religiöser Vielfalt; Bewältigung religiöser Diversität; Entwicklung religiöser Identität	Orientierung in religiöser Vielfalt; Bewältigung religiöser Diversität	Orientierung in religiöser Vielfalt; Bewältigung religiöser Diversität; Kritik eigener (Vor-)urteile
Funktion der Lehrperson	„Zeugnis"	Moderation	individuelle Positionierung
Lerngruppe	konfessionell homogen	konfessionell heterogen	konfessionell heterogen
Verantwortung	Staat & Religionsgemeinschaft	Staat	Staat & Religionsgemeinschaft
Vorgebrachte Kritik am Modell	passt nicht in religiös pluralen Kontext indoktriniert in Bezug auf eine spezifische religiöse Tradition	betrachtet Religion nur von außen wird den Wahrheitsansprüchen der Religionen nicht gerecht tendiert zu politisch legitimierter Darstellung von Religion	ist wenig sensibel für die normative Dimension von Religion ist wenig sensibel für den inneren Zusammenhang religiöser Traditionen

(Tabelle aus: Riegel, Ulrich, Wie Religion in Zukunft unterrichten? Zum Konfessionsbezug des Religionsunterrichts von (über-)morgen, Stuttgart 2018, S. 122.)

2b

Arbeitsblatt

2.2 Religion und Schule

1. Betrachten Sie die abgebildete Übersichtstabelle von Ulrich Riegel und stellen Sie die Unterschiede und Gemeinsamkeiten der verschiedenen Modelle gegenüber.

2. Das Nebeneinander verschiedener Modelle wird in der religionspädagogischen Diskussion mit Blick auf die Zukunft des Religionsunterrichts zum Thema. Nehmen Sie begründet Stellung zu der Argumentation von Friedrich Schweitzer.
   Gegen die bisherige Gestalt von konfessionellem Religionsunterricht sprechen:
   - die Notwendigkeit ökumenischer Verständigung
   - die Notwendigkeit einer sorgfältigen Unterscheidung schulischer und kirchlicher Bildungsaufgaben
   - die notwendige Öffnung für alle Kinder und Jugendlichen, wie dies der modernen Schule entspricht.

   Gegen die bisherige Gestalt von Religionskunde sprechen:
   - die notwendige Überwindung eines unpädagogischen Objektivismus
   - die erforderliche Beteiligung „authentischer Vertreter" von Religionsgemeinschaften
   - die pädagogisch begründete Verbindung zu den Religionsgemeinschaften.

[1] Aus: Riegel, Ulrich, Wie Religion in Zukunft unterrichten? Zum Konfessionsbezug des Religionsunterrichts von (über-)morgen, Stuttgart 2018, S. 122.

[2] Aus: Schweitzer, Friedrich, Religiöse Erziehung und Religionsunterricht im internationalen Vergleich, in: Loccumer Pelikan 1/2001, S. 3-8.

2.3 Religion und Unterricht

Wie im vorhergehenden Abschnitt erläutert, ist der evangelische und katholische Religionsunterricht in den meisten Ländern der Bundesrepublik Deutschland ordentliches Lehrfach an öffentlichen Schulen. Dieser Status sichert dem Religionsunterricht seine schulische Existenz auch in Zeiten von Beschleunigung und Ökonomisierung, es stellt ihn aber auch in den Kontext bildungs- und schulpolitischer Reformmaßnahmen. Eine zentrale Schulentwicklungsmaßnahme im Rahmen der PostPISAm-Reformen ist die Einführung von sogenannten Bildungsstandards, mit denen in jedem Schulfach grundlegende domainbezogene Kompetenzen von Schülerinnen und Schülern beschrieben werden, die am Ende von mehrjährigen Bildungsabschnitten überprüft werden sollen. Zwar gibt es in keinem Bundesland eine zentrale Überprüfung von Bildungsstandards in Evangelischer oder Katholischer Religionslehre – im Gegensatz zu den Hauptfächern und den Naturwissenschaften –, doch hat der Paradigmenwechsel hin zu Kompetenzbeschreibungen als Zielkataloge schulischer Bildung auch für den Religionsunterricht Konsequenzen: Fast alle Bundesländer, in denen der Religionsunterricht ordentliches Lehrfach ist, haben inzwischen kompetenzorientierte Bildungspläne im Sinne von Kerncurricula verpflichtend gemacht, in denen Kataloge von sogenannten fachbezogenen Kompetenzen für die verschiedenen Inhaltsfelder des Religionsunterrichts entfaltet werden. Damit ist schulpolitisch entschieden, dass der konfessionelle Religionsunterricht kompetenzorientiert sein muss: Er orientiert sich deshalb an den religiösen Kompetenzen von Schülerinnen und Schülern und fragt danach, welche Problemlösefähigkeiten diese an exemplarischen Bildungsgegenständen erarbeiten, erproben und weiterentwickeln können. Dabei ruft das Paradigma der Kompetenzorientierung ins Gedächtnis, dass das schulische Lernen niemals einem Selbstzweck oder der Tradierung von liebgewordenen Bildungsinhalten dient, sondern Schülerinnen und Schüler für das Leben rüsten soll. Dies kann auch im Religionsunterricht nur geschehen, wenn Fachwissen nicht einfach auswendig gelernt wird, sondern die Bedeutsamkeit dieser Lerngegenstände für die Schülerinnen und Schüler einsichtig gemacht werden kann. Die Orientierung an Kompetenzen bietet folglich die Möglichkeit, auch im Religionsunterricht eine stärker auf Nachhaltigkeit und Relevanz ausgerichtete Unterrichtskultur zu entwickeln. Voraussetzung dafür ist allerdings eine religionsdidaktische Planung, die sich zum einen mit der Frage nach der Gestalt und Struktur religiöser Kompetenz und ihrer Überprüfbarkeit beschäftigt, zum anderen aber auch den konkreten Unterricht unter dem Aspekt der Kompetenzorientierung in den Blick nimmt. Inzwischen liegen erste Ergebnisse aus der unterrichtspraktischen Forschung vor, aus denen ersichtlich wird, was sich konkret an der Planung und Strukturierung von schulischen Lehr-Lernprozessen ändern muss, wenn diese an den Fähigkeiten und Fertigkeiten von Schülerinnen und Schülern ausgerichtet sein sollen (vgl. Sajak 2012).

Kompetenzmodelle für den evangelischen und katholischen Religionsunterricht sind im Rahmen der gemeinsamen Verantwortung von Staat und Religionsgemeinschaft für den Religionsunterricht gemäß GG Art. 7 Abs. 3 von beiden Konfessionen vorgelegt worden, allerdings auf verschiedenen Ebenen und mit unterschiedlicher Verbindlichkeit. So gibt es von Seiten der katholischen Bischöfe Richtlinien zur Gestaltung von Bildungsstandards im Fach Katholische Religionslehre, die von einem spezifischen Modell religiöser Kompetenz ausgehen. Von evangelischer Seite gibt es eine Expertise des Comenius-Instituts zu grundlegenden Kompetenzen religiöser Bildung, in der ein analoges, wenn auch weiterentwickeltes, Kompetenzmodell vorgeschlagen wird. Beide Modelle sind bereits verschiedentlich für die Lehrplanentwicklung und -neugestaltung des katholischen wie evangelischen Religionsunterrichts verwendet und umgesetzt worden. Fast alle Bundesländer, von Niedersachsen bis Baden-Württemberg, haben inzwischen eine auf diesen Modellen beruhende Kompetenzorientierung als Referenzgröße für die Unterrichtsplanung und Unterrichtsgestaltung in konkreten Lehr- und Bildungsplänen verpflichtend gemacht (vgl. ausführlich Sajak 2011).

Auf katholischer Seite hatte die für die Erziehung und Schule verantwortliche Kommission VII der Deutschen Bischofskonferenz im Herbst 2003 Arbeitsgruppen beauftragt, in Anlehnung an die von der Kultusministerkonferenz vorgelegten Dokumente nun Richtlinien für Standards im Fach Katholische Religion für den Abschluss der Grundschule und für den Mittleren Bildungsabschluss in Klasse 10 zu erarbeiten. Diese Richtlinien wurden von den deutschen Bischöfen bereits 2004 und 2006 diskutiert, beschlossen und in Kraft gesetzt (vgl. Sekretariat der Deutschen Bischofskonferenz 2004 und Sekretariat der Deutschen Bischofskonferenz 2006). Sie sollen „eine normative Orientierung für die zukünftige Entwicklung von länderübergreifenden oder länderbezogenen Bildungsstandards und Kerncurricula für den katholischen Religionsunterricht" bilden (Sekretariat der Deutschen Bischofskonferenz 2004, 5). Analog zu den Standards der KMK findet sich auch in diesen kirchlichen Richtlinien ein fachdidaktisches Modell, welches die grundlegenden Kompetenzen religiöser Bildung hier in Anlehnung an die einschlägigen Arbeiten von Ulrich Hemel formuliert (vgl. Hemel 2000). In den *Kirchlichen Richtlinien für den katholischen Religionsunterricht in den Jahrgängen 5–10/Sekundarstufe I* lauten diese Kompetenzen:

- religiöse Phänomene wahrnehmen
- religiöse Sprache verstehen und verwenden
- religiöse Zeugnisse verstehen (und deuten)
- in religiösen Fragen begründet urteilen
- sich über religiöse Fragen und Überzeugungen verständigen
- religiöses Wissen darstellen
- aus religiöser Motivation handeln

(vgl. Sekretariat der Deutschen Bischofskonferenz 2004, 13–15)

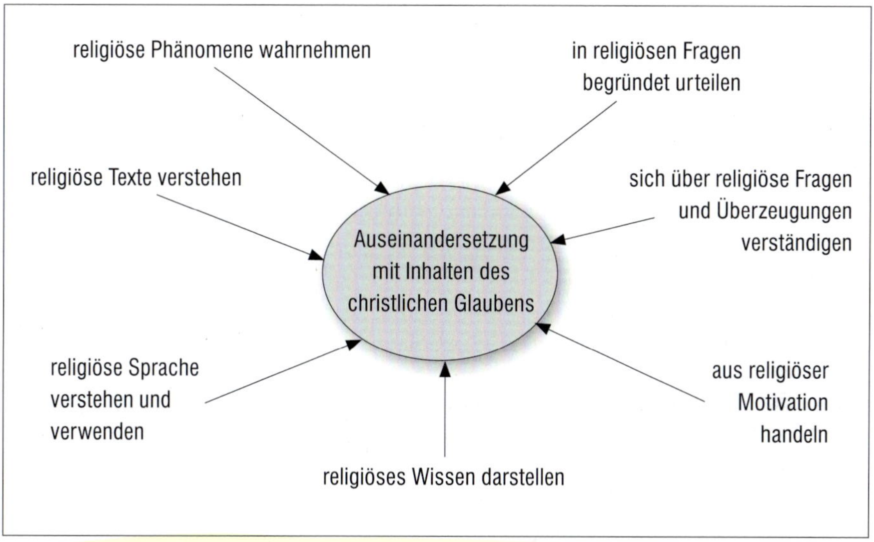

Abb. 6: Das Kompetenzmodell der Kirchlichen Richtlinie zu Bildungsstandards für den katholischen Religionsunterricht

In der Anwendung dieser allgemeinen Kompetenzen auf bestimmte theologische Inhalte des Unterrichts entwickeln sich sogenannte inhaltsbezogene Kompetenzen, die wiederum in sechs Gegenstandsbereichen angeordnet sind.

Die Gegenstandsbereiche, in denen die klassisch fundamentaltheologische Fragestellung der systematischen Theologie erkennbar ist, lauten in beiden Richtlinienpapieren:

- Mensch und Welt
- die Frage nach Gott
- die biblische Botschaft
- Jesus Christus
- Kirche und Gemeinschaft
- andere Religionen

(vgl. Sekretariat der Deutschen Bischofskonferenz 2004, 16)

Es ist an dieser Stelle zu betonen, dass allein mit diesen Kompetenzbeschreibungen nicht etwa das Ganze des katholischen Religionsunterrichts dargestellt sein soll. So schreiben die deutschen Bischöfe: „Auch wenn Bildungsstandards neben Kenntnissen und Fähigkeiten auch motivationale Momente und die Bereitschaft umfassen, den erworbenen Einsichten entsprechend zu handeln, beziehen sie sich doch primär auf die Ergebnisse kognitiver Lernprozesse. Sie benennen somit

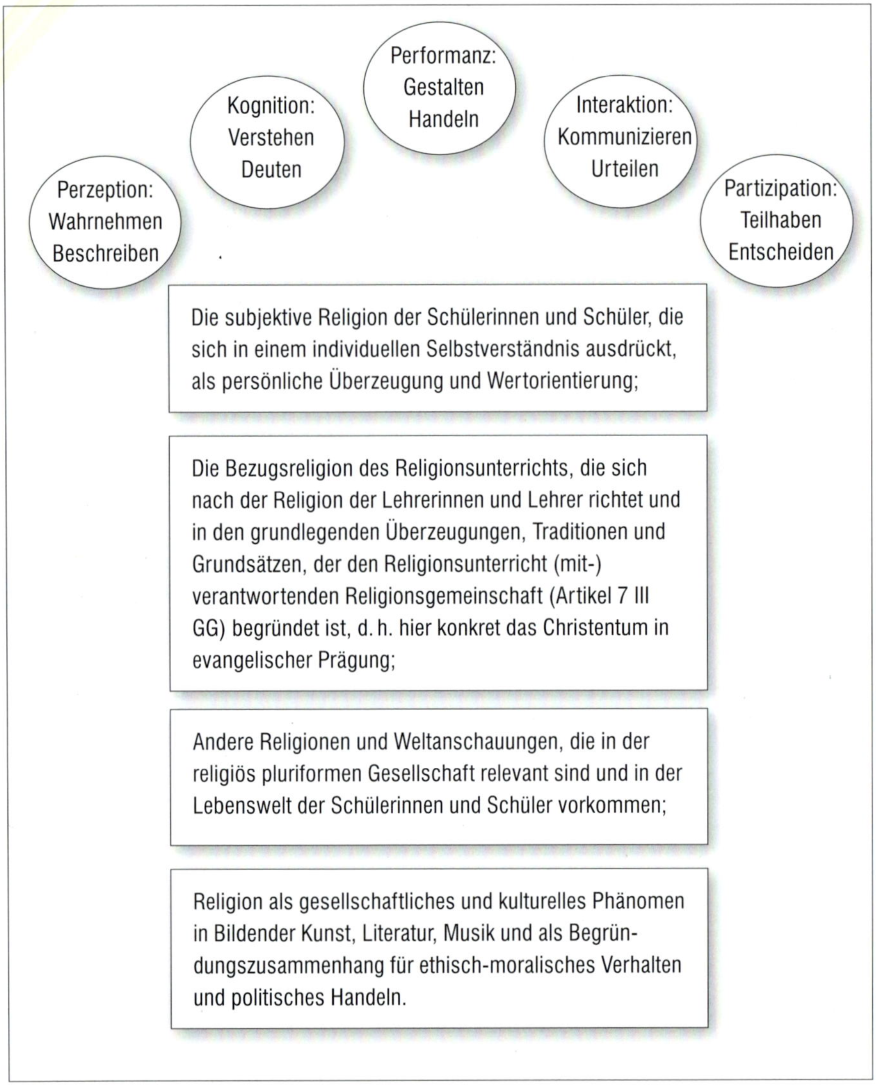

Abb.7: Das Kompetenzmodell aus der Expertise des Comenius-Instituts

nur einen – allerdings wichtigen – Teil der Ziele des katholischen Religionsunterrichts" (ebd., 10f.).

Auf evangelischer Seite ist der Prozess hin zu Standards religiöser Bildung pluraler und diskursiver verlaufen. Nach einem längeren Konsultationsprozess stellte im Juli 2006 eine Arbeitsgruppe des Comenius-Instituts Münster schließlich „Grundlegende Kompetenzen religiöser Bildung“ vor, die „zur Entwicklung des evangelischen Religionsunterricht[s] durch Bildungsstandards“ (Fischer/ Elsenbast 2006) dienen sollten. Das Papier beschreibt zwölf grundlegende Kompetenzen religiöser Bildung und liefert zu jeder dieser Kompetenzen ein Aufgabenbeispiel. In die Arbeit der Comenius-Gruppe waren auch Erkenntnisse des DFG-Forschungsprojekts *Bildungsstandards und Qualitätssicherung im RU* an der Humboldt-Universität Berlin eingeflossen, mit dem unter der Leitung von Dietrich Benner und Rolf Schieder ein Instrument für die Evaluation von Bildungsstandards in Evangelischer Religion im Rahmen der gymnasialen Oberstufe entwickelt und getestet worden ist. Eine Arbeitsgruppe der Bildungskammer der Evangelischen Kirche in Deutschland (EKD) überarbeitete das Kompetenzmodell in der Folge kritisch, erweiterte es insbesondere bezüglich der ethisch-moralischen Perspektive und verdichtete es auf insgesamt acht Kompetenzen. Darüber hinaus wurde versucht, Standards für die Kompetenzen zu formulieren. Das Ergebnis ist inzwischen vom Rat der EKD als *Orientierungsrahmen für Kompetenzen und Standards für den Evangelischen Religionsunterricht der Sekundarstufe I* (Kirchenamt der Evangelischen Kirche in Deutschland EKD 2011) veröffentlicht worden: „Darin ist die größtmögliche bildungspolitische Autorität der evangelischen Kirchen realisiert. Alle weiteren Formen der Umsetzung in Bildungspläne und Unterricht sind Sache der Landeskirchen“ (Fischer/ Feindt 2010, 13 f.).

Das im evangelischen Bereich verwendete Modell des Comenius-Instituts ist mit Blick auf die Kompetenzen durchaus anschlussfähig, was ja auch anlässlich seiner Vorstellung im Jahr 2006 von beiden Kirchenleitungen mehrfach betont wurde.

Hier ist das Kerncurriculum allerdings auf vier zentrale Themenbereiche des Religionsunterrichts beschränkt:

- die subjektive Religion der Schülerinnen und Schüler
- die Bezugsreligion des Religionsunterrichts
- andere Religionen und Weltanschauungen
- Religion als gesellschaftliches und kulturelles Phänomen

Damit orientiert sich das evangelische Modell stärker an der Lebenswelt der Schülerinnen und Schüler, während das katholische Modell eine stark lehramtlich-theologische Struktur abbildet (vgl. Sajak/Feindt 2012).

Wie bereits dargelegt, hat es sich diese Fachdidaktik Religion zum Ziel gesetzt, die Neuausrichtung des Religionsunterrichts an den Fähigkeiten und Fertigkeiten von Schülerinnen und Schülern aufzunehmen und zu durchdenken. Das in diesem Zusammenhang verwendete Modell einer kompetenzorientierten Religionsdidaktik ist in seiner Grundstruktur an das Elementarisierungsmodell von Karl-Ernst Nipkow (Nipkow 2002; Riegel 2014; Schweitzer 2003a, 2003b,

2008) angelehnt, in dem zwischen Erfahrungen von Schülerinnen und Schülern, ihren altersabhängigen und individuell je eigenen Zugängen, den zu vermittelnden theologischen Inhalten, der für das Vermittlungsgeschehen zu entwickelnden didaktischen Struktur und der mit dieser Struktur verbundenen Methodenwahl unterschieden wird. Wer Unterricht planen, strukturieren und gestalten will, benötigt zur Bearbeitung dieser Dimensionen *lebensweltliche, pädagogische, theologische, didaktische* und *methodische* sowie *diagnostische* und *professionale* Kompetenz. Diese sollen im Folgenden ausführlich beschrieben werden. Zuvor gilt es aber, die religionsdidaktischen Grundprinzipien von *Korrelation* und *Elementarisierung* zu entfalten.

ZUSAMMENFASSUNG

Sowohl die Evangelische Kirche in Deutschland (EKD) als auch die Deutsche Bischofskonferenz (DBK) haben sich mit Blick auf die schulpolitische Situation in den Ländern der Bundesrepublik Deutschland für eine kompetenzorientierte Ausrichtung des konfessionellen Religionsunterrichts entschieden und entsprechende Kompetenzmodelle für das religiöse Lernen vorgelegt. Die Entwicklung und Einübung der hier formulierten religiösen Kompetenzen ist die Basis für eine angemessene religiöse Bildung.

Literatur

Boschki, Reinhold (2008), Einführung in die Religionspädagogik, Darmstadt.

Fischer, Dietlind/Elsenbast, Volker (2006), Grundlegende Kompetenzen religiöser Bildung. Zur Entwicklung des evangelischen Religionsunterrichts durch Bildungsstandards für den Abschluss der Sekundarstufe I, Münster.

Fischer, Dietlind/Feindt, Andreas (2010), Vom Kompetenzmodell zum Unterricht – Entwicklungsstrategien im Fach Evangelische Religion. In: Gehrmann, Axel et al. (Hg.), Bildungsstandards und Kompetenzmodelle – Eine Verbesserung der Qualität von Schule, Unterricht und Lehrerbildung?, Bad Heilbrunn, 223–236.

Hemel, Ulrich (2000), Ermutigung zum Leben und Vermittlung religiöser Kompetenz – Ziele des Religionsunterrichts in der postmodernen Gesellschaft. In: Angel, Hans-Ferdinand (Hg.), Tragfähigkeit der Religionspädagogik, Graz/Wien/Köln, 63–76.

Nipkow, Karl-Ernst (2002), Elementarisierung. In: Bitter, Gottfried/Englert, Rudolf/Miller, Gabriele (Hg.), Neues Handbuch religionspädagogischer Grundbegriffe, München, 451–456.

Kirchenamt der Evangelischen Kirche in Deutschland EKD (Hg.) (2011), Kompetenzen und Standards für den Evangelischen Religionsunterricht in der Sekundarstufe I. Ein Orientierungsrahmen, Hannover.

Riegel, Ulrich ([2]2014), Religionsunterricht planen. Ein didaktisch-methodischer Leitfaden für die Planung einer Unterrichtsstunde, Stuttgart.

Sajak, Clauß Peter (2011), Bildungspläne – Bildungsstandards – Kompetenzen. In: Michalke-Leicht, Wolfgang (Hg.), Kompetenzorientiert unterrichten. Das Praxisbuch für den Religionsunterricht, München, 34–44.

Sajak, Clauß Peter (Hg.) (2012), Religionsunterricht kompetenzorientiert. Beiträge aus fachdidaktischer Forschung, Paderborn.

Sajak, Clauß Peter/Feindt, Andreas (2012), Räume zur selbsttätigen Aneignung schaffen. Zur Signatur kompetenzorientierter Unterrichtsgestaltung im Religionsunterricht. In: Theo-Web. Zeitschrift für Religionspädagogik 11, 164–178.

Schweitzer, Friedrich (2003a), Elementarisierung im Religionsunterricht. Erfahrungen – Perspektiven – Beispiele, Neukirchen-Vluyn.

Schweitzer, Friedrich (2003b), Elementarisierung – ein religionsdidaktischer Ansatz. Einführende Darstellung. In: Ders. (Hg.), Elementarisierung im Religionsunterricht. Erfahrungen – Perspektiven – Beispiele, Neukirchen-Vluyn, 9–30.

Schweitzer, Friedrich (2008), Elementarisierung und Kompetenz. Wie Schülerinnen und Schüler von „gutem Religionsunterricht" profitieren, Neukirchen-Vluyn.

Sekretariat der Deutschen Bischofskonferenz (2004), Kirchliche Richtlinien zu Bildungsstandards für den katholischen Religionsunterricht in den Jahrgangsstufen 5–10/Sekundarstufe (Mittlerer Bildungsabschluss), Bonn.

Sekretariat der Deutschen Bischofskonferenz (2006), Kirchliche Richtlinien zu Bildungsstandards für den katholischen Religionsunterricht in der Grundschule/Primarstufe, Bonn.

3

Arbeitsblatt

2.3 Religion und Unterricht

Vergewisserung

Sie besuchen mit einer Gruppe von Referendaren die „Kleine Hagia Sophia"-Moschee in Istanbul. Bevor Sie die Moschee betreten, ziehen Sie sich die Schuhe aus und die weiblichen Besucherinnen bedecken ihren Kopf. Im Inneren erwartet Sie ein großer Raum, in dem auf Schmuck verzichtet wird und der vollständig mit Teppichen ausgelegt ist. Bei der Führung verrät Ihnen der Imam, dass diese Moschee ursprünglich eine christliche Kirche gewesen war, die im Zuge der Eroberung Konstantinopels 1453 in eine Moschee umgewidmet wurde. Auf die Frage, ob man dies heute noch erkennen kann, antwortet eine Referendarin, dass die Ausrichtung nach Osten zwar heute noch erkennbar ist, jedoch jetzt nach Mekka ausgerichtet wurde.

1. **Welche Kompetenzen sind notwendig, um als religiös gebildeter Mensch die „Kleine Hagia Sophia"-Moschee in angemessener Weise betreten und anschließend deuten zu können?**
2. **Ordnen Sie diese Fähigkeiten und Fertigkeiten dem Kompetenzmodell der deutschen Bischöfe und dem Kompetenzmodell des Comenius-Instituts zu.**

Vertiefung

Recherchieren Sie im Internet die in Ihrem Bundesland geltenden Lehrpläne für den Religionsunterricht Ihrer Konfession/Religion und überprüfen Sie, ob die im Kapitel beschriebenen Kompetenzmodelle mit ihren Bereichen sich in diesen Lehrplänen wiederfinden.

3 Prinzipien

Der Mensch muß sich in der Welt selbst forthelfen.
Dies ihn zu lehren, ist unsere Aufgabe.
(Johann Heinrich Pestalozzi)

3.1 Korrelation

Als Korrelation (von lat. = Wechselbeziehung) wird in den Natur- und Sozialwissenschaften eine Beziehung zwischen zwei oder mehreren Merkmalen, Ereignissen oder Zuständen bezeichnet. In der christlichen Theologie wird der Begriff seit der Mitte des 20. Jahrhunderts auf das Verhältnis von Gott und Welt (Paul Tillich), vom Wort Gottes und Hörer des Wortes (Karl Rahner) und von Gnade und Mensch (Edward Schillebeeckx) bezogen: Weil nach christlichem Glauben Gott in diese Welt hinabgestiegen ist und sich als „ewiges Wort" (Joh 1,1–3) den Menschen vernehmbar gemacht hat, ja „unter uns gewohnt" (Joh 1,15) hat, ist die Offenbarung im christlichen Verständnis nicht einseitig, monologisch, sondern immer wechselwirkend, dialogisch[1]. Dies gilt diachron wie synchron, also historisch wie gegenwärtig: Zum einen ist die Botschaft Jesu Christi an die Welt nach Zeugnis der Evangelien zweifellos aus dem Gespräch und aus der Begegnung mit den Menschen hervorgegangen, also vom Ursprung her dialogisch. Zum anderen ist das Verstehen, das Auslegen und das Anverwandeln der Botschaft durch den Menschen heute, den „Hörer des Wortes" (Karl Rahner), immer ein hermeneutischer Prozess, in den eben auch die Perspektive und der Horizont des heute Lebenden und Glaubenden einfließt. Aus diesem Grund bedienen sich beide großen christlichen Konfessionen in ihrer Theologie der historisch-kritischen Bibelforschung: Mit Hilfe dieser Methodik soll erschlossen werden, was der Horizont und das Anliegen der Verfasser der biblischen Schriften gewesen ist[2], damit es zu einem fruchtbaren „Verschmelzen" (Hans-Georg Gadamer) dieses historischen Horizontes mit dem Horizont des heutigen Lesers kommen kann. Nur dann kann die Botschaft existentielle Bedeutung für den Menschen heute bekommen. Dies macht zugleich deutlich, dass das religionsdidaktische Prinzip der Korrelation ein wesentliches Element des konfessionellen Religionsunterrichts ist, denn es geht bei diesem ja um die persönliche Aneignung und Anverwandlung einer konkreten religiösen Botschaft (z. B. die von Sünde, Umkehr und Gnade oder die von der Gottes- und Nächstenliebe). Das Prinzip der Korrelation hat seinen religionspädagogischen Ursprung im Kontext der bereits erwähnten Würzburger Synode (vgl. 2.2). Im Beschluss zum Religionsunterricht in der Schule findet sich mit Blick auf eine theologische Neuausrichtung der Religionspädagogik die Formulierung (Sekretariat der deutschen Bischofskonferenz 1989, 2.4.2.):

> Es geht also nicht um eine anthropologische Verkürzung der Theologie, sondern um ein theologisches Verstehen menschlicher Grundphänomene. Der Glaube soll im Kontext des Lebens vollziehbar, und das Leben soll im Licht des Glaubens verstehbar werden.

1 Die komparatistisch-theologische Diskussion zeigt, dass das islamische Offenbarungsverständnis anders konzipiert ist als das christliche Verständnis. Es stellt sich daher die Frage nach der Übertragbarkeit christlicher Didaktikkonzepte auf den islamischen Religionsunterricht.

2 Auch hier steht das islamische Verständnis des Koran in Spannung zur christlich-theologischen Praxis.

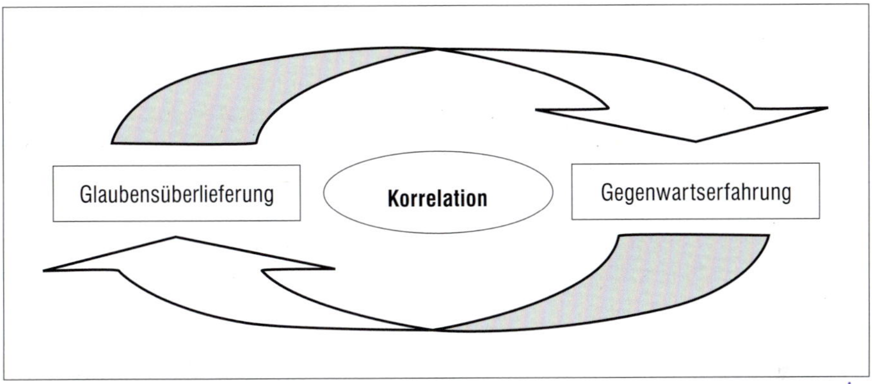

Abb. 8: Das Modell der Korrelation

Aus dieser Formel ist in den folgenden Jahrzehnten ein ganzes religionsdidaktisches Gebäude aufgebaut worden, immer mit dem Ziel vor Augen, „eine Wechselbeziehung (Korrelation) zwischen dem Frage-Antwort-Geschehen, dem sich der überlieferte Glaube verdankt und dem Frage-Antwort-Geschehen, in dem die Menschen heute ihre Erfahrungen machen" (so in klassischer Formulierung Bitter, 1981, 344), anzuleiten und zu fördern.

Der ursprünglich offenbarungstheologische Begriff wird nun im religionspädagogischen Kontext zum Schlüsselbegriff für das didaktische Anliegen, „einen dialektischen Prozess zwischen Glaubenserfahrungen und Schülererfahrungen in Gang zu setzen, der seinerseits Erfahrungen, neue Erfahrungen aus sich entläßt, die weder Glaube noch Schüler das bleiben lassen, als was sie bisher erschienen sind" (ebd.). Häufig findet sich auch die Formel von der kritisch-produktiven Wechselbeziehung zwischen Glaubensüberlieferung und Erfahrungen von Schülerinnen und Schülern heute. Kritisch ist diese Wechselbeziehung, weil in der Konfrontation beider Größen heutige Erfahrung kritisch befragt werden kann und weil es möglich ist, dass sich das bisherige Verständnis biblischer Erfahrung als unangemessen erweist. Produktiv ist sie, weil die Glaubensüberlieferung neue Lebenserfahrung aufdecken kann, die wiederum zu einem Fortschritt in der eigenen Glaubensbiographie führt. Ein Beispiel aus Rudolf Englerts umfangreicher Studie zu den Varianten religionsunterrichtlicher Korrelation kann anschaulich machen, worin die Grundidee der Korrelation liegt. Es ist aus einer Unterrichtsreise in einer vierten Grundschulklasse zur biblischen Gattung entnommen (Englert/Hennecke/Kämmerling 2014, 62):

> In der ersten Stunde der entsprechenden Reihe werden den Schüler/innen aus Klagepsalmen entnommene „Psalmworte" präsentiert („Ich bin wie ein zerbrochenes Gefäß"; „Willst Du mich denn für immer verlassen?"; „Ich vertrockne wie Heu" usw.). Diese werden auf DIN-A4-Blättern

im Stuhlkreis ausgelegt. Zu jedem der ausgelegten Psalmworte äußern die Schüler/innen Ihre Assoziationen und Gedanken. Im Anschluss an diese Gesprächsphase erhalten sie Gelegenheit, zu einem der Sätze entweder ein Bild zu malen oder eine Geschichte zu schreiben. Als eine Brücke zwischen religiöser Tradition und Gegenwartserfahrung fungieren hier die in den Psalmworten formulierten anthropologischen Grunderfahrungen (in diesem Fall insbesondere der Verzweiflung und der Lebenszuversicht).

Der korrelative Religionsunterricht hat sich ohne Frage in den letzten Jahrzehnten bewährt, wohl auch, weil er dem Bildungsauftrag der Kirche an den Schulen einer säkularisierten Gesellschaft durch seinen Angebotscharakter am ehesten gerecht wird. Entsprechend hat Korrelationsdidaktik die fachwissenschaftliche Diskussion um die Konzeption des schulischen Religionsunterrichts über zwei Jahrzehnte dominiert. Die dramatischen gesellschaftlichen Umbrüche zu Beginn der 1990er Jahre haben dann allerdings eine intensive Debatte ausgelöst, in der vor allem Rudolf Englert und George Reilly (beide 1993) auf die zunehmend problematisch gewordene Vermittlung von christlichem Glauben und Erfahrungswelt der Jugendlichen aufmerksam gemacht haben. Zehn Jahre später hat Thomas Ruster den korrelativen Religionsunterricht einer massiven Kritik unterzogen, in dem er gerade die Fremdheit und Alterität der biblischen Glaubenstradition in der heutigen Gesellschaft betont und somit erneut die Unvermittelbarkeit zwischen Glaubensbotschaft und Adressatenhorizont ins Feld führt. In einem solchen Arrangement sind religiöse Vermittlungsprozesse für Ruster nur im Sinne einer „Konfrontationsdidaktik" möglich (Ruster 2000, 200):

> Den Erfahrungen der Schülerinnen und Schüler ist in einer christlichen Religionspädagogik nicht mehr zu trauen. Ja noch weiter: Unser aller religiösen Erfahrung ist nicht mehr zu trauen. [...] Die Erfahrung mit dem rechten Gott ist nicht die unsere. Sie ist uns heute eine fremde Erfahrung, und da der Satz weiterhin gilt, dass Glaube auf Erfahrung angewiesen ist, kommt es darauf an, ob er an der fremden Erfahrung Anteil gewinnen kann. [...] Deswegen scheint es mir die Hauptaufgabe gegenwärtigen Religionsunterrichts zu sein, die Schülerinnen und Schüler zur Teilhabe an der Erfahrung, die in der Bibel aufgespeichert ist, zu führen.

Dabei hat Ruster allerdings übersehen, dass auch die „Verkündigung biblischer Welten" einer Korrelation mit dem Erfahrungshorizont der Schüler bedarf: „Ebenso klar muss aber auch sein, dass die Auseinandersetzung mit fremden Welten einer Hermeneutik entspricht, die die fremde Position mit der eigenen zu einer ‚Horizontverschmelzung' zu bringen weiß. Nur so wird im eigentlichen Sinne Verstehen möglich" (Halbfas 2002, 48).

Eine produktive Weiterentwicklung der Korrelationsdidaktik ist dagegen von einer Forschungsgruppe im Rahmen des DFG-Projekts *Abduktive Korrelation* an der Universität Würzburg versucht worden. Dabei wird unter Abduktiver

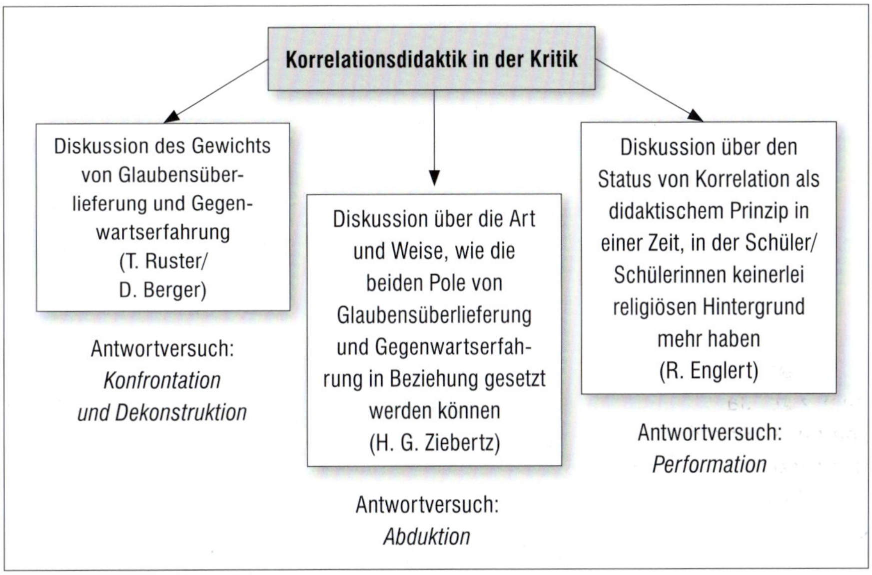

Abb. 9: Weiterentwicklungen der Korrelationsdidaktik

Korrelation der Versuch verstanden, ein Bewusstsein dafür zu schaffen, was an Religion auch heute noch in den alltäglichsten Lebensvollzügen auffindbar ist. Unter der Prämisse, dass unsere Lebenswelt stets zeichenhaft ausgedeutet wird und dass dabei auch die jüdisch-christliche Tradition immer noch einen wirksamen kulturellen Platz hat, zielt abduktive Korrelation darauf, Kompetenzen zu entwickeln, um das habituelle Zeichenrepertoire, das auch heute noch im Alltag von Schülerinnen und Schülern verwendet wird, bewusst wahrzunehmen und einer kritischen Reflexion zu unterziehen. Dadurch soll nicht nur in Vergessenheit Geratenes neu gelernt, sondern auch auf einen immer schon und immer noch vorhandenen Zusammenhang von Tradition und Erfahrung aufmerksam gemacht werden (vgl. Ziebertz/Heil/Prokopf 2003).

Auch die seit nunmehr fünfzehn Jahren anhaltende Debatte um eine sogenannte *Performative Religionsdidaktik* ist als eine Reaktion auf die Problemstellungen im korrelativen Religionsunterricht zu verstehen. Die Grundidee dieses religionsdidaktischen Ansatzes basiert auf folgenden Überlegungen: Da der Traditionsbruch vor den Schülerinnen und Schülern nicht Halt macht, kann der Religionsunterricht nicht mehr „reflexiv-nachdenkend bearbeiten, was bislang noch als in Familie und Kirche vermittelter Gegenstand des aufzuarbeitenden Nachdenkens vorauszusetzen war" (Dressler 2003, 12). Deshalb sollen im Rahmen des schulischen Religionsunterrichts praktische Vollzüge und Übungen angesiedelt werden, um der unterrichtlichen Reflexion über Glaube und Kirche erst einmal eine Erfahrungsgrundlage zu schaffen. Dabei sind allerdings in der evangelischen wie katholischen Religionspädagogik unterschiedliche konfessionelle Nuancen und Akzentsetzungen zu beobachten: Während evangelische Kolleginnen und Kollegen unter diesem Begriff vornehmlich ein inszeniertes Probehandeln im Religionsunterricht verstehen, in dem Schülerinnen und Schüler ihnen fremde Rituale und Gebete versuchsweise vollziehen und dann diskutieren, wird auf katholischer Seite unter Performativem Religionsunterricht eine Einführung in die Praxis von Ritual und Liturgie verstanden, bei der es eben nicht um Inszenierung, Distanz und Reflexion, sondern um engagierte Partizipation in religiösen Vollzügen geht, so dass manche sogar von einem „Mystagogischen Religionsunterricht" sprechen. Zuletzt hat der katholische Religionspädagoge Hans Mendl unter dem Titel *Religion erleben* (2008) ein umfangreiches Handbuch zur Performativen Religionsdidaktik vorgelegt, in dem die Diskussion ausführlich dokumentiert ist.

Kritische Anfragen an die Korrelationsdidaktik hat allerdings die Videografiestudie von Rudolf Englert und seiner Essener Forschungsgruppe aufgeworfen (Englert/Hennecke/Kämmerling 2014): Die nicht repräsentative, aber sehr aussagekräftige empirische Untersuchung hat schmerzhaft deutlich gemacht, dass im konfessionellen Religionsunterricht die Grundidee der Korrelation zu oft nicht mehr umgesetzt wird und dass Religionslehrerinnen und Religionslehrer zudem kaum noch zu Positionalität – traditionell gesprochen: Zeugenschaft – in der Lage sind. Es scheint nahezuliegen, dass auch an anderen Orten und in anderen Regionen leider nicht eingelöst wird, was die engagierten Verteidiger und Förderer der Korrelation in den letzten Jahrzehnten immer wieder postuliert haben: Dass nämlich durch Korrelation im konfessionellen Setting einer Glaubenstradition die Binnenperspektive auf Glaubensvorstellungen und Glaubenspraxis einer bestimmten Religionsgemeinschaft vertieft aufgeschlüsselt und Schülerinnen und Schülern als Weltdeutungs- und Sinnoption angeboten werden kann. Stattdessen kommt es in einer Vielzahl der untersuchten Unterrichtsstunden zu einer Form des Religionsunterrichts, die eher zu Sach- bzw. Religionskunde tendiert.

Unabhängig von diesen ernüchternden Erkenntnissen hat die Essener Forschungsgruppe um Englert aber auch eine gründliche Analyse und Deutung der unterschiedlichen Varianten von Korrelation, wie sie sich in der aufgezeichneten Unterrichtspraxis gezeigt hatte, vorgenommen und dokumentiert. Demnach unterscheiden Englert u.a. zwischen drei grundsätzlichen Dimensionen von Korrelativität im Religionsunterricht: Es geht entweder darum wie

1. Religion repräsentiert wird oder
2. Religion modelliert oder
3. religiöse Relevanz konstruiert wird (ebd., 50).

Dabei bezieht sich die erste Dimension von Korrelativität darauf, welche Religion in den Unterrichtsprozess als Gegenstand eingespeist werden soll: 1. die Religion der Religionsgemeinschaft (z.B. der katholischen Kirche), 2. die Religion des Religionsunterrichts, also jene gelehrte Religion, die als Unterrichtsgegenstand z. B. im katholischen Religionsunterricht nie identisch oder kongruent mit der Religion der Glaubensgemeinschaft ist, 3. die Religion bzw. der Glaube der konkreten Kinder und Jugendlichen in einer Lerngruppe oder aber 4. die Religion, wie sie im Rahmen des Religionsunterrichts von diesen in ihrer Rolle als Schülerinnen und Schülern artikuliert wird (und die selten identisch mit der ‚echten' Religion der Kinder und Jugendlichen ist). Die zweite Dimension dagegen beschreibt, wie im Religionsunterricht methodisch gearbeitet wird: Wird Religion entdeckt, erläutert, erörtert oder gar erlebt? Die dritte Dimension schließlich benennt die didaktische Grundausrichtung des Unterrichts: Werden religiöse Zeugnisse erschlossen oder aktualisiert? Und auf der anderen Seite des Spektrums: Wird die lebensweltliche Erfahrung auf die religiöse Tradition übertragen oder lediglich vertieft?

I. RELIGION REPRÄSENTIEREN	**II. RELIGION MODELLIEREN**	**III. RELEVANZ KONSTRUIEREN**
1. Religion der Religionsgemeinschaft	1. Religion erfinden	1. Aneignung religiöser Zeugnisse
2. Religion des Religionsunterrichts	2. Religion entdecken	2. Aktualisierung religiöser Zeugnisse
3. Religion der Schüler/innen	3. Religion erläutern	3. Übertragung von Erfahrungen
4. Religion der Kinder und Jugendlichen	4. Religion erörtern	4. Vertiefung von Erfahrungen
	5. Religion erleben	

Abb. 10: Die drei Dimensionen korrelativer Didaktik und ihre Ausprägungen (nach Englert/Hennecke/Kämmerling 2014, 67)

Indem Englert, Hennecke und Kämmerling so die Vielzahl praktizierter korrelativer Ansätze und Varianten aufgedeckt und systematisiert haben, ist auch ein erster Schritt zur Lösung der genannten Probleme bei der Umsetzung dieses religionsdidaktischen Prinzips unternommen worden.

ZUSAMMENFASSUNG

Ursprünglich im Kontext der Offenbarungstheologie von Paul Tillich und Edward Schillebeeckx entwickelt, markiert der Begriff der Korrelation im religionspädagogischen Kontext nun eines der beiden religionsdidaktischen Grundprinzipien: Korrelation bedeutet Wechselwirkung zwischen der überlieferten Glaubensbotschaft einer Religion und der Erfahrungswelt des Menschen, der sich mit dieser Religion als Glaubender auseinandersetzt. In einem korrelativen Religionsunterricht muss es deshalb darum gehen, einen dialogischen Prozess zwischen Glaubenserfahrungen, wie sie in Bibel und Tradition aufgehoben sind, und Schülererfahrungen, wie sie Kinder und Jugendliche heute prägen, in Gang zu setzen, der zur existentiellen Anverwandlung der Glaubensbotschaft durch die Schülerinnen und Schüler führen kann.

Literatur

Bitter, Gottfried (1981), Was ist Korrelation? Versuch einer Bestimmung. In: Katechetische Blätter 106, 343–345.

Dressler, Bernhard (2002), Darstellung und Mitteilung. In: Religionsunterricht an höheren Schulen, 45/1, 11–19.

Englert, Rudolf (1993), Die Korrelationsdidaktik am Ausgang ihrer Epoche. Plädoyer für einen ehrenhaften Abgang. In: Hilger, Georg/Reilly, George (Hg.), Religionsunterricht im Abseits? Das Spannungsfeld Jugend – Schule – Religion, München, 97–110.

Englert, Rudolf/Hennecke, Elisabeth/Kämmerling, Markus (2014), Innenansichten des Religionsunterrichts: Fallbeispiele – Analysen – Konsequenzen, München.

Halbfas, Hubertus (2002), Thomas Rusters „fällige Neubegründung des Religionsunterrichts". Eine kritische Antwort. In: Religionsunterricht an höheren Schulen 44, 41–53.

Mendl, Hans (2008), Religion erleben. Ein Arbeitsbuch für den Religionsunterricht, München.

Reilly, George (1993), Süß, aber bitter. Ist die Korrelationsdidaktik noch praxisfähig? In: Hilger, Georg/Reilly, George (Hg.), Religionsunterricht im Abseits? Das Spannungsfeld Jugend – Schule – Religion, München, 16–27.

Ruster, Thomas (2000), Die Welt verstehen „gemäß den Schriften". Religionsunterricht als Einführung in das biblische Wirklichkeitsverständnis. In: Religionsunterricht an höheren Schulen 43, 189–203.

Ziebertz, Hans-Georg/Heil, Stefan/Prokopf, Andreas (2003), Abduktive Korrelation. Religionspädagogische Konzeption, Methodologie und Professionalität im interdisziplinären Dialog (Empirische Theologie 12), Münster.

4a

Arbeitsblatt

3.1 Korrelation

Vergewisserung

Erklären Sie den Begriff der Korrelation. Skizzieren Sie seine Geschichte und erklären Sie seine Relevanz für einen schulischen Religionsunterricht, der in einer angemessenen Weise Kindern und Jugendlichen heute gerecht wird.

Vertiefung

Setzen Sie sich mit der Idee einer „Abduktiven Korrelation" von Ulrich Riegel auseinander und nutzen Sie dabei die folgenden Arbeitsanweisungen.

1. **Geben Sie den Gedankengang des Textes wieder.**
2. **Erläutern Sie, warum die abduktive Korrelation unter den heutigen gesellschaftlichen Bedingungen für den Religionsunterricht notwendig geworden ist und stellen Sie heraus, was sie von der ursprünglichen Korrelationsdidaktik unterscheidet.**
3. **Nehmen Sie Stellung zum Konzept der abduktiven Korrelation, indem Sie auf mögliche Chancen und Grenzen verweisen.**

Ulrich Riegel:

Abduktive Korrelation

Wie soll man im Religionsunterricht mit Schülerinnen und Schülern umgehen, denen ein Bezug zum gelebten Christentum fehlt? Bis vor kurzem lautete die selbstverständliche Antwort auf diese Herausforderung: korrelativ! Diese Überzeugung wurde durch die Debatte um die Korrelationsdidaktik Anfang dieses Jahrtausends erschüttert. Ist die Entfremdung heutiger Kinder und Jugendlicher vom christlichen Glauben nicht zu groß, um überhaupt noch seriöse Anknüpfungspunkte für christliche Überzeugungen zu finden? Das Konzept der abduktiven Korrelation, das hier skizziert werden soll, stellt sich dieser Herausforderung. [...]
Fasst man die Diskussion um die Korrelationsdidaktik zusammen, stellt sich vor allem das Zusammenspiel von Tradition und Lebenswelt als problematisch dar. Auf der einen Seite finden sich deduktive Ansätze, die den überlieferten Glauben in die Lebenswelt der Schülerinnen und Schüler hinein vermitteln wollen. Sie stehen im Horizont des korrelativen Ansatzes in der Gefahr, die Gegenwart ausschließlich instrumentell zu berücksichtigen. In der Folge bliebe der vermittelte Glaube ohne Bedeutung für die Gegenwart. Auf der anderen Seite finden sich induktive Ansätze, die ausgehend von konkreten lebensweltlichen Problemstellungen nach Antworten aus dem Glauben suchen. Sie stehen im Horizont des korrelativen Ansatzes in der Gefahr, die Entstehungsgeschichte der christlichen Überlieferung zu missachten und den Glauben zu funktionalisieren.
Das Konzept der abduktiven Korrelation will angesichts des skizzierten Dilemmas die wechselseitige Verschränkung von Tradition und Lebenswelt in der Balance halten. Dazu greift es auf das Konzept der Abduktion zurück, wie es von Charles Sanders Peirce (1839–1914) formuliert wurde.
Abduktion stellt nach Peirce einen dritten Weg logischer Schlussfolgerung neben der Deduktion und der Induktion dar (vgl. Harthshorne/Weiß 1958). Bei der Deduktion wird in einem Fall, der bekannt ist, anhand einer ebenfalls bekannten Regel auf ein noch unbekanntes Resultat geschlossen. Im Religionsunterricht könnte etwa gemäß der Regel, dass alle Menschen, die auf Gott vertrauen, dessen Gnade erfahren, im Fall von Gen 22, in dem Abraham Gott vertraut, darauf geschlossen werden, dass sich Gott Abraham gegenüber als gnädig erweisen wird (vgl. Heil 2006, 78–80). Bei der Induktion wird von einem bekannten Fall und einem bekannten Resultat auf eine unbekannte Regel geschlossen. Im Religionsunterricht läge ein induktiver Schluss vor, wenn durch die Lektüre von Gen 22, gemäß der Abraham auf Gott vertraut (Fall) und deshalb Gottes Gnade erfährt (Resultat), darauf geschlossen wird, dass Gott sich allen Menschen, die ihm vertrauen, gnädig erweist (Regel). Abduktives Schlussfolgern bedeutet nach Peirce nun, gemäß einer bekannten Regel anhand eines bekannten Resultats nach möglichen Fällen zu suchen. Wenn etwa der Zusammenhang zwischen dem Vertrauen in Gott und Gottes Gnadenerweisen bekannt ist und in Gen 22 erkannt wurde, dass sich Gott Abra-

4b

Arbeitsblatt

3.1 Korrelation

ham gegenüber als gnädig erwiesen hat, so liegt es nahe, dass Abraham Gott vertraut hat. Das Besondere des abduktiven Schlusses ist, dass er zwar möglich, aber nicht notwendig ist. Abduktives Schlussfolgern heißt immer, Hypothesen über mögliche bzw. wahrscheinliche Rahmenbedingungen zu erstellen, innerhalb derer eine bekannte Regel zu einem bekannten Resultat führen kann. Damit bedürfen abduktive Schlüsse immer einer Überprüfung. [...] [Hinzu kommt] die Tatsache, dass in der Abduktion Neues entstehen kann. „Durch Abduktion werden bisher unverbundene Elemente als Erklärung für bisher unerklärte Phänomene zusammengebracht." (Heil 2006, 81). [...] In der Abduktion werden also erklärende Hypothesen zu überraschenden Tatsachen gebildet. Das Ergebnis bleibt vorerst hypothetisch. Die Abduktion beschreibt somit ein kreatives Wahrnehmungsurteil (vgl. Prokopf/Heil/Ziebertz 2003, 90–91). [...]

Das Konzept der abduktiven Korrelation setzt bei der Annahme an, dass in den vorfindlichen Erfahrungen heutiger Kinder und Jugendlicher substanzielle und/oder funktionale Elemente der christlichen Überlieferung in ihrer jeweiligen kulturellen Transformation enthalten sind (Ziebertz/Heil/Prokopf 2003, 17–21). Dies ist eine möglicherweise überraschende These angesichts der diagnostizierten Erosion des Christentums in einer modernen Gesellschaft. Sie kann sich jedoch auf verschiedene empirische Befunde stützen. [...]

Abduktives Korrelieren im Religionsunterricht bedeutet [...] die Rekonstruktion der verschiedenen Zugänge, die Schülerinnen und Schüler zum behandelten Thema einbringen, wobei der Religionsunterricht ein besonderes Interesse an den theologischen Perspektiven – auch in ihrer lebensweltlichen Präsenz – hat. [...] In den Zugängen der Schülerinnen und Schüler sind lebensweltliche wie theologische Perspektiven ebenso präsent wie in den Zugängen der Lehrkraft. In einem abduktiv angelegten Unterricht geht es nun darum, diese Durchdringung aufzudecken und die Bezüge zwischen den verschiedenen Perspektiven zu rekonstruieren. [...]

Ein abduktiv angelegter Unterricht zu Gen 22 könnte etwa so aussehen, dass die Perikope bis zum Auftrag Gottes an Abraham erzählt wird. In einer folgenden Gruppenarbeit wird die Geschichte zu Ende geschrieben. Die Bandbreite dieser Geschichten kann von der Ablehnung des Auftrags um der Liebe zu Isaak willen, über das Verhandeln Abrahams mit Gott bzgl. des Opfergegenstands bis hin zum Ausführen des Auftrags ohne Eingreifen Gottes gehen. Eventuell wird auch Gen 22 nacherzählt. Ergibt sich die dargestellte Bandbreite, können die Erzählungen miteinander und mit Gen 22 verglichen werden. Dabei tauschen sich die Schülerinnen und Schüler über die verschiedenen Erzähllogiken aus und erleben, wo ihre eigene Geschichte für andere nachvollziehbar ist und wo sie auf Unverständnis stößt. Ferner können sie erkennen, inwieweit ihre eigene Argumentation überzeugt, und inwieweit sie die Argumentation der anderen fesselt. Ferner entwickeln sie im Abgleich ihrer Szenarien mit Gen 22 ein tieferes Verständnis für die biblische Erzählung und die theologischen Positionen, die mit ihr verbunden sind. Das Ergebnis kann eine neue Perspektive auf Gen 22 sein, die persönlich plausibel und theologisch aufgeklärt(er) ist.

Zitiert auf: http://www.service.bistumlimburg.de/ifrr/beitraege12007_4.htm

Zitierte Literatur:

Hartshorne, Ch./Weiß, P. (eds.) (1958), Collected Papers of Charles Sanders Peirce. Cambridge (CUP).

Heil, St. (2006), Strukturprinzipien religionspädagogischer Professionalität. Münster (LIT).

Prokopf, A./Heil, St./Ziebertz, H.-G. (2003), Abduktives Schließen im qualitativen Auswertungsverfahren. In: Ziebertz, H.-G./Heil, St./Prokopf, A. (Hg.), Abduktive Korrelation, Münster (LIT), 89–108.

3.2 Elementarisierung

Während das *Prinzip der Korrelation* trotz seiner ursprünglichen Verwendung bei Paul Tillich, einem evangelischen Theologen, vornehmlich in der katholischen Religionspädagogik rezipiert und dann durch den Synodenbeschluss zu einem normativen Konzept erhoben wurde, ist das religionspädagogische *Prinzip der Elementarisierung* vor allem in der evangelischen Religionspädagogik entwickelt und variiert worden (vgl. Nipkow 2002; Schweitzer 2003a, 2008). Ursprünglich stammt es allerdings aus dem pädagogischen Kontext: Hier wird Elementarisierung als die allen Lehr-Lernprozessen zugrundeliegende Konzentration von Sachzusammenhängen mit dem Ziel der Vermittlung (= Lehren) und Aneignung (= Lernen) definiert. Das Elementare (= Grundlegende) wird generiert, wenn in einem Lehr-Lernprozess durch die didaktische Reduktion von komplexen Wirklichkeitszusammenhängen für Kinder und Jugendliche erfassbare, erschließbare und beurteilbare Lerngegenstände gestaltet werden. Dieses Elementarisieren erweist sich immer als mehrdimensionales Vermittlungsgeschehen zwischen Schülerin/Schüler und Sache/Inhalt, das in grundlegender und bisher unüberholter Weise von Karl-Ernst Nipkow (2002) entfaltet worden ist. Nach Nipkow zeigt sich im religionsdidaktischen Vermittlungsgeschehen das „Elementare" in vierfacher Weise:

- 1. als elementare *Erfahrung*, die zum Beispiel in einer lebensbedeutsamen Frage oder einem artikulierten Themenwunsch hörbar wird
- 2. als elementarer *Zugang*, der sich aus den sozialpsychologischen Voraussetzungen und lebensgeschichtlichen Zusammenhängen des oder der Fragenden ergibt
- 3. als elementare *Wahrheit*, in der die befragte Sache als das gewissmachende Wahre aufscheint – und schließlich
- 4. als elementare *Struktur*, in der das Wahre seine der Frage und dem Zugang angemessene Konzentration findet

Friedrich Schweitzer hat diesen Erscheinungsformen des Elementaren später noch eine fünfte Dimension hinzugefügt, nämlich die elementare Form des *Lernens*: hier findet die didaktische Konzentration der elementaren Struktur ihre methodische Konkretion (Schweitzer 2003b). Ordnet man diese Dimensionen nun in die dialogische Struktur unterrichtlicher Zusammenhänge bzw. in den didaktischen Rahmen eines Aneignungsprozesses zwischen Schülerin/Schüler und Sache/Inhalt ein, so ergibt sich ein vierdimensionales Vermittlungsmodell, in der die vier Formen des Elementaren nach allen Seiten wechselwirksam sein müssen, damit Elementarisierung in zureichendem Maße stattfinden kann (Nipkow 2002, 451–456).

Das Elementare in vierfacher Weise nach K.-E. Nipkow

Schüler/in	Inhalte
ELEMENTARE ERFAHRUNG Lebensbedeutsame Frage: „Warum lässt Gott zu, dass ...?“	ELEMENTARE WAHRHEIT Gewissmachende Wahrheit: „Es gibt nur einen Gott!“
ELEMENTARER ZUGANG Lebensgeschichtliche Voraussetzungen: Denken in Bildern	ELEMENTARE STRUKTUR Sachgemäße Konzentration: „Götter sind verschiedene Namen für Gott!“

Abb. 11: Die vier Erscheinungsformen des Elementaren (vgl. Nipkow 2002, 451–456, Beispiel aus Sajak 2008)

An einem Beispiel soll veranschaulicht werden, wie die verschiedenen Dimensionen des Vermittlungsgeschehens zusammenhängen und wie sie im Rahmen von Lehr-Lernprozessen in Wechselwirkung treten (vgl. Sajak 2008):

> Ein Klassenzimmer in einer überschaubaren Grundschule irgendwo im Umland einer Großstadt. Seit knapp 40 Minuten bemüht sich eine Referendarin, ihre Examenslehrprobe im Fach Katholische Religion in bester Weise zu gestalten. Das Thema der Stunde lautet „Abraham bricht auf“ und es ist schon einiges passiert in den vergangenen 40 Minuten: Es wurde zur Gitarre gesungen, Steckpuppen sind aufgetreten, Karten wurden zugeordnet und angeklebt und vieles mehr. Die Referendarin befindet sich im abschließenden Kreisgespräch über Abrahams Vertrauen auf Gott, als eine Schülerin schnipsend den Finger hebt. Doch statt eines Statements über Abraham und sein Verhältnis zu Gott ertönt eine Frage durch das Klassenzimmer: „Frau Orth, warum lässt Gott eigentlich zu, dass Menschen an andere Götter glauben?“

In der geschilderten Unterrichtssituation stellt eine Schülerin die Frage: *„Warum lässt Gott zu, dass Menschen an andere Götter glauben?“* Damit markiert sie den Beginn eines Elementarisierungsprozesses, der dadurch angestoßen worden ist, dass lebensbedeutsame Erfahrungen – *andere Menschen verehren offensichtlich andere, mir fremde Götter* – in der Perspektive der strukturgenetischen Voraussetzungen – *konkret operationales Denken und mythisch-wörtliches Glaubensverständnis* – als Frage an die Glaubenswahrheit – *Gott ist doch einzig* – herangetragen werden. Aufgabe der Lehrerin ist es nun, unter Berücksichtigung dieser elementaren Erfahrungen und Zugänge elementare Strukturen zu konturieren, in denen die Glaubenswahrheit in angemessen reduzierter und konzentrierter Form in diesem Prozess zur Sprache gebracht werden kann. Dazu bedarf es in den meisten Fällen eines *Theologumenons*, das die Wahrheit in den Begriff bringt. In unserem Fall könnte dies das *Modell eines religionstheologischen Inklusivismus* sein, der dann in den elementarisierenden Satz gefasst werden kann: *„Ich glaube, dass die Menschen verschiedene Namen für Gott benutzen, Gott aber immer der eine und einzige ist."*

Damit Korrelation und Elementarisierung in der nun beschriebenen Dynamik geschehen kann, bedarf es spezifischer Kompetenzen, die Lehrerinnen und Lehrer als Initiatoren und Moderatoren von Lernprozessen mitbringen müssen. Mit Blick auf das elementar Wahre des Glaubens ist zuerst eine *theologische Kompetenz* im Sinne einer Sachkompetenz notwendig, die Lehrerinnen und Lehrer befähigt, in den verschiedenen Themenbereichen der Kinderfragen ein Theologumenon, also ein theologisches Erklärungsangebot, für sich auszuwählen und zu durchdenken. Mit Blick auf die elementaren Erfahrungen von Schülerinnen und Schülern ist eine *lebensweltliche Kompetenz* unverzichtbar, die Kommunikation und Verstehen im unterrichtlichen Gespräch ermöglicht. Hinzutreten muss eine *pädagogische Kompetenz*, mit der Lehrerinnen und Lehrer die elementaren Zugänge der Schülerinnen und Schüler entschlüsseln können. Im Zusammenspiel mit Theologie, Pädagogik und Psychologie bedarf es dann einer *didaktischen Kompetenz*, die Lehrerinnen und Lehrer befähigt, theologische Modelle mit Blick auf die Ausgangsvoraussetzungen der Schülerinnen und Schüler in inhaltlich angemessener Weise zu strukturieren, didaktisch zu reduzieren und zu konzentrieren. Schließlich müssen Lehrerinnen und Lehrer über *methodische Kompetenz* verfügen, um Lernwege und Lernformen zu entwickeln, die das Vermittlungsgeschehen unterstützen und fördern. Im Zusammenspiel all dieser Kompetenzen kann Elementarisierung gelingen.

ZUSAMMENFASSUNG

Elementarisierung ist als die allen Lehr-Lernprozessen zugrundeliegende Konzentration von Sachzusammenhängen mit dem Ziel der Vermittlung und Aneignung definiert. Das von Lehrerinnen und Lehrern arrangierte Elementarisieren erweist sich dabei immer als mehrdimensionales Vermittlungsgeschehen zwischen Schülerin/Schüler und Sache/Inhalt, das in grundlegender Weise von Karl-Ernst Nipkow entfaltet worden ist. Nach Nipkow/Schweitzer zeigt sich im religionsdidaktischen Vermittlungsgeschehen das „Elementare" in fünffacher Weise: als Erfahrung, Zugang, Wahrheit, Struktur und Methode. Wer Religionsunterricht gestalten will, braucht Kompetenzen in jedem dieser fünf Felder.

Literatur

Nipkow, Karl-Ernst (2002), Elementarisierung. In: Bitter, Gottfried/Englert, Rudolf/Miller, Gabriele (Hg.), Neues Handbuch religionspädagogischer Grundbegriffe, München, 451–456.

Sajak, Clauß Peter (2008), Fundamentale Fragen – elementare Antworten. Kindertheologie als Bausteine einer kompetenzorientierten Lehrerbildung. In: Rendle, Ludwig (Hg.), Was Religionslehrerinnen und -lehrer können sollen. Kompetenzentwicklung in der Aus- und Fortbildung, Donauwörth, 265–274.

Schweitzer, Friedrich (2003a), Elementarisierung im Religionsunterricht. Erfahrungen – Perspektiven – Beispiele, Neukirchen-Vluyn.

Schweitzer, Friedrich (2003b), Elementarisierung – ein religionsdidaktischer Ansatz. Einführende Darstellung. In: Ders. (Hg.), Elementarisierung im Religionsunterricht. Erfahrungen – Perspektiven – Beispiele, Neukirchen-Vluyn, 9–30.

Schweitzer, Friedrich (2008), Elementarisierung und Kompetenz. Wie Schülerinnen und Schüler von „gutem Religionsunterricht" profitieren, Neukirchen-Vluyn.

Schweitzer, Friedrich / Haen, Sara / Krimmer, Evelyn (2019), Elementarisierung 2.0. Religionsunterricht vorbereiten nach dem Elementarisierungsmodell. Göttingen.

5

Arbeitsblatt

3.2 Elementarisierung

Vergewisserung

Erklären Sie den Begriff der Elementarisierung und zeigen Sie am Beispiel des Gleichnisses von den Arbeitern im Weinberg (Mt 20,1–16), welche Kompetenzen zur Gestaltung elementarisierender Bildungsprozesse notwendig sind.

Vertiefung

Der Begriff des Elementaren stammt ursprünglich aus der Bildungstheoretischen Didaktik von Wolfgang Klafki. Recherchieren Sie, in welchem Kontext der Begriff dort verwendet wird und erörtern Sie, in welcher Weise er im Elementarisierungsschema von Karl-Ernst Nipkow aufgenommen und weiterentwickelt worden ist.

Das Elementare in vierfacher Weise nach K.-E. Nipkow

Schüler/in	Inhalte
ELEMENTARE ERFAHRUNG Lebensbedeutsame Frage: „Warum lässt Gott zu, dass …?“	ELEMENTARE WAHRHEIT Gewissmachende Wahrheit: „Es gibt nur einen Gott!“
ELEMENTARER ZUGANG Lebensgeschichtliche Voraussetzungen: Denken in Bildern	ELEMENTARE STRUKTUR Sachgemäße Konzentration: „Götter sind verschiedene Namen für Gott!“

Die vier Erscheinungsformen des Elementaren

Weiterführung

Vergleichen Sie die beiden religionsdidaktischen Prinzipien der Korrelation und Elementarisierung und arbeiten Sie heraus, wo Gemeinsamkeiten und Unterschiede liegen.

4 Kompetenzen

Gotteserfahrungen werden durch Erzählungen vermittelt, welche die Hörer so einbeziehen, dass sie an menschlichen Erfahrungen zu christlichen Erfahrungen kommen.
(Edward Schillebeeckx)

4.1 Die lebensweltliche Kompetenz: Fähigkeit zum Umgang mit der Sozialisation von Kindern und Jugendlichen

4.1.1 Zur Religion von Kindern und Jugendlichen heute

Lehrerinnen und Lehrer, die religiöse Lernprozesse in der Schule gestalten wollen, müssen sich mit den aktuellen elementaren Erfahrungen von Kindern und Jugendlichen auseinandersetzen. Sie müssen offen sein für die Lebenswelt ihrer Schülerinnen und Schüler, so fremd sie ihnen vielleicht auch sein mag. Zurzeit ist die Lebenswelt unserer Kinder und Jugendlichen stark geprägt vom medialen und materiellen Konsum. Soziale Netzwerke im virtuellen Raum des Internet haben die sozialen Kontakte und Beziehungen in der realen Welt ergänzt und mitunter auch schon abgelöst. Den Medien, vor allem dem Privatfernsehen und dem Internet, kommt damit eine immense Bedeutung als Sozialisationsinstitution zu. Gerade weil sich Kinder und Jugendliche in diesen digitalen Räumen selbstverständlich bewegen, sind sie Kinder einer globalisierten Weltgesellschaft. Die empirische Jugendforschung zeigt in verschiedenen Studien deutlich, wie sehr die Entwicklung eigener Religiosität inzwischen durch die medialen Kontexte geprägt ist: Religion und Glaube finden in vielfältigen Formen und oft in Gestalt einer synkretistischen Patchwork-Religion ihren Ausdruck. So konstatiert Thomas Gensicke bereits in der Shell-Studie 2006 zwar eine weit verbreitete Religiosität unter den befragten Jugendlichen, muss zugleich aber einräumen, „dass weitgehende Formen von Religiosität, wie sie den großen Religionen zuzuordnen sind, von Jugendlichen deutlich weniger bekannt werden" (Shell 2006, 206). Vielmehr würden die Jugendlichen heute vor allem diffuse „Vor- oder auch Restformen von Religiosität" (ebd.) vertreten, die sich dann auch in beliebiger Weise mit parareligiösen Glaubensformen wie Geister- oder Sternenglauben verbinden ließen. Die jüngste Shell-Studie aus dem Jahre 2019 hat diese Entwicklung bestätigt. Auch in der unter der Leitung von Hans-Georg Ziebertz erstellten Jugendstudie *Religiöse Signaturen heute* unterscheiden die Autoren zwischen fünf Typen religiöser Orientierung, von denen lediglich einer als traditionell „kirchlich-religiös" bezeichnet werden kann. Diesem gehören nur noch 16,7 % aller befragten Jugendlichen an, während auf die „christlich-autonomen", die „konventionell-religiösen" und die „autonom-religiösen" Jugendlichen, die alle an religiöser Autonomie und Selbstbestimmung orientiert sind, die große Mehrheit von 68 % der Befragten fällt (vgl. Ziebertz/Kalbheim/Riegel 2003, 394). Wenn man nun bedenkt, dass in der Signaturen-Studie 729 Gymnasiasten der 9. Klasse in Unterfranken befragt worden sind, wird besonders deutlich, wie plural Glaubens- und Religionsvorstellungen junger Menschen heute geworden sind. Selbst im katholisch-ländlichen Milieu Unterfrankens zeichnet die Mehrheit der bürgerlichen Jugendlichen aus dem Bildungsmilieu autonome und postkonventionelle Glaubensvorstellungen aus, die nur noch wenig mit dem Glauben der christlichen Kirchen zu tun haben.

Entsprechend drastisch fällt die Pluralisierung religiöser Vorstellungen in den Ballungsräumen und städtischen Milieus aus. Die Sinus-U27-Jugendstudie, die vom Bund der katholischen Jugend in Deutschland im Anschluss an die Sinus-Studie der Deutschen Bischofskonferenz in Auftrag gegeben worden war, hat gezeigt, dass kirchlich sozialisierte und engagierte Jugendliche heute nur noch in zwei von insgesamt sieben Milieus jugendlicher Grundorientierung vorkommen (vgl. Bund der Katholischen Jugend in Deutschland und Misereor 2008): Lediglich sogenannte „traditionelle Jugendliche" (4 %) und „bürgerliche Jugendliche" (14 %) lassen sich noch von den Angeboten kirchlicher Jugendarbeit und gemeindlicher Veranstaltungen überhaupt erreichen. Sogenannte „konsum-materialistische Jugendliche" (11 %), „post-materielle Jugendliche" (6 %), „hedonistische Jugendliche" (26 %), „performer Jugendliche" (25 %) und „experimentalistische Jugendliche" (14 %) haben sich von den Kirchen und ihren Freizeit-, Bildungs- und Liturgieangeboten schon längst entfernt. Dieser Trend hat seitdem angehalten und sich verstetigt (vgl. Arbeitsstelle für Jugendseelsorge der Deutschen Bischofskonferenz, Bund der Deutschen Katholischen Jugend 2016). Eine Religionsdidaktik, die in diesen Zusammenhängen sozialisierte Kinder und Jugendliche als Subjekte von religiösen Bildungsprozessen in den Blick nehmen will, muss sich dieser Kontexte und ihrer Wirkung bewusst sein und entsprechende Lern- und Bildungsformate entwickeln.

4.1.2 Zur Identitätsentwicklung von Kindern und Jugendlichen

In diesem Zusammenhang lohnt es sich, einen Blick auf die aktuelle Debatte um die Konstruktion und Entwicklung religiöser Identität zu werfen. Hier werden auffällig oft Metaphern aus dem Bereich der Textilien verwendet, wenn es um die Beschreibung und modellhafte Anschauung jener eigentlich hermetischen Vorgänge und Prozesse geht, mit der sich die Identitätsforschung beschäftigt. So ist der von Heiner Keupp (1989) geprägte Begriff des „Crazy Quilt" bereits zum geflügelten Wort geworden, während der Begriff der „Textur-Bildung", den Beate-Irene Hämel (2007) aus dem literaturwissenschaftlichen Diskurs in die Religionspädagogik übertragen hat, den Anfang einer noch zu führenden Debatte um religiöse Identitätsbildung und ihre religionsdidaktischen Konsequenzen bilden könnte. Beide Metaphern, „Quilt" wie „Textur", markieren einen Paradigmenwechsel in der Identitätsforschung, indem sie die Vielschichtigkeit, die Mehrdimensionalität und die Vergänglichkeit von personaler Identität sowie die Komplexität und Kontingenz ihres Entstehens anklingen lassen. Alle diese Eigenschaften stehen im Kontrast zu den Charakteristika von Identitätskonzepten der klassischen Moderne, die – exemplarisch bei Erik H. Erikson (1973) und Jürgen Habermas (1976) – die Identitätsbildung als einen kontinuierlichen und linearen Prozess menschlicher Persönlichkeitsentwicklung verstehen.

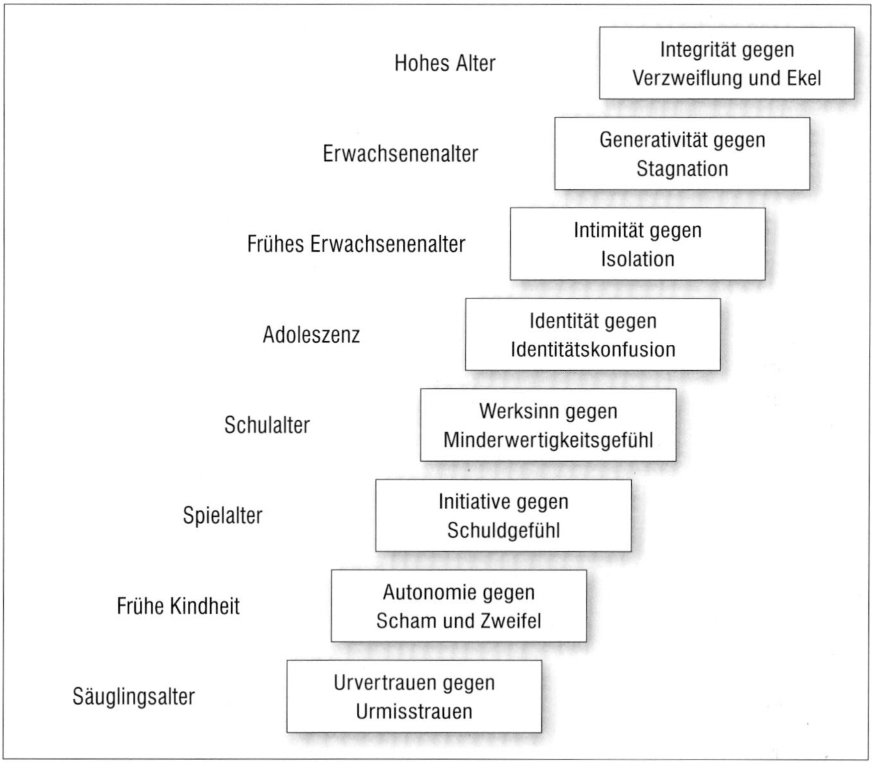

Abb. 12: Die Krisen der Lebensalter nach Erik H. Erikson (vgl. Erikson 1973, 150 f.)

So definiert Erikson in seinem zum Klassiker avancierten Werk *Identität und Lebenszyklus* eine solche Identität als das im Zusammenhang von Persönlichkeitsentwicklung und Sozialisation entstandene subjektive Empfinden der eigenen Kontinuität und Eigenart, das ein Individuum braucht, „um für die Aufgaben des Erwachsenenlebens gerüstet zu sein" (Erikson 1973, 123).

Gerade dies wird aber in jüngeren Konzepten, die Identität eben nicht mehr als ein solches Produkt kontinuierlicher Entwicklung, sondern als eine in der Interaktion situativ gestaltete Selbstverortung verstehen, entsprechend kritisiert (vgl. Keupp 1997). Stattdessen postuliert Keupp, dass Menschen in der neuen Zeit der unüberschaubaren Postmoderne „sich aus vorhandenen Lebensstilen und Sinnelementen ihre eigenen kleinen Sinnkonstruktionen [...] basteln" (Keupp 1989, 63). Deshalb lässt sich sagen, „dass Identitätsbildung unter den Bedingungen der Gegenwart etwas von diesem ‚Crazy Quilt' hat. Zu betrauern ist deshalb auch nicht der Verlust von Identität schlechthin, sondern allenfalls jener Typus, der sich entsprechend dem klassischen Quilt über seine Geordnetheit

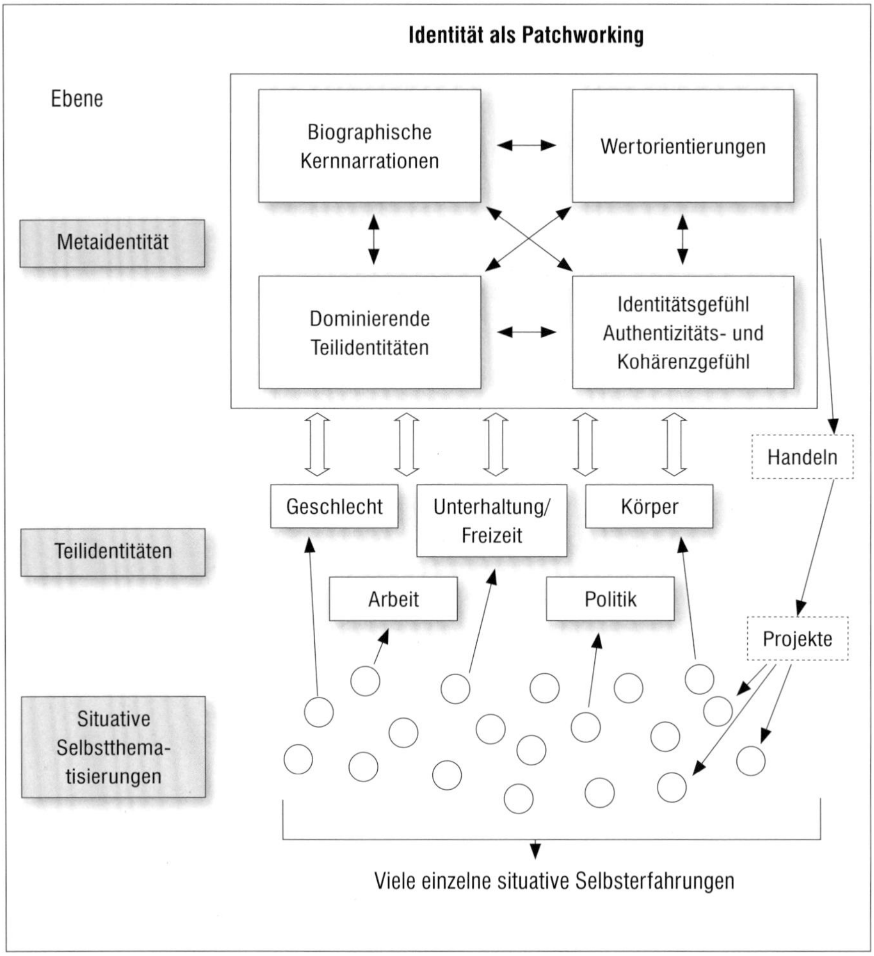

Abb. 13: Identität als Patchwork nach Heiner Keupp

und Voraussehbarkeit definiert. Wir haben es nicht mit ‚Zerfall' oder ‚Verlust der Mitte' zu tun, sondern eher mit einem Zugewinn kreativer Lebensmöglichkeiten, denn eine innere Kohärenz ist der Patchworkidentität keineswegs abhanden gekommen" (ebd., 63 f.).

4.1.3 Zur Entwicklung religiöser Identität

Beate-Irene Hämel fasst diese Entwicklung in ihrer ausführlichen Darstellung des aktuellen Identitätsdiskurses unter den Begriff der „Selbst-Textur-Bildung":

> Die Rede von der Identität als Projekt hat weiter ihre Berechtigung, nämlich als ein Selbstverhältnis, das als ein hemeneutischer Akt situativ in einem bestimmten Kontext – bzw. in einer Kontextur [...] – hergestellt wird und aus dem Interesse sich selbst zu verstehen und sich anderen verstehbar zu machen, gebunden ist. Weder hat jemand dieses Selbstverhältnis, noch kann jemand es in Gänze erreichen, vielmehr wird immer nur ein Teil davon repräsentiert (Hämel 2007, 132).

Und Ulrich Riegel resümiert die aktuelle Diskussion um den Identitätsbegriff: „In der Summe legt der Diskurs der Identität eine Vorstellung nahe, die sich aus der interaktiven und narrativen Selbstverortung des Individuums erschließt" (Riegel 2005, 83). Denn:

> Jede Handlung und jede Äußerung ist ein potentieller Kandidat für die Identitätskonstruktion, denn sie lassen sich daraufhin hinterfragen, inwieweit sie ins bisherige Selbstbild bzw. ins Bild des Interaktionspartners passt (ebd.).

Zum anderen gilt: „Kohärenz und Kontinuität ergeben sich in Interaktionen jedoch nicht notwendig aus dem Handeln selbst heraus, denn jede Aktion ist polyvalent und bedarf der stimmigen Integration in die individuelle Lebensgeschichte" (ebd.). Damit erweist sich die Identitätskonstruktion als narrative Selbstverortung.

Welche Konsequenzen haben diese neueren Modelle der Identitätsbildung für die Frage nach der Entwicklung religiöser Identität, die ja einen konstitutiven Bestimmungsgrund von individueller Identität darstellt (vgl. Schweitzer 2002b)? Hämel greift in ihrem Entwurf die Stoff-Metapher der „Textur" auf, wenn sie für die religiöse Erziehung folgert:

> Jugendliche Selbstbildung muss daher heute in besonderem Maß darauf zielen, zum Subjekt zu werden, das seine Realität produktiv (v)erarbeitet und seinen Erzählfaden spinnen kann. Religiöse wie spirituelle Selbstkonstruktion [...] verläuft verschieden, im Rückgriff auf Angebote, die hierorts vorrangig die christliche Religion bereitstellt, auf konservative, egotaktische Werte ebenso wie in der religionsförmigen Ästhetisierung des Alltags" (Hämel 2007, 157).

Und nach Riegel lässt sich die Vorstellung einer Identität als interaktive und narrative Selbstverortung „problemlos auf das Konstrukt einer religiösen Identität übertragen" (Riegel 2005, 83). Dann „liegt der Schwerpunkt der Aufmerksamkeit auf der Konstruktion identitätsrelevanter Handlungen und Erzählungen. Die Situation religiöser Pluralität, die diesen Perspektivenwechsel angestoßen hat, prägt dabei auch den Konstruktionsprozess selbst" (ebd., 87). Dabei spielt sich die interaktive und narrative Selbstverortung jeweils zwischen zwei Polen ab, „die konstitutiv aufeinander bezogen sind: Narrativität versus Interaktivität, Einheit versus Vielfalt, Stabilität versus Dynamik, Originalität versus Reproduktion und Eigenes versus Fremdes. [...] Religiöse Identität im Sinn interaktiver und narrativer Selbstverortung geschieht als individueller Rückgriff auf eine kulturell präsente und symbolische Ordnung" (ebd., 89f.). Für religiöse Bildungsprozesse bedeutet dies: Aneignung geschieht hier „in der gemeinsamen Auseinandersetzung um die Bedeutung des angesprochenen Traditionsstücks" (ebd., 90). Dieses aber stellen Lehrerinnen und Lehrer, im Idealfall auch (Mit-)Schülerinnen und Schüler zur Diskussion. Entsprechend müssen Religionslehrerinnen und -lehrer reflektieren können, „auf welche Art und Weise die historisch bewährten Geschichten und Überzeugungen des Christentums bei Kindern und Jugendlichen ins Spiel gebracht werden können" (ebd.).

Diese hochdynamische sozial- und entwicklungspsychologische Diskussion um Identitätskonstruktion hat Ende der 1990er Jahre zu einer erneuten Debatte um die konfessionelle Gestalt des Religionsunterrichts geführt. So hat die evangelische Religionspädagogin Barbara Asbrand in einer viel beachteten Studie ausgehend vom Keuppschen Begriff des „Crazy Quilt" die Abschaffung des konfessionellen Religionsunterrichts gefordert: Wenn Identitätsbildung ein lebenslanger, unabgeschlossener kreativer Prozess ist, scheine ein religiöser Schonraum, von dem man annimmt, in ihm entstehe eine konfessionelle Identität, die dann zur Grundlage von Dialog und Verständigung werden kann, nicht mehr nötig. Dann gilt: Identität entwickelt sich in der Begegnung mit dem Fremden, also auch mit der fremden Religion. Asbrand geht sogar noch einen Schritt weiter: Für sie fördert die frühe Trennung von Kindern in verschiedene konfessionelle Lerngruppen „ethnische bzw. nationalistische Identitätszuschreibungen, die im Gegensatz stehen zu den pädagogischen Bemühungen, das Zusammenleben der Kinder unterschiedlicher kultureller Prägung zu fördern" (Asbrand 2000, 10–11). Ihr ist von Seiten anderer evangelischer Religionspädagogen allerdings vehement widersprochen worden. So kommt Friedrich Schweitzer in seiner Replik auf Asbrand zum genau entgegengesetzten Schluss:

> Da Kinder von früh auf anderen Kindern mit einer anderen oder auch keiner Religionszugehörigkeit begegnen, brauchen sie immer auch eine Begleitung im Sinne von Verständigung. Da Kinder zugleich aber auch noch nicht über eine religiöse Identität verfügen [...], brauchen sie zugleich Möglichkeiten zu einer solchen Identitätsbildung (Schweitzer 2002a, 115).

Deshalb entwickelt Schweitzer die Auffassung, dass „ [...] Identitätsbildung und Verständigung bzw., um es mit den eher katholischen Begriffen zu sagen, Beheimatung und Begegnung miteinander verschränkt und parallel unterstützt werden müssen" (ebd.). Schweitzer fährt fort:

> Gerade weil die Klärung von eigener Zugehörigkeit nicht in ausschließlich abstrakter Weise geschieht, sondern über Identifikation mit Erwachsenen, muss Bildung und Erziehung identifikatorische Sozialerfahrungen durch als Beziehungsfiguren dienende Erwachsene ermöglichen.

Schweitzers Position ist auch aus katholischer Perspektive anschlussfähig: Gerade weil religiöse Identitätskonstruktion – im Sinne interaktiver und narrativer Selbstverortung – als individueller Rückgriff auf eine kulturell präsente und symbolische Ordnung geschieht, braucht es Repräsentanten dieser Ordnung, welche „die historisch bewährten Geschichten und Überzeugungen des Christentums" (Riegel 2005, 90) bei Kindern und Jugendlichen ins Aneignungsgeschehen hineingeben können. Der evangelische, katholische, jüdische und islamische Religionsunterricht kann folglich Agentur religiöser und konfessioneller Tradition wie Kommunikation sein, in denen Kindern und Jugendlichen die Möglichkeit gegeben wird, Identitäts- wie Differenzerfahrungen zu machen, an denen sie in ihrer persönlichen Entwicklung wachsen und reifen können.

„Religiöse wie spirituelle Selbstkonstruktion [...] verläuft verschieden, im Rückgriff auf Angebote, die hierorts vorrangig die christliche Religion bereitstellt", schreibt Beate-Irene Hämel (2007, 157). Der konfessionelle Religionsunterricht ermöglicht solche Angebote, die im Prozess narrativer Selbstverortung anverwandelt werden können, sie liefern das „Garn", mit dem junge Menschen ihre je eigenen Erzählfäden zu einer Selbst-Textur (vgl. ebd.) verweben können. Damit solche Prozesse allerdings produktiv ablaufen können, braucht es eine große Offenheit für die Religiosität junger Menschen heute wie auch die Kompetenz, an deren religiöse Erfahrungen und Vorstellungen anknüpfen zu können.

ZUSAMMENFASSUNG

Lehrerinnen und Lehrer, die religiöse Lernprozesse in der Schule gestalten wollen, müssen offen sein für die Lebenswelt ihrer Schülerinnen und Schüler, in der die Entwicklung eigener Religiosität inzwischen durch die medialen Kontexte geprägt ist: Religion und Glaube von Jugendlichen finden in vielfältigen Formen und oft in Gestalt einer synkretistischen Patchwork-Religion ihren Ausdruck. Religionslehrerinnen und -lehrer können dagegen im Religionsunterricht die Repräsentanten einer kulturell präsenten Ordnung sein, welche „die historisch bewährten Geschichten und Überzeugungen des Christentums" (Ulrich Riegel) für die religiöse Identitätsbildung von Kindern und Jugendlichen bereit hält. Der Religionsunterricht kann folglich Agentur religiöser und konfessioneller Tradition wie Kommunikation sein, in der Kindern und Jugendlichen die Möglichkeit gegeben wird, Identitäts- wie Differenzerfahrungen zu machen.

Literatur

Arbeitsstelle für Jugendseelsorge der Deutschen Bischofskonferenz. Bund der Deutschen Katholischen Jugend (Hg.) (2016), Wie ticken Jugendliche 2016? Düsseldorf.

Asbrand, Barbara (2000), Zusammen Leben und Lernen im Religionsunterricht. Eine empirische Studie zur grundschulpädagogischen Konzeption eines interreligiösen Religionsunterrichts im Klassenverband der Grundschule, Frankfurt a. M.

Bund der Katholischen Jugend in Deutschland und Misereor (Hg.) (2008), Wie ticken Jugendliche? Sinus-Milieu-Studie U27, Düsseldorf.

Erikson, Erik H. (1973), Identität und Lebenszyklus, Frankfurt a. M.

Grom, Bernhard ([3]2007), Religionspsychologie, München.

Habermas, Jürgen (1976), Zur Rekonstruktion des historischen Materialismus, Frankfurt a. M.

Hämel, Beate-Irene (2007), Textur-Bildung. Religionspädagogische Überlegungen zur Identitätsentwicklung im Kulturwandel, Ostfildern.

Jugend 2006. Eine pragmatische Generation unter Druck, hg. v. der Shell Deutschland Holding, Frankfurt a. M./Hamburg.

Jugend 2019. Eine Generation meldet sich zu Wort, hg. v. der Shell Deutschland Holding, Frankfurt/Hamburg.

Keupp, Heiner (1989), Auf der Suche nach der verlorenen Identität. In: Keupp, Heiner/Bilden, Helga (Hg.), Verunsicherungen. Das Subjekt im gesellschaftlichen Wandel, Göttingen, 47–70.

Keupp, Heiner (1997), Diskursarena Identität: Lernprozesse in der Identitätsforschung. In: Keupp, Heiner/Höfer, Renate (Hg.), Identitätsarbeit heute. Klassische und aktuelle Perspektiven der Identitätsforschung, Frankfurt a. M., 11–39.

Bund der Katholischen Jugend in Deutschland und Misereor (Hg.) (2008), Wie ticken Jugendliche? Sinus-Milieu-Studie U27, Düsseldorf.

Riegel, Ulrich (2005), Sich selbst finden im Schnittpunkt von Handeln und Erzählen. Religiöse Identität als interaktive und narrative Verortung. In: Religionspädagogische Beiträge 54, 69–90.

Schweitzer, Friedrich (2002a), Konfessionell-kooperativer Religionsunterricht. Die Perspektive der Kinder. In: Weiße, Wolfram (Hg.), Wahrheit und Dialog. Theologische Grundlagen und Impulse gegenwärtiger Religionspädagogik, Münster/New York/München/Berlin, 107–119.

Schweitzer, Friedrich (2002b), Entwicklung und Identität. In: Bitter, Gottfried/Englert, Rudolf/Miller, Gabriele/Nipkow, Karl-Ernst (Hg.), Neues Handbuch religionspädagogischer Grundbegriffe, München, 188–193.

Schweitzer, Friedrich (2003), Postmoderner Lebenszyklus und Religion, Gütersloh.

Ziebertz, Hans-Georg/Kalbheim, Boris/Riegel, Ulrich (2003), Religiöse Signaturen. Ein religionspädagogischer Beitrag zur empirischen Jugendforschung, Freiburg i. Br.

6a

Arbeitsblatt

4.1 Die lebensweltliche Kompetenz

Vergewisserung

Charakterisieren Sie, inwiefern sich die lebensweltlichen Einflüsse der heutigen Gesellschaft auf die Religiosität der Kinder und Jugendlichen auswirkt. Beziehen Sie sich dabei auf die Ergebnisse der hier vorgestellten Studien.

Vertiefung

Die Sinus-Studie „Wie ticken Jugendliche? Lebenswelten von Jugendlichen im Alter von 14 bis 17 Jahren in Deutschland", die vom Bund der Deutschen Katholischen Jugend (BDKJ) in Auftrag gegeben wurde, gliedert Jugendliche heute in sieben sogenannte Sinus-Milieus. Diese ergeben sich aus dem Zusammenwirken von Bildungsniveaus und Wertemustern und lassen sich wie auf der Abbildung unten dargestellt bezeichnen.

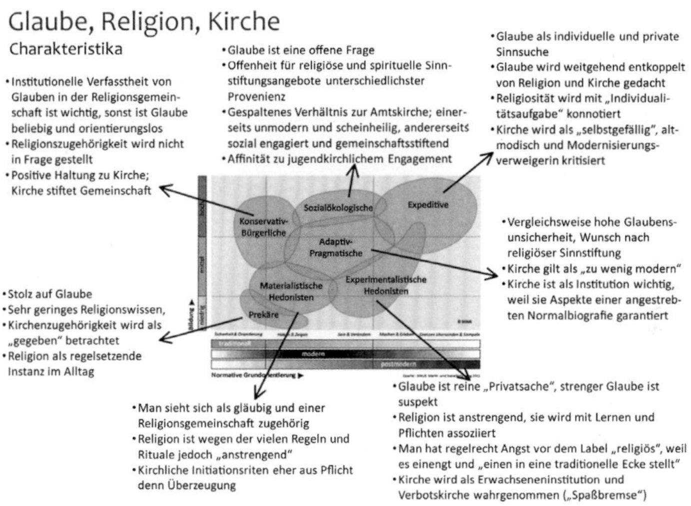

(aus: Calmbach, Marc/Thomas, Peter Martin/Borchard, Inga/Flaig, Bodo (2012), Wie ticken Jugendliche? 2012: Lebenswelten von Jugendlichen im Alter von 14 bis 17 Jahren in Deutschland, 81)

6b

Arbeitsblatt

4.1 Die lebensweltliche Kompetenz

Ordnen Sie die folgenden Zitate von Jugendlichen den jeweiligen Milieus zu und begründen Sie Ihre Entscheidung, indem Sie sich auf die milieutypischen Charakteristika beziehen.

„Ich bin Christ und gehe auch eigentlich regelmäßig in die Kirche mit meiner Familie." (m, 14)

„So Religion, das ist früher (...), das ist nicht so mein Ding. Ich weiß nicht, das alles zu lernen, das ist nervig." (w, 16)

„Ich geh zwar nicht zur Kirche, aber wenn man meinen Glauben beleidigt ...!" (m, 14)

„Ich denke, dass jeder so einen eigenen Glauben hat, ich brauch dafür keine Kirche oder keinen vorgegebenen Glauben, sondern ich hab meinen eigenen Glauben." (w, 17)

„Ich glaube nicht an Gott, ich glaube nicht, dass es keinen Gott gibt, ich bin mir da nicht so sicher." (w, 15)

„Ich glaube auf jeden Fall, dass es irgendetwas gibt. Eine höhere Macht, ein physisches Gesetz, das noch nicht entdeckt ist und alles lenkt." (w, 15)

„Trinken ist für Muslime eigentlich ganz tabu. Aber das finde ich jetzt unnötig. Weil, ein paar Türken trinken und sind trotzdem noch Muslime." (m, 17)

Auflösung: a) Konservativ-Bürgerliche; b) Experimentalistische Hedonisten; c) Prekäre; d) Sozialökologische; e) Adaptiv-Pragmatische; f) Expeditive; g) Materialistische Hedonisten

4.2 Die pädagogische Kompetenz: Fähigkeit zur Analyse von Lernvoraussetzungen und Lernperspektiven

4.2.1 Zum Beitrag der Entwicklungspsychologie

Kinder und Jugendliche bringen nicht nur elementare Erfahrungen aus den Kontexten ihrer Lebenszusammenhänge mit, sie bilden auch altersabhängige elementare Zugänge zur Wirklichkeit aus. Die Art und Weise, wie ein Kind oder ein Jugendlicher sich mit Fragen moralischer und religiöser Wirklichkeit auseinandersetzen kann, ist abhängig von seiner geistigen Reifung und Entwicklung. Die Entwicklungspsychologie ist jene Teildisziplin der psychologischen Wissenschaft, die sich mit der Entwicklung der menschlichen Psyche während der Ontogenese (Entwicklung und Entfaltung eines Individuums) beschäftigt und versucht, diese modellhaft darzustellen. Dabei greift die Entwicklungspsychologie immer noch auf die sogenannten Stufenmodelle zurück, deren Entstehung und Entwicklung untrennbar mit dem Namen des französischen Biologen und Arztes Jean Piaget (1896–1980) verbunden sind. Piaget gilt als Begründer des sogenannten kognitiven Strukturalismus, in dem die Entwicklung des menschlichen Geistes im Zusammenspiel von körperlicher Entwicklung und Einflüssen der Umwelt erklärt wird. Durch das Gleichgewicht (Äquibalance) von Akkommodation und Adaptionsleistungen entwickelt der menschliche Geist durch die verschiedenen Lebensstufen zunehmend die Fähigkeit, vom Sinnlichen über das Konkrete zum Abstrakt-Formalen fortzuschreiten. Die zunehmende Komplexität der kognitiven Kompetenzen wird in der Regel in verschiedenen Stufen beschrieben. So unterscheidet Piaget zwischen sensumotorischen, präoperationalen, konkret operationalen und formal operationalen Stadien, die der Mensch vom Säuglingsalter bis in die Adoleszenz hinein durchläuft. Jedes Stadium ist durch einen Zuwachs an kognitiven Fertigkeiten gekennzeichnet. Allen Stadien ist gemeinsam, dass sie logisch aufeinander aufbauen, d. h. dass komplexe Schemata einfache voraussetzen. Außerdem integriert jedes Stadium die Strukturen des vorherigen, so dass diese jederzeit wieder abrufbar sind. Die Gesamtstruktur eines Stadiums oder einer Stufe ist deshalb nicht die einzelne charakteristische Fähigkeit, sondern die Gesamtheit aller Merkmale. Wenn diese ausgeprägt ist, hat ein Mensch das nächsthöhere Stadium erreicht.

In der Entwicklungspsychologie wird zwischen Modellen zur Entwicklung der Denk- und Darstellungsfähigkeit und Modellen zur Entwicklung der Urteilsfähigkeit unterschieden. Beide Kategorien sind für die Darstellung und Bewertung religiöser Entwicklung bedeutsam. So helfen die Stufenmodelle, in denen die Entwicklung der Denk- und Darstellungsfähigkeit anschaulich gemacht werden, bei der Einordnung der religiösen Anschauungs- und Vorstellungsformen, die sich besonders im Bereich des Gottesbildes von Kindern und Jugendlichen auswirken. Die Modelle zu Urteilsformen wirken sich dagegen vor allem im Bereich

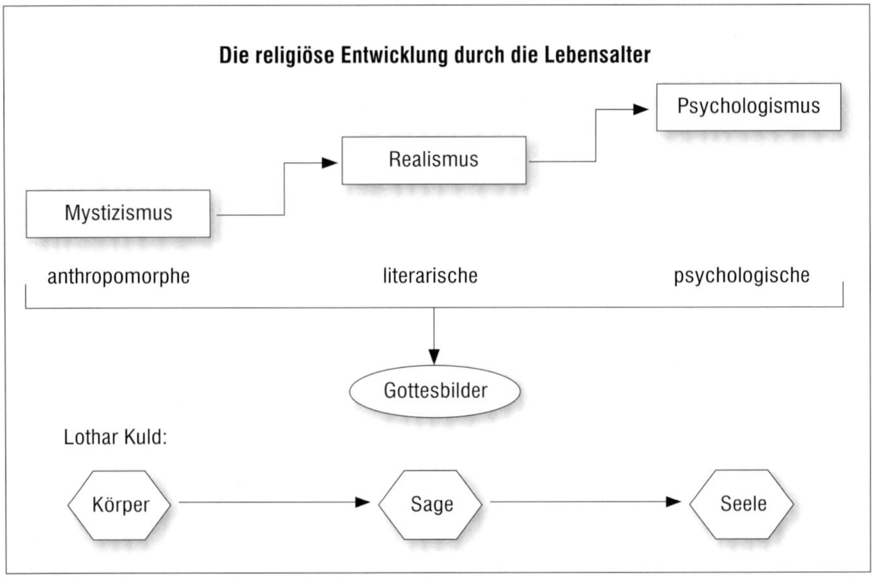

Abb. 14: Die Bewältigung der Unsichtbarkeitsproblematik nach Lothar Kuld (vgl. Kuld 2011, 54)

von Moral und Gottesbeziehung aus. Hier geht es also um die Frage, wie Kinder und Jugendliche im Laufe ihrer Entwicklung die Beziehung zu anderen, aber eben auch zu Gott, beschreiben, bewerten und gestalten.

4.2.2 Zu Modellen der Entwicklung von Denk- und Darstellungsfähigkeit

Einschlägige Modelle zur Entwicklung des Gottesbildes finden sich vor allem bei Ronald Goldman und bei James W. Fowler. In diesen Modellen wird die Entwicklung des Gottesbildes analog zu Jean Piagets Modell der kognitiven Entwicklung als Weg von einem kindlich-intuitiven religiösen Denken, in dem Gott in Menschengestalt (anthropomorph) aufgefasst wird, über ein konkret religiöses Denken, das sich an Erzählungen und Überlieferungen orientiert, hin zu einem abstrakt religiösen Denken entfaltet, in dem Gott als Idee oder Prinzip beschrieben wird. Lothar Kuld hat für diese ständige Lebensaufgabe, die Problematik der Unsichtbarkeit Gottes zu akzeptieren und produktiv zu bearbeiten, die Formel *Körper – Sage – Seele* gefunden:

> Aus der konkreten Gestalt über den Wolken wird ein ‚Geist', dann ‚eine Erzählung', schließlich ‚ein Gefühl'. Alle Begriffe bezeichnen Unsichtbares. In jedem Fall geht es darum, das Unsichtbare zu benennen. Aus der scheinbar anthropomorphen Vorstellung wird eine literarische, dann im Jugendalter eine psychologische (Kuld 2011, 54).

Stadien der kognitiven Entwicklung nach Piaget	Stadien der religiösen Kognition nach Goldman
Präoperatorisch	**Intuitives religiöses Denken** Religiöse Inhalte werden „fragmentarisch“, „unsystematisch“ und „simplifizierend“ verstanden. Die symbolische Struktur religiöser Sprache wird nicht durchschaut, Gott menschengestaltig (anthropomorph) aufgefasst. Häufig transduktive (d. h. eine Beziehung zu bekannten Sachverhalten herstellende) Schlüsse: *„Warum wollte Jesus, als er in der Wüste hungerte, nicht Steine in Brot verwandeln?“ – „Weil er Brot nicht mag!“*
Konkretoperatorisch	**Konkretes religiöses Denken** Magische, animistische und anthropomorphe Elemente verschwinden; die Repräsentation religiöser Inhalte erhält mehr Kohärenz und Objektivität. Symbolische Sprache wird aber nach wie vor konkret wortwörtlich verstanden: *„Nur Mose konnte Gott reden hören; die Leute neben ihm konnten ihn nicht hören, denn Gott hat ganz leise gesprochen.“*
Formaloperatorisch	**Abstraktes religiöses Denken** Die symbolisch-metaphorische Struktur religiöser Rede wird durchschaut; auch das religiöse Denken ist „hypothetisch“ und „zusammenhängend“: *„Der brennende Dornbusch ist ein Symbol und bedeutet für Mose, dass er nicht auf diesen Platz gehen soll.“*

Abb. 15: Jean Piaget und Ronald Goldman: Modelle zur kognitiven Entwicklung (Oser/Bucher 1995, 1047)

Zentrale Aufgabe religiöser Bildung ist es nun, in diesem lebenslangen Prozess Impulse zu geben, Anregungen zu liefern und Material bereit zu halten, an dem Kinder, Jugendliche und Erwachsene ihre religiösen Vorstellungen reflektieren, bearbeiten und weiterentwickeln können, um so zu einer reifen und erwachsenen Religiosität und Spiritualität zu finden. Andere Entwicklungspsychologen sprechen auch von einer Entwicklung, die vom Mystizismus über den Realismus zum Psychologismus fortschreitet.

Wie sehen die einzelnen Modelle nun im Detail aus? Hilfreich ist ein erster Blick auf das Modell des amerikanischen Entwicklungspsychologen Ronald Goldman, der bereits in den 1960er Jahren eine Adaption der Stadien Piagets auf die religiöse Entwicklung vornahm. Auf Abbildung 15 stehen beide Modelle nebeneinander, um die Bezüge deutlich zu machen. Auf der linken Seite sind die drei Stadien der kognitiven Entwicklung nach Piaget abgebildet, auf der rechten die Stadien religiöser Entwicklung, wie sie Ronald Goldman durch seine Untersuchungen erhoben und ausgewiesen hat. Es ist deutlich erkennbar, wie dem präoperationalen Stadium das intuitiv religiöse Denken, dem konkret operationalen das konkrete religiöse Denken und dem formal operationalen Denken das abstrakt religiöse Denken zugeordnet ist. Anhand von biblischen Geschichten, die Goldman Probandinnen und Probanden verschiedener Arbeitsgruppen vorlegte und deren Interpretation er kategorisierte, konnte der Wissenschaftler zeigen, dass sich analog zur kognitiven Entwicklung auch das religiöse Denken bei entsprechender Bildung über die Lebensalter von einem intuitiven hin zu einem abstrakten Zugang entwickelt.

Während das Modell von Goldman sich dabei sehr stark an Piaget anlehnt, hat James W. Fowler in den 1980er Jahren mit seinen Stufen der Glaubensentwicklung ein wesentlich stärker ausdifferenziertes und detaillierteres Modell zur Entwicklung von Glaubensvorstellungen vorgelegt (vgl. Abb. 16). Anders als Goldman geht es dem Methodisten Fowler bei der Konzeption seiner Theorie nicht nur um die Beschreibung und Einordnung religiöser Entwicklung, sondern auch um eine Hilfestellung bzw. um ein Instrument für die seelsorgerische Begleitung von Menschen. Ähnlich wie später Gabriel Moran (vgl. 4.2.4) hat auch Fowler verschiedene Stufenmodelle aus der Sozial- und Entwicklungspsychologie in sein Modell integriert, so die oben skizzierte Theorie der sozialen Entwicklung von Erik H. Erikson (vgl. 4.1.2) und die Theorie der Selbst-Konstruktion von Robert Kegan (1991). Berühmt geworden ist der offene Glaubensbegriff, den Fowler für seine Theorie verwendet hat: Er nutzt eine im Englischen verwendete Differenzierung des Glaubensbegriffs, um zwischen „faith", der Grundhaltung des Vertrauens und Hoffens auf eine höhere Macht, und „belief", dem Glauben an bestimmte Inhalte, zu unterscheiden. In seinem Modell will er „faith", also die funktionale Seite des Glaubens, beschreiben, während „belief" als substantiale Dimension (vgl. 2.1) eher auf bestimmte Stadien eines konkret-synthetischen Glaubens beschränkt wird.

4.2.3 Zu Modellen der Entwicklung von Urteilsfähigkeit

Modelle zur Urteilsfähigkeit versuchen zu beschreiben, wie der Mensch sein Verhältnis zu anderen Menschen (Moral) und zu Gott (Religion) wahrnimmt, reflektiert und gestaltet: Es geht also um die psychologischen Prozesse, die ethischen Entscheidungen und religiösen Akten zugrundeliegen, es geht um moralische und religiöse Urteilsfähigkeit. Für beide Bereiche, also sowohl für die Moral- als auch für die Glaubensentwicklung ist der amerikanische Philosoph und Psychologe Lawrence Kohlberg diskursprägend gewesen. Ihm ging es darum zu zeigen, wie Menschen in Konfliktsituationen urteilen und welche Kriterien und Referenzen sie für dieses Urteil heranziehen. Aufbauend auf dem kognitiven Strukturalismus Piagets, in dem nicht nur die intellektuelle, sondern auch die moralische Entwicklung des heranwachsenden Menschen als Produkt ständiger Interaktion zwischen sozialer Umwelt und eigenen, strukturierenden Erkenntnisorganen

Stufen des Lebensglaubens nach James Fowler

Stufe 0: Erster Glaube
Glaube ist vorsprachlich und besteht im Urvertrauen, das dem Kleinkind geschenkt wird, und das es ihm ermöglicht, seinerseits der Umwelt zu vertrauen.

Stufe 1: Intuitiv-projektiver Glaube
Die Glaubenswelt des Kindes wird von Intuitionen und Phantasievorstellungen dominiert; das Kind projiziert Wünsche und Projektionen vorzugsweise auf magische Symbolgestalten.

Stufe 2: Mythisch-wörtlicher Glaube
Der Realitätssinn des Kindes nimmt zu. Religiöse Sprache und Symbole versteht es wortwörtlich, auch neigt es zu Anthropomorphismen. Bedeutsam sind „stories", die dem Kind Lebenssinn vergegenwärtigen könne.

Stufe 3: Synthetisch-konventioneller Glaube
Der Jugendliche orientiert sich an Glaubensinhalten anderer, die er übernimmt und zusammenstellt (synthetisiert).

Stufe 4: Individuierend-reflektierender Glaube
Von seiner neu erreichten Individualität aus vermag der Heranwachsende den frühen Glauben kritisch zu durchdringen, mitunter als konventionell zurückzuweisen, um einen eigenen Standpunkt zu beziehen.

Stufe 5: Verbindender Glaube
Der Heranwachsende relativiert seine glaubensmäßige Position, erkennt und anerkennt andere mögliche Standpunkte und verbindet diese zu einem umfassenden Glaubenssystem, das durch Toleranz ebenso geprägt ist wie durch einen gewissen Relativismus.

Stufe 6: Universalisierender Glaube
Der Glaube umgreift das gesamte Sein und Dasein. Ein Symbol dafür ist das allumfassende „Reich Gottes". Als Repräsentanten dieser Stufe nennt Fowler herausragende Gestalten wie Martin Luther King und Mutter Theresa.

Abb. 16: James W. Fowlers Modell der Glaubensentwicklung (Oser/Bucher 1995, 1048–1049)

verstanden wird, entwickelte Kohlberg eine Stufentheorie des moralischen Handelns. In dieser vertritt er die Auffassung, dass sich die menschliche Urteilsfähigkeit über eine regelmäßige Reihe von qualitativ verschiedenen, in sich geschlossenen Stufen entwickelt. Dabei entstehen drei Ebenen der moralischen

Präkonventionelle Ebene	**1. Stufe**	urteilt nach Gesichtspunkten von Lohn und Strafe und unter dem Aspekt physischer Konsequenzen
	2. Stufe	urteilt nach dem Schema „Jedem das Seine“, „Wie du mir, so ich dir“. Es ist eine Austauschansicht, in der Verdienste eine Rolle für Gerechtigkeit spielen
Konventionelle Ebene	**3. Stufe**	urteilt nach dem Prinzip der Goldenen Regel: „Was du nicht willst, das man dir tu’, das füg’ auch keinem andern zu!“ Rücksicht auf die Gruppe und die Gruppenmehrheit
	4. Stufe	urteilt nach für alle in gleicher Weise gültigen gesellschaftlichen Rechten und Pflichten. Gesetze werden wichtig, weil sie garantieren, dass jeder vor dem Gesetz gleich ist
Postkonventionelle Ebene	**5./6. Stufe**	Stufe des Sozialvertrags, des sozialen Nutzens und der individuellen Rechte („Gerechtigkeit bedeutet, dass Menschen ihre fundamentalen Rechte wahrnehmen können“); Stufe der universalen ethischen Prinzipien; der Gesellschaft vorgeordnete Perspektive bzw. Perspektive eines „moralischen Standpunkts“, von dem sich gesellschaftliche Ordnungen herleiten

Abb. 17 : Lawrence Kohlbergs Modell der Moralentwicklung (Oser/Althof 2001, 54)

Urteilsfähigkeit, die sich an der Bedeutung gesellschaftlicher Normen für das Zustandekommen einer moralischen Entscheidung orientieren: Stehen individuelle Bedürfnisse und Interessen im Vordergrund, spricht Kohlberg von einem präkonventionellen Niveau, richtet sich das Urteil dagegen nach gesellschaftlich akzeptierten Normen von einem konventionellen. Werden die Normen aber durch ein individuelles Moralprinzip (z. B. den Kategorischen Imperativ) hinterfragt, ist eine postkonventionelle Stufe erreicht.

Beweise für die universale Gültigkeit dieses Modells meinte Kohlberg in umfassenden empirischen Studien gefunden zu haben, die er zeitweise auf über 45 Erhebungen in 27 Ländern ausdehnte. Die Zugehörigkeit zu einer bestimmten Stufe moralischen Urteilens wurde bei diesen Studien durch die Analyse und Bewertung einer sogenannten Dilemma-Situation, also einem moralischen Konflikt, bestimmt. Geradezu populär geworden ist das „Heinz-Dilemma“, in dem ein Mann namens Heinz vor der Entscheidung steht, ob er ein für seine Frau lebenswichtiges Medikament auf kriminellem Wege beschaffen soll. Je nachdem, wie die Probandinnen und Probanden der Studien in dieser Situation entscheiden und ihre moralischen Urteile begründen, werden sie einer der Stufen des Modells zugeordnet. Zusammengefasst lässt sich sagen, dass die meisten Kinder

Stufe 5	**Orientierung an religiöser Intersubjektivität** Völlige Vermitteltheit von Letztgültigem und Dasein und Welt. Universalität. Unbedingte Religiosität. Subjekt nimmt einen ganz und gar religiösen Standpunkt ein und braucht sich nicht mehr an einen Heilsplan, eine religiöse Gemeinschaft etc. zurückzubinden, vielmehr erfährt es sich als immer schon und unbedingt angenommen. Verschiedene Ausprägungen: Unbedingte Intersubjektivität, unio mystica, boddhi, göttliche Illumination etc.
Stufe 4	**Orientierung an vermittelter Autonomie und Heilsplan** Letztgültiges wird mit der Immanenz wieder vermittelt, sei es als Ermöglichungsgrund, sei es als Chiffre des „self". Mannigfaltige Formen von Religiosität, wobei aber Ich-Autonomie vorausgesetzt und nicht mehr in Frage gestellt wird: Naturfrömmigkeit, Kontemplation, gesellschaftliches Engagement, in dem Gott Ereignis wird. Subjekt gibt seinen Anspruch auf, alles aus sich selbst heraus leisten zu können, gibt sich aber wieder einem Letztgültigen anheim. „Gottesbilder" allenfalls als Symbole, ansonsten universale Prinzipien.
Stufe 3	**Orientierung an absoluter Autonomie (Deismus)** Letztgültiges wird aus der Welt gedrängt, Transzendenz und Immanenz voneinander getrennt. Der Mensch ist solipsistisch autonom, selbstverantwortlich für die Welt und sein Leben. Oftmals Ablehnung religiöser und kirchlicher Autorität: „Hier stehe ich, ich kann nicht anders!" Formulierung der Ich-Identität, Ablösung von den Erziehungsmächten.
Stufe 2	**Orientierung an „Do ut des"** Letztgültiges noch immer external und als allmächtig gesehen, das Sanktionen erteilen oder belohnen kann. Letztgültiges nun aber beeinflussbar. Mensch kann präventiv auf es einwirken. Beschränkte Autonomie. Erste Form der Rationalisierung.
Stufe 1	**Orientierung an absoluter Heteronomie (Deus ex machina)** Letztgültiges aktiv, greift unvermittelt in die Welt ein. Mensch reaktiv. Erwartungsdruck. Artifizialismus, Punktualität.

Abb. 18: Fritz Oser/Paul Gmünder – Stufen der religiösen Urteilsentwicklung (Oser/Gmünder 1984, 80)

und Jugendlichen die Stufen 1, 2 und 3 durchlaufen und als Erwachsene auf Stufe 3 oder 4 verharren. Die wenigsten Menschen erreichen Stufe 5/6 (vgl. Kohlberg 1996).

Das Modell der Moralentwicklung von Lawrence Kohlberg ist in der Religionspsychologie von Fritz Oser und Paul Gmünder in den sogenannten Stufen der religiösen Urteilsfähigkeit aufgegriffen und weiterentwickelt worden (vgl. Abb. 18). Oser/Gmünder haben in einem ähnlichen Design wie Lawrence Kohlberg versucht, an Dilemma-Geschichten das religiöse Urteil bei Kindern und Jugendlichen in den verschiedenen Altersstufen zu kategorisieren und zu hierarchisieren. Die klassische Dilemma-Geschichte aus der Versuchsreihe von Oser/Gmünder ist das sogenannte „Paul-Dilemma", in dem ein Arzt in der Extremsituation eines Flugzeugabsturzes Gott verspricht, seine Karriere aufzugeben und als Entwicklungshelfer nach Afrika zu gehen, sollte er überleben. Paul überlebt tatsächlich den Absturz und muss nun entscheiden, wie verpflichtend sein Versprechen gegenüber Gott ist.

Kohlberg wie Oser/Gmünder bleiben insofern an dem Grundmodell der kognitiven Entwicklung bei Jean Piaget orientiert, als dass sie ihre Stufenmodelle von einer Phase der Heteronomie (Fremdbestimmung) hin zu einer erwachsenen Zielstufe der Autonomie (Selbstbestimmung) entwickeln und skalieren. Entsprechend zielt Bildung aus entwicklungspsychologischer Sicht darauf, zum einen die Wahrnehmungs-, Denk- und Reflexionsfähigkeit von Kindern so zu fördern, dass sie zu formal-abstrakten Denk- und Reflexionsprozessen in der Lage sind, zum anderen diese zu befähigen, aus der Fremdbestimmung von Kindheit und Pubertät hin zu einer reflektierten Autonomie im Sinne einer bewussten Selbstbestimmung zu gelangen.

4.2.4 Zum Modell einer Theorie religiöser Entwicklung

In allen vorgestellten Modellen wird die religiöse Entwicklung als eine lebenslange verstanden, die aber durch eine determinierte, invariante und hierarchische Stufenfolge in ihrem Verlauf festgelegt ist. Inzwischen werden diese Stufentheorien nicht nur mit Blick auf ihre empirische Validität (bspw. Grom 2007, 177–181) hinterfragt, sondern auch unter der Fragestellung, inwieweit ihr lineares Fortschritts- und Aufstiegsschema der Rolle von Religion und Religiosität im postmodernen Lebenszyklus überhaupt noch angemessen ist. Der amerikanische Religionspädagoge Gabriel Moran (1983) ist einer der ersten gewesen, der den Entwicklungsbegriff in diesen Modellen hinterfragt hat. Für Moran ist der Entwicklungsbegriff mit Blick auf die Theorien Jean Piagets und Lawrence Kohlbergs noch akzeptabel, passt er doch bedingt zur Entwicklung des moralischen Urteils wie auch zum Aufbau kognitiver Denk- und Erkenntnisstrukturen. Für eine Beschreibung religiöser Strukturen ist er aber gerade deshalb ungeeignet. Gottesbilder und Glaubensvorstellungen per se sind nicht moralisch zu beurteilen. Zudem impliziert der Entwicklungsbegriff eine „Bewegung ohne Endpunkt" (Moran 2000, 161). Als Ergebnis wirken viele Theorien der psychologischen Entwicklung „wie ein Fahrstuhl zum Dach eines Wolkenkratzers. Sie verbergen aber die Tatsache, dass man, wenn man nach oben kommt, vom Dach gestoßen wird" (ebd., 174). Die Entwicklung von Religiosität aber darf man sich nicht als unendlichen Progressus, als „ladder to the sky" (vgl. Moran 1987) vorstellen. Vielmehr ist sie ein mühsamer, lebenslanger Prozess, der aus Irrungen und Wirrungen, aus Umwegen und Sackgassen, aus Höhen und Tiefen besteht. Moran verwirft den Entwicklungsbegriff nicht, aber er ergänzt ihn durch den Begriff der „Bekehrung" („Conversion"). Bekehrung ist das Moment, in dem durch Einhalten und Umkehr die ungezügelte Dynamik der Entwicklung ihr Korrektiv erfährt: „Meiner Ansicht nach sind die moderne Idee der Entwicklung und die religiöse Idee der Bekehrung nicht nur vereinbar, sondern gar aufeinander angewiesen. Getrennt voneinander sind beide Ideen gefährlich." Damit wendet sich Moran auch gegen das evangelikale Verständnis von „Conversion", das den amerikanischen Sprachgebrauch bestimmt. Bekehrung meint eben nicht ein einmaliges Erweckungserlebnis, denn diese „senkrecht nach unten führende Linie stoppt die ‚menschliche Entwicklung' oder beschränkt sie zumindest auf das Erdgeschoss eines zweistöckigen Gebäudes". Vielmehr meint Bekehrung einen entscheidenden Perspektiv- und Richtungswechsel auf dem Weg der religiösen Entwicklung, wie er mehrfach im Kontext der postmodernen Identitätskonstruktion vollzogen wird. Versteht man religiöse Entwicklung als einen durch wiederholte Bekehrung und Entwicklung geprägten lebenslangen Prozess, dann sind die bisher in der Psychologie verwendeten Bilder nicht mehr zutreffend. Entwicklung ist dann keine horizontale Linie und auch keine zunehmend vertikale. Auch das dreidimensionale Bild der Spirale ist eigentlich nicht zureichend. Moran kommt zu dem Schluss: „Manchmal wird das Leben als Aufstieg wahrgenommen, manchmal als Vorwärts-Gestoßenwerden, manchmal als Zurückschwingen oder als Abwärtstrudeln." Entsprechend gilt für die Bilder: „Keines der drei ist einfach falsch, aber keines allein genug" (Moran 2000, 166).

Entsprechend hat Gabriel Moran in seinem religionspsychologischen Entwurf *Religious Education Development* ein alternatives Modell entwickelt, das zwar auch eine Stufenstruktur aufweist, diese aber im oben ausgeführten Sinne anders definiert: Die Stufen beschreiben nun Situationen und Kontexte, die in der Biographie eines Menschen immer wieder auf- und abtauchen können. Auch der Auseinandersetzung mit Elementen vertrauter wie fremder Religion kommt in diesem Modell eine entscheidende Rolle bei der Identitätsentwicklung zu, denn für Moran stellt die Auseinandersetzung mit anderen Glaubensvorstellungen einen unverzichtbaren Bestandteil von Glaubensentwicklung und Identitätsfindung dar.

Besonders auf der zweiten Stufe seines Entwicklungsmodells, welche die Ausbildung des eigenen Glaubens im Jugendalter in der Spannung von Dekonstruktion („Disbelief") und Konstruktion („Belief") beschreibt, kommt der Begegnung und Auseinandersetzung mit fremden Religionen eine zentrale Rolle zu. Dies beginnt mit der bewussten Positionierung des älter werdenden Kindes im Raum einer bestimmten Religion (z. B. katholisch sein), die sich von anderen religiösen Räumen (protestantisch sein, jüdisch sein etc.) unterscheidet (vgl. Moran 1983, 150). Die Dynamik und Dialektik der Adoleszenz birgt nun die unerbittliche Konsequenz, dass diese Position mit der gleichen Schärfe der Unterscheidung, Prüfung und Abweisung wieder in Frage gestellt wird. Eine Konsequenz dieser

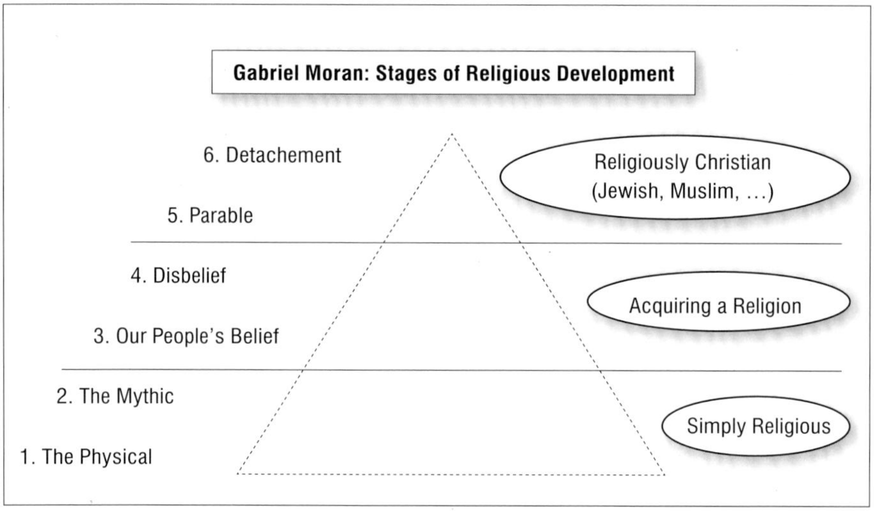

Abb. 19: Gabriel Morans *Theory of Religious Education Development*

erneuten Befragung und Prüfung ist dann natürlich auch die Reflexion der eben gezogenen Grenze zwischen *Christian* und *religious*, also zwischen „meiner" Religion und der anderer. Dieser Prozess der Auseinandersetzung ist notwendig, um zur dritten Stufe des „bewussten Christ-sein bzw. Jude/Muslim-sein" zu gelangen. Um *Religiously Christian/Jewish/Muslim* zu sein, muss man zu einem qualitativ neuen Verständnis von Religion gelangen. Moran nennt dieses neue Verhältnis „in einer bestimmten Form religiös sein" – im Gegensatz zur kindhaften Vorstellung, „eine bestimmte Konfession bzw. Religion zu besitzen" (ebd., 153). Um als Erwachsener „bewusst religiös" in der einen oder anderen Konfession bzw. Religion zu sein, muss man also zum einen den Glauben der eigenen Gemeinschaft aufnehmen, zum anderen aber auch eine Wertschätzung anderer Glaubensgemeinschaften in ihrem Verhältnis zu und in ihrer Bedeutung für die eigene Religion entwickeln.

Ein erwachsener Glaube zeichnet sich eben dadurch aus, einen eigenen Standpunkt entwickelt und konturiert zu haben, zugleich aber um Parallelen und Verbindungen mit anderen Glaubensvorstellungen zu wissen. In diesem Sinne ist die religiöse Kompetenz auf der Stufe des Erwachsenenglaubens eine Orientierungs- und Weltdeutungskompetenz, die gerade unterschiedliche religiöse Perspektiven und Dimensionen integriert. Dass diese Kompetenzstufe aber nicht einfach das Ergebnis eines linearen, aufsteigenden natürlichen Entwicklungsprozesses ist, sondern nur das Ergebnis eines mitunter dramatischen inneren Ringens und Abwägens sein kann, macht Moran deutlich, indem er den Übergang von der Stufe 2 *Acquiring a Religion* zu Stufe 3 *Religiously Christian* als „conversion" bezeichnet: Hier findet nichts anderes als ein vollständiger Perspektivwechsel von der eigenen Religion („Our People's Belief") zu den anderen Konfessionen und Religionen statt. Wer dieses Stadium erreicht hat, der ist auf der Stufe der *Parable* angekommen, auf der jener Ausgleich zwischen narrativen und rationalen Glaubenselementen stattgefunden hat und auf welcher der Mensch erkennt, dass das Leben nicht vollständig rational und berechenbar ist. Für Moran sind es gerade die Parabeln Jesu, die deutlich machen, dass die menschliche Existenz jenseits aller Rationalität von Kontingenzen, Paradoxien und scheinbaren Absurditäten gekennzeichnet ist. Diese dadurch auszuhalten, dass man auf die Weisheit der eigenen Religion und auf den unermesslichen Schatz anderer Religionen zurückgreifen kann, kennzeichnet deshalb das Stadium des reifen Erwachsenenglaubens (vgl. Sajak 2010).

Zuletzt hat der evangelische Religionspädagoge Heinz Streib eine Theorie der religiösen Stile vorgelegt, die sich als eine Alternative zu den linearen und aus seiner Sicht allzu statischen Stufenmodellen der religiösen Entwicklungstheorien von James W. Fowler und Fritz Oser begreift. Streib identifiziert deshalb keine aufeinander aufbauenden Stufen als Phasen der religiösen Entwicklung, sondern konturiert vielmehr unterschiedliche religiöse Stile, also spezifisch ausgeprägte Erscheinungsformen religiöser Haltungen und Einstellungen, die sich das Individuum in verschiedenen Phasen des Lebens wechselnd anverwandelt.

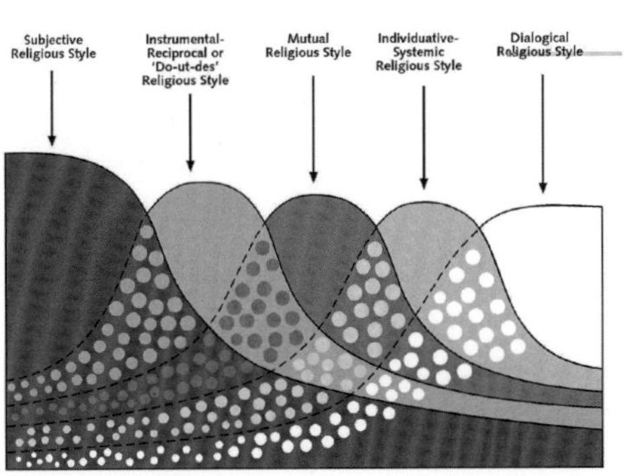

Abb. 20: Die religiösen Stile nach Heinz Streib (Streib 2001, 150)

Wie bereits die einzelnen Stiltitel vermuten lassen, kann man in Streibs Stilbeschreibungen viele Elemente der Theorien von Fowler und Oser wiederfinden. Der reifste Stil ist bei Streib der sogenannte Dialogische Stil, in dem die Fremdheit von Religion als Herausforderung und Anreiz verstanden wird, sich religiös weiterzuentwickeln. Dieser Dialogische Stil trägt als charakteristische Elemente die Facetten der interreligiösen Verhandlung, der Fremdbegegnung und der Vertrautheit mit dem Fremden. Religiöse Lernprozesse zielen in diesem Modell folglich auf eine „Stil-Schulung", die zum Ziel hat, Lernende von einem Subjektiven Stil, bei dem andere Religionen Unbehagen und Angst auslösen, über den

Instrumentell-reziproken Stil, den Mutuellen Stil und den Individuierend-systemischen Stil bis zum Niveau des Dialogischen Stiles zu führen.

ZUSAMMENFASSUNG

Für die Gestaltung von religiösen Lern- und Bildungsprozessen ist die Kenntnis der entwicklungspsychologischen Stufenmodelle im Bereich von Moral und Religion unabdingbar: Auch wenn es inzwischen eine ganze Reihe von Anfragen und Kritikpunkten zu diesen klassischen Modellen der Entwicklungspsychologie gibt, so sind sie doch für Unterrichtende ein heuristisches Instrument, das helfen kann, mit den Zugängen und Denkstrukturen von Kindern und Jugendlichen altersgemäß umzugehen. Wer Religionsunterricht gestaltet, muss z. B. wissen, ob Schülerinnen und Schüler noch einem kindlich-bildhaften Denken verbunden sind, oder ob sie in ihren Vorstellungen etwa von Gott bereits eine Stufe der Distanz und Kritik im Sinne des sogenannten Deismus erreicht haben. Auch ist es hilfreich, ein Stadium von autonomer Religiosität, sei es mit Blick auf das Gottesbild, sei es mit Blick auf die religiöse Urteilsfähigkeit, als Ziel von Bildungsprozessen im Blick zu behalten.

Literatur

Büttner, Gerhard/Dieterich, Veit-Jakobus (^{2}2016), Entwicklungspsychologie in der Religionspädagogik, Göttingen.

Erikson, Erik H. (1973), Identität und Lebenszyklus, Frankfurt a. M.

Fowler, James. W. (1981), Stages of Faith. The Psychology of the Human Development and the Quest for Meaning, San Francisco.

Goldman, Ronald (1964), Religious Thinking from Childhood to Adolescence, New York.

Grom, Bernhard (^{3}2007), Religionspsychologie, München.

Kegan, Robert (^{2}1991), Die Entwicklungsstufen des Selbst. Fortschritte und Krisen im menschlichen Leben, München.

Kohlberg, Lawrence (1996) Die Psychologie der Moralentwicklung, Frankfurt am Main.

Kuld, Lothar (2011), Wie Kinder und Jugendliche Religion verstehen. Das Entscheidende ist unsichtbar, Augsburg.

Moran, Gabriel (1983), Religious Education Development. Images for the Future, Minneapolis.

Moran, Gabriel (1987), No Ladder to the Sky, San Francisco.

Moran, Gabriel (2000), Alternative Bilder der Entwicklung zur religiösen Lebensgeschichte des Individuums. In: Büttner, Gerd/Dieterich Veit (Hg.), Die religiöse Entwicklung des Menschen. Ein Grundkurs, Stuttgart, 159–174.

Oser, Fritz/Althof, Wolfgang (^{4}2001), Moralische Selbstbestimmung. Modelle der Entwicklung und Erziehung im Wertebereich, Stuttgart.

Oser, Fritz /Bucher, Anton (^{4}1995), Religion – Entwicklung – Jugend. In: Oerter, Rolf/Montada, Leo (Hg.), Entwicklungspsychologie. Ein Lehrbuch, Weinheim, 1045–1055.

Oser, Fritz/Gmünder, Paul (1984), Der Mensch – Stufen seiner religiösen Entwicklung. Ein strukturgenetischer Ansatz, Gütersloh.

Sajak, Clauß Peter (^{2}2010), Das Fremde als Gabe begreifen. Auf dem Weg zu einer Didaktik der Religionen aus katholischer Perspektive, Münster.

Schweitzer, Friedrich (2003): Postmoderner Lebenszyklus und Religion, Gütersloh.

Streib, Heinz (2001), Faith Development Theory Revisited. The Religious Styles Perspective. The International Journal for the Psychology of Religion, 11, 143–158.

7a

Arbeitsblatt

4.2 Die pädagogische Kompetenz

Vergewisserung

1. **Betrachten Sie die kindlichen Zeichnungen vom Göttlichen und ordnen Sie diese in ein Modell Ihrer Wahl zu religiösen Kognitionen bzw. Glaubensentwicklungen ein.**
2. **Benennen Sie typische Elemente der entsprechenden Stufe, die Sie in den Kinderzeichnungen wiederfinden und beschreiben Sie gegebenenfalls weitere typische Charakteristika dieser Stufe.**

(Lilli, 10 Jahre, römisch-katholisch)

7b

Arbeitsblatt

4.2 Die pädagogische Kompetenz

(Simon, 14 Jahre, römisch-katholisch)

7c

Arbeitsblatt

4.2 Die pädagogische Kompetenz

Vertiefung

Fritz Oser und Paul Gmünder haben für die Erstellung ihrer „Stufen der religiösen Urteilsentwicklung" das nachfolgende „Paul-Dilemma" formuliert. Anhand der moralischen Argumentationen der Probanden entwickelten sie fünf Stufen religiöser Urteilsentwicklung (vgl. Abb. 17).
Lesen Sie das unten stehende „Paul-Dilemma" und zeigen Sie auf, wie Paul sich auf den einzelnen Stufen von Oser und Gmünder entscheiden würde.

Paul, ein junger Arzt, hat soeben sein Staatsexamen mit Erfolg bestanden. Er hat eine Freundin, der er versprochen hat, dass er sie heiraten werde. Vorher darf er als Belohnung eine Reise nach England machen, welche ihm seine Eltern bezahlen. Paul tritt die Reise an. Kaum ist das Flugzeug richtig aufgestiegen, meldet der Flugkapitän, dass ein Motor defekt ist und der andere nicht mehr zuverlässig arbeitet. Die Maschine sackt ab. Alle Sicherheitsvorkehrungen werden sofort getroffen; Sauerstoffmasken, Schwimmwesten werden ausgeteilt etc. [...] Zuerst haben die Passagiere geschrien, jetzt ist es totenstill. Das Flugzeug rast unendlich schnell nach unten. Sein ganzes Leben geht Paul durch den Kopf. Er weiß, jetzt ist alles zu Ende. In dieser Situation denkt er an Gott und beginnt zu beten. Er verspricht – falls er gerettet würde –, sein ganzes Leben für die Menschen in der Dritten Welt einzusetzen und seine Freundin, die er sehr liebt, sofern sie ihn nicht begleiten will, nicht zu heiraten. Er verspricht, auf ein großes Einkommen und Prestige in unserer Gesellschaft zu verzichten. Das Flugzeug zerschellt auf einem Acker – doch wie durch ein Wunder wird Paul gerettet! Nach seiner Rückkehr wird ihm eine gute Stelle in einer Privatklinik angeboten. Er ist aus 90 Anwärtern auf Grund seiner Fähigkeiten ausgewählt worden. Paul erinnert sich jedoch an sein Versprechen, das er Gott gegeben hat. Er weiß nun nicht, wie er sich entscheiden soll.

Soll Paul sein Versprechen gegenüber Gott halten? Warum oder warum nicht?

(aus: Oser, Fritz/Gmünder, Paul (^{2}1988), Der Mensch – Stufen seiner religiösen Entwicklung. Ein strukturgenetischer Ansatz, Gütersloh)

Weiterführung

Erläutern Sie die Schwierigkeiten, welche sich bei der Einordnung in Stufenmodelle ergeben können.

4.3 Die theologische Kompetenz: Fähigkeit zur Aufbereitung wichtiger Themenfelder aus Theologie und Religionswissenschaft

4.3.1 Theologische Themen eines konfessionellen Religionsunterrichts

Der Religionsunterricht ist darauf ausgerichtet, Schülerinnen und Schüler zur Auseinandersetzung mit theologischen Themen und Inhalten einzuladen, damit sie an diesen religiöse Kompetenzen erwerben und weiterentwickeln können. Zur Vorbereitung und Gestaltung von Religionsunterricht gehört deshalb auch die Kenntnis der elementaren theologischen und religionskundlichen Themen in den verschiedenen Lernzeiträumen sowie die theologische Kompetenz, diese erschließen, reflektieren und für den Unterrichtsprozess aufbereiten zu können. Während letztere Kompetenz bereits als eine didaktische bezeichnet werden kann (vgl. 4.4), machen die Beherrschung der grundlegenden Kenntnisse und Wissensbestände aus dem Bereich der Theologie, Philosophie und Religionskunde zweifellos die theologische bzw. religionskundliche und damit die Sachkompetenz einer Lehrerin bzw. eines Lehrers aus.

Es kann in diesem Kapitel nicht um die ausführliche Bearbeitung der verschiedensten theologischen Themenbereiche und Inhaltsfelder gehen. Wichtig ist im Kontext einer religionsdidaktischen Einführung vielmehr, übersichtlich und strukturiert darzustellen, welches theologische Grundwissen Lehrerinnen und Lehrer in den verschiedenen Schulformen und Schulstufen beherrschen müssen. Diese Zusammenstellung von grundlegenden Kenntnissen und Fertigkeiten finden sich in den Bildungsplänen und Kerncurricula der einzelnen Bundesländer. Ihnen allen liegen im katholischen Bereich Richtlinien und Grundlagenpläne der deutschen Bischofskonferenz, im evangelischen Bereich Empfehlungen der Bildungskammer der Evangelischen Kirche in Deutschland zugrunde (vgl. Kirchenamt der EKD 2011), die bei der Entwicklung der Curricula in allen Bundesländern zu berücksichtigen sind. Diese normativen Dokumente sind für den katholischen Religionsunterricht die *Kirchliche[n] Richtlinien zu Bildungsstandards für den katholischen Religionsunterricht in der Jahrgangsstufe 5–10/Sekundarstufe I* vom 23. September 2004, die *Kirchliche[n] Richtlinien zu Bildungsstandards für den katholischen Religionsunterricht in der Grundschule/Primarstufe* vom 24. April 2006 und die *Einheitliche[n] Prüfungsanforderungen für das Abitur* (EPA) *für das Fach Katholische Religion* vom 16. November 2006. Die Publikationsdaten der Dokumente zeigen, dass der Entstehungsprozess nicht logisch-linear verlaufen ist. Trotzdem bieten alle drei Dokumente insgesamt ein schlüssiges Gesamtkonzept für den katholischen Religionsunterricht in der Schule nach PISA, das auf einem gemeinsamen Kompetenzmodell aufbaut. Dieses lässt sich am besten an den EPA zeigen, da diese ähnlich aufgebaut sind wie die kirchlichen Richtlinien für die Mittelstufe und die Primarstufe. Auch die EPA gliedern sich in ein Kompetenzmodell mit entsprechenden Kompetenzauflistungen und einer Übersicht über bestimmte fachliche Inhalte, die im Unterricht der Oberstufe erarbeitet werden müssen. Sie sind in ökumenischer Kooperation von einer konfessionell-kooperativen Arbeitsgruppe der Kultusministerkonferenz (KMK) erstellt und von den evangelischen Kirchen und der deutschen Bischofskonferenz in Kraft gesetzt worden. Entsprechend sind evangelische wie katholische EPA analog aufgebaut. Für die katholischen EPA gilt, dass in ihnen die Gegenstandsbereiche der kirchlichen Richtlinien für die Mittelstufe wieder aufgenommen werden. Sie heißen hier:

- das christliche Bild des Menschen
- das Evangelium von Jesus Christus
- die christliche Rede von Gott
- der Wahrheitsanspruch der Kirche
- Ethik im christlichen Kontext
- die christliche Hoffnung auf Vollendung
  (Vgl. Sekretariat der Ständigen Konferenz der Kultusminister der Länder in der Bundesrepublik Deutschland, Einheitliche Prüfungsanforderungen in den Abiturprüfungen Katholische Religion 8f.)

Außerdem finden sich in den EPA ausführliche Listen von Operatoren und die in der Oberstufe üblichen drei Anforderungsniveaus, in denen Aufgaben gelöst werden können:

- Anforderungsbereich 1: Reproduktion (z. B. nennen, skizzieren, beschreiben, zusammenfassen)
- Anforderungsbereich 2: Reorganisation (z. B. zuordnen, vergleichen, erläutern, in Beziehung setzen) und
- Anforderungsbereich 3: Beurteilung (z. B. beurteilen, bewerten, erörtern)

Die aufgelisteten Operatoren beschreiben Fertigkeiten und Fähigkeiten, die für die Arbeit in der gymnasialen Oberstufe notwendig sind. Allerdings ist es sehr hilfreich, wenn diese Operatoren bereits in der Unter- und Mittelstufe eingeführt und eingeübt werden, um so eine kontinuierliche Arbeit an der Kompetenzentwicklung gewährleisten zu können.

Auch die beiden kirchlichen Richtlinien zu Bildungsstandards für den Religionsunterricht in Grundschule und Sekundarstufe I weisen diese inhaltliche Struktur und das entsprechende fachdidaktische Kompetenzmodell auf. Dies ist wichtig, denn nur wenn die Kompetenzentwicklung in der weiterführenden Schule auf das Kompetenzmodell und die Kompetenzen der Grundschule wirklich aufbaut, ist eine sinnvolle Entwicklung von Problemlösefähigkeiten durch die Schuljahre hindurch möglich, die dann im Rahmen der EPA in der gymnasialen Oberstufe genutzt werden kann. Entsprechend sind beide Richtlinien analog

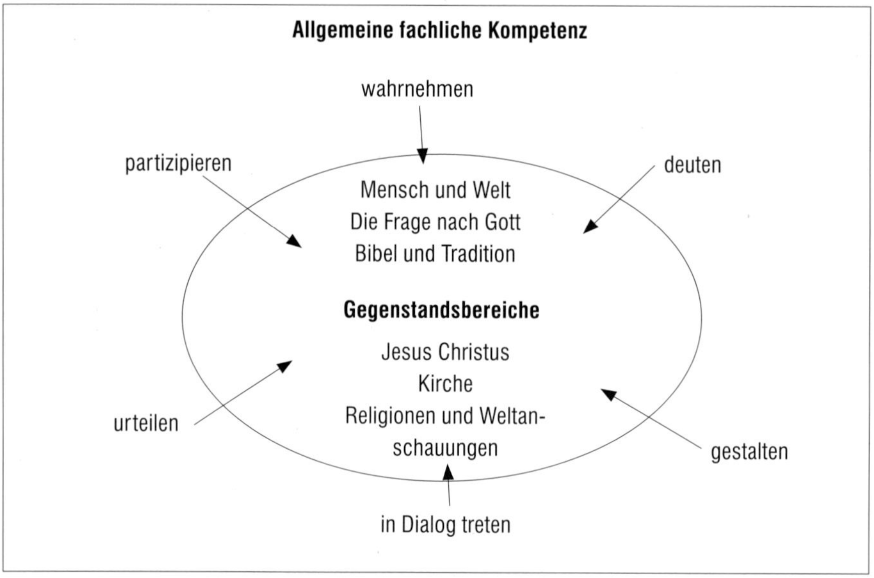

Abb. 21: Das Kompetenzmodell der Kirchlichen Richtlinie mit Inhaltsfeldern

aufgebaut. Einer bildungstheoretischen Grundlegung, welche die Bedeutung des katholischen Religionsunterrichts in der Grundschule bzw. in der Sekundarstufe I beschreibt, folgt das fachdidaktische Kompetenzmodell für den katholischen Religionsunterricht. Dieses Modell gliedert sich in allgemeine religiöse Kompetenzen und inhaltsbezogene religiöse Kompetenzen (vgl. Sekretariat der deutschen Bischofskonferenz 2004, 9 u. ö.). Als allgemeine Kompetenzen werden genannt:

- wahrnehmen und entdecken
- Fragen stellen und bedenken
- deuten und gestalten
- unterscheiden und bewerten
- sich ausdrücken und einander mitteilen
- Anteil nehmen und Verantwortung übernehmen (vgl. ebd. 13)

In der Anwendung dieser allgemeinen Kompetenzen auf bestimmte theologische Inhalte des Unterrichts entwickeln sich sogenannte inhaltsbezogene Kompetenzen, die wiederum in sechs Gegenstandsbereichen angeordnet sind. Die Gegenstandsbereiche, in denen noch die klassisch fundamentaltheologischen Fragestellungen der traditionellen Traktatenlehre erkennbar sind, lauten in beiden Richtlinienpapieren:

- Mensch und Welt
- die Frage nach Gott
- die biblische Botschaft
- Jesus Christus
- Kirche und Gemeinschaft
- andere Religionen (vgl. ebd. 16)

Wie allgemeine Kompetenzen in inhaltsbezogenen Kompetenzen konkret werden, wenn sie auf bestimmte Themen bezogen sind, kann abschließend am Beispiel des Gegenstandsbereiches „Die Frage nach Gott" gezeigt werden. Hier werden im Bereich des Standards „Die Schülerinnen und Schüler können zu alltäglichen Gottesvorstellungen Stellung nehmen" folgende inhaltsbezogene Kompetenzen gefordert (ebd., 20):

L

Gegenstandsbereich: „Die Frage nach Gott"

1. Die Schülerinnen und Schüler können an Beispielen zeigen, in welchen menschlichen Erfahrungen sich die Frage nach Gott stellt.
   Die Schülerinnen und Schüler
   - legen an einem Beispiel dar, dass menschliches Staunen, Suchen und Fragen einen Zugang zu Gott eröffnen kann
   - setzen existenzielle Erfahrungen (z. B. Grundvertrauen, Liebe, Sehnsucht, Leid) in Bezug zur Gottesfrage

2. Die Schülerinnen und Schüler können zu alltäglichen Gottesvorstellungen Stellung nehmen.
   Die Schülerinnen und Schüler
   - erläutern und beurteilen gängige Gottesbilder (z. B. Gott als Mann; Gott als Alleskönner) und die dazugehörigen Attribute („gut", „lieb", „allmächtig")
   - zeigen an Beispielen, dass Gottesbilder sich aufgrund von Erfahrungen verändern können
   - wissen, dass jede menschliche Rede von Gott analog zu verstehen ist
   - zeigen, dass die Beziehung des Menschen zu Gott ihren Ausdruck in Gebet, Ritual und Liturgie findet (Gegenstandsbereich „Kirche", Nr. 2)
   - erklären den Unterschied zwischen Gott und Götze

Abb. 22: Inhaltsbezogene Kompetenzen im Gegenstandsbereich „Die Frage nach Gott"

Gemäß der Richtlinienkompetenz der deutschen Bischöfe für den Katholischen Religionsunterricht sind sowohl die allgemeinen religiösen Kompetenzen als auch die Themenbereiche mit den hier ausgewiesenen inhaltsbezogenen Kompetenzen als Referenzrahmen zu verwenden, wenn in den einzelnen Bundesländern nun kompetenzorientierte Bildungs- oder Kernlehrpläne erstellt werden.

4.3.2 Religionskundliche Themen eines konfessionellen Religionsunterrichts

Mit Blick auf den in den katholischen wie evangelischen Referenzpapieren ausgewiesenen Gegenstandsbereich zu den anderen Religionen ist zu beachten, dass von Lehrerinnen und Lehrern auch ein beachtliches religionskundliches Grundwissen erwartet wird. Blickt man auf die Bildungspläne der verschiedenen Bundesländer, so lässt sich für die großen Weltreligionen ein relativ einheitliches Profil von Inhalten gewinnen: So werden das Judentum, der Islam und der Buddhismus anhand ihrer Religionsgründer (Abraham, Muhammad, Gautama Siddharta), ihrer Heiligen Schriften (Tora, Koran, Bhagavadgita, Pali-Kanon), ihrer Glaubensvorstellungen (Grundlegende Wahrheiten, Fünf-Säulen-Modell etc.) und der Praxis der Religion (Gebet, Riten, Festkalender, Ethos) vorgestellt. Im Rahmen der aktuellen, nun in Kompetenzen und Standards ausgewiesenen Kerncurricula und Bildungspläne wird dabei schon von Schülerinnen und Schülern in der Grundschule (in der Regel in den Klassen 3 und 4) erwartet, dass sie vom jüdischen und islamischen Glauben erzählen können. Als konkrete Inhalte werden dabei für das Judentum „Jahwe, Thora, Pascha-Fest, Synagoge, ‚Höre Israel'“, für den Islam „Allah, Koran, Wallfahrt nach Mekka, Moschee, die ‚fünf Säulen' des Islam“ genannt. Beim Übergang in die Unterstufe der Sekundarschulen werden in Klasse 5 in der Regel die Bedeutung des Judentums für die eigene, christliche Religion aufgezeigt und für die weitere Gestaltung des unterrichtlichen Lernprozesses Christen – Juden verfügbar gemacht. In Klasse 6 folgt dann meist eine weitere Einheit zum Islam, die der neuen Altersphase gemäß Orientierung über die wichtigsten Elemente dieser Religion gibt, nun aber mit Blick auf konkrete Elemente und Personen: So können nun das Leben des Propheten Muhammad und der Pflichtenkatalog der fünf Säulen beleuchtet werden. Wie in der sogenannten „Mittelstufe“, also den Jahrgangsstufen 7 – 10, interreligiöse Lehrplaneinheiten verortet werden, ist sicherlich auch vom jeweiligen Schultyp abhängig. Von grundlegender Bedeutung ist aber, dass nun gemäß der Zielsetzung für die Jugendphase durch die Begegnung mit fremden Religionen eine systematische Auseinandersetzung mit den Vorstellungen der eigenen Religion angeregt und gefördert wird. Verschiedene Bundesländer kennen auch die Möglichkeit, Naturreligionen oder bedeutsame Kulturreligionen, wie die Religion der Ägypter, vorzustellen. Wichtig ist in Hinsicht auf das religionskundliche Lernen in der Mittelstufe, dass neben den konkreten Elementen zu Stiftern, Urkunden, Lehren und Leben der verschiedenen Religionen die geschichtliche Dimension der jeweiligen Religion und ihre gesellschaftliche Bedeutsamkeit thematisiert wird. Auch die „fernöstlichen Religionen" Hinduismus und Buddhismus mit ihrem differenten Weltverstehen werden nun, in der Regel in den Klassen 9 und 10, in den Blick genommen. In der Oberstufe konturiert sich interreligiöses Lernen im Rahmen der Zielsetzung, die Ausbildung einer reflektierten, postkonventionellen Religion zu fördern, welche für junge Menschen ein tragfähiges Sinnkonzept und Lebensmodell darstellen soll. Ein vertiefendes Eindringen in die Lehren und Weltinterpretationen anderer Religionen soll nun durch die Lektüre von religiösen Texten, also von Urkunden und Quellen der anderen Religionen, ermöglicht werden. Dann ist auch der Zeitpunkt gekommen, um religionstheologische Reflexionen über den Sinn und Wert des religiösen Pluralismus in dieser Welt anzuleiten (vgl. zu den Weltreligionen in den einzelnen Lehrplänen des katholischen Religionsunterrichts ausführlich Sajak 2010, 269–279).

Theologische Kompetenz, die Lehrerinnen und Lehrer für die Gestaltung religiöser Themen brauchen, zeigt sich also in der Verfügbarkeit von theologischem Wissen in den aufgelisteten theologischen Kernbereichen der systematischen Theologie wie auch von religionswissenschaftlichem Wissen in Bezug auf die Weltreligionen. Außerdem ist die Bereitschaft zur Reflexion dieser theologischen und religionswissenschaftlichen Inhalte mit Blick auf die eigene „Lehrerinnen- und Lehrertheologie" (vgl. auch 4.7) wie auch auf die der Schülerinnen und Schüler notwendig. Eine so ausgezeichnete theologische Kompetenz wird in der Lehrerbildung als „theological literacy" bezeichnet.

ZUSAMMENFASSUNG

Zur Vorbereitung und Gestaltung von Religionsunterricht gehört die Kenntnis der elementaren theologischen und religionskundlichen Themen in den verschiedenen Lernzeiträumen des schulischen Religionsunterrichts sowie die theologische Kompetenz, diese erschließen, reflektieren und für den Unterrichtsprozess aufbereiten zu können. Welche Inhalte und Themen den jeweiligen Lernzeiträumen zugeordnet sind, lässt sich aus den länderspezifischen Bildungs- und Kernlehrplänen für den Religions- bzw. den Ethikunterricht entnehmen. Diese werden in der Primar- und Sekundarstufe I durch entsprechende kirchliche Vorgaben und Referenzpapiere geprägt, in der Sekundarstufe II durch die Einheitlichen Prüfungsanforderungen für die Abiturprüfung (EPA).

Literatur

Kirchenamt der Evangelischen Kirche in Deutschland – EKD (Hg.) (2011), Kompetenzen und Standards für den Evangelischen Religionsunterricht in der Sekundarstufe I. Ein Orientierungsrahmen (Texte 111), Hannover.

Sajak, Clauß Peter (²2010), Das Fremde als Gabe begreifen. Auf dem Weg zu einer Didaktik der Religionen aus katholischer Perspektive, Münster.

Sekretariat der Deutschen Bischofskonferenz (Hg.) (2004), Kirchliche Richtlinien zu Bildungsstandards für den katholischen Religionsunterricht in den Jahrgangsstufen 5–10/ Sekundarstufe (Mittlerer Bildungsabschluss) (Die deutschen Bischöfe 78), Bonn.

Sekretariat der Deutschen Bischofskonferenz (Hg.) (2006), Kirchliche Richtlinien zu Bildungsstandards für den katholischen Religionsunterricht in der Grundschule/Primarstufe (Die deutschen Bischöfe 85), Bonn.

Sekretariat der Ständigen Konferenz der Kultusminister der Länder in der Bundesrepublik Deutschland (2005), Einheitliche Prüfungsanforderungen in der Abiturprüfung. Katholische Religionslehre, Bonn.

8

Arbeitsblatt

4.3 Die theologische Kompetenz

Vergewisserung

In der wissenschaftlichen Diskussion hat sich inzwischen der Begriff einer „theological literacy" für die theologischen Grundkompetenzen von Lehrerinnen und Lehrern durchgesetzt. Im eigentlichen Sinne meint dieser Begriff „theologische Alphabetisierung". Während Lehrerinnen und Lehrer also „theologisch alphabetisiert" sein sollten, ist das Bildungsziel für den Religionsunterricht die „religious literacy" der Schülerinnen und Schüler. Stellen Sie eine Liste von Fähigkeiten zusammen, die ein Mensch beherrschen muss, wenn er als religiös gebildet gelten soll.

Vertiefung

Recherchieren Sie in den Lehrplänen für die verschiedenen Konfessionen und Religionen in Ihrem Bundesland, welche theologischen Themen besonders ausführlich behandelt werden und erörtern Sie, was eine Lehrerin bzw. ein Lehrer kennen und können muss, um diese Themen im Unterricht angemessen zu behandeln.

4.4 Die didaktische Kompetenz: Fähigkeit zur Planung, Durchführung und Reflexion der didaktischen Reduktion

4.4.1 Die klassischen Modelle der Unterrichtsplanung

Theologische Fragestellungen, Themen und Inhalte für unterrichtliche Prozesse auszuwählen, zu reflektieren und mit Blick auf die elementaren Erfahrungen und Zugänge von Schülerinnen und Schülern in eine für Lernende hilfreiche und mit Blick auf die Sache angemessene Struktur zu bringen, macht die didaktische Kompetenz von Unterrichtenden aus. Doch wie findet man eine solche elementare Struktur?

Über Jahrzehnte ist diese Frage in der Erziehungswissenschaft mit den sogenannten Didaktischen Modellen beantwortet worden. Didaktische Modelle fassen die verschiedenen Faktoren und Konstituenten, die für die Planung und Gestaltung von Unterricht notwendig sind, in einer anschaulichen Struktur zusammen. Besonders die Didaktischen Modelle von Wolfgang Klafki, Paul Heimann und Wolfgang Schulz haben als Klassiker der Bildungstheoretischen Didaktik bzw. der Lehr-Lern-Didaktik die didaktischen Einstiegsversuche unzähliger Lehrergenerationen geprägt (vgl. als Übersicht Meyer/Jank 2004, 203–303). Als grundlegendes Modell einer reflektierten Unterrichtsplanung gilt die sogenannte bildungstheoretische Didaktik von Wolfgang Klafki. In dieser steht die ausführliche Reflexion der Bildungsinhalte und Lerngegenstände im Zentrum der Unterrichtsplanung: Was sollen Schülerinnen und Schüler aus welchen Gründen im Unterricht lernen, welche Bedeutung hat der jeweilige Lerninhalt für sie und ihre Zukunft und wie lässt sich dieser Gegenstand am besten didaktisch strukturieren und methodisch aufbereiten? Entstanden sind Klafkis Überlegungen im Kontext der Debatte zwischen materialen und formalen Bildungstheorien um den Primat in der Allgemeinen Didaktik: Bereits in den 1960er Jahren hatte der Marburger Erziehungswissenschaftler mit dem Ansatz der Kategorialen Bildung versucht, ein bildungstheoretisches Integrativum zu schaffen, in dem sich materiale und formale Elemente des Bildungsprozesses in der Dimension des Exemplarischen zusammenbinden lassen. Gegenstände von Bildungsprozessen sollten exemplarisch sein, d. h. sie sollten elementare und repräsentative Inhalte materialer Natur ebenso wie die für Schülerinnen und Schüler fundamentalen und grundlegenden Einsichten formaler Natur verbinden. Eine solche Bildung nennt Klafki kategorial (vgl. Klafki 1995). Die Planung von Unterricht muss dementsprechend nach dem exemplarischen Charakter von Lerngegenständen und Bildungsinhalten fragen.

Wolfgang Klafki hat sein Modell der bildungstheoretischen Didaktik in den 1970er und 80er Jahren im Diskurs mit den Lehr-/Lerntheoretischen Modellen von Wolfgang Schulz und Paul Heimann zu einer Kritisch-Konstruktiven Didaktik weiterentwickelt. Dabei hat er vor allem die strenge Interdependenz von

(Vorläufiges) Perspektivenschema zur Unterrichtsplanung

Bedingungsanalyse: Analyse der konkreten, sozio-kulturell vermittelten Ausgangsbedingungen einer Lerngruppe, (Klasse) des/der Lehrenden sowie der unterrichtsrelevanten (kurzfristig änderbaren oder nicht änderbaren) institutionellen Bedingungen, einschließlich möglicher oder wahrscheinlicher Schwierigkeiten bzw. „Störungen“

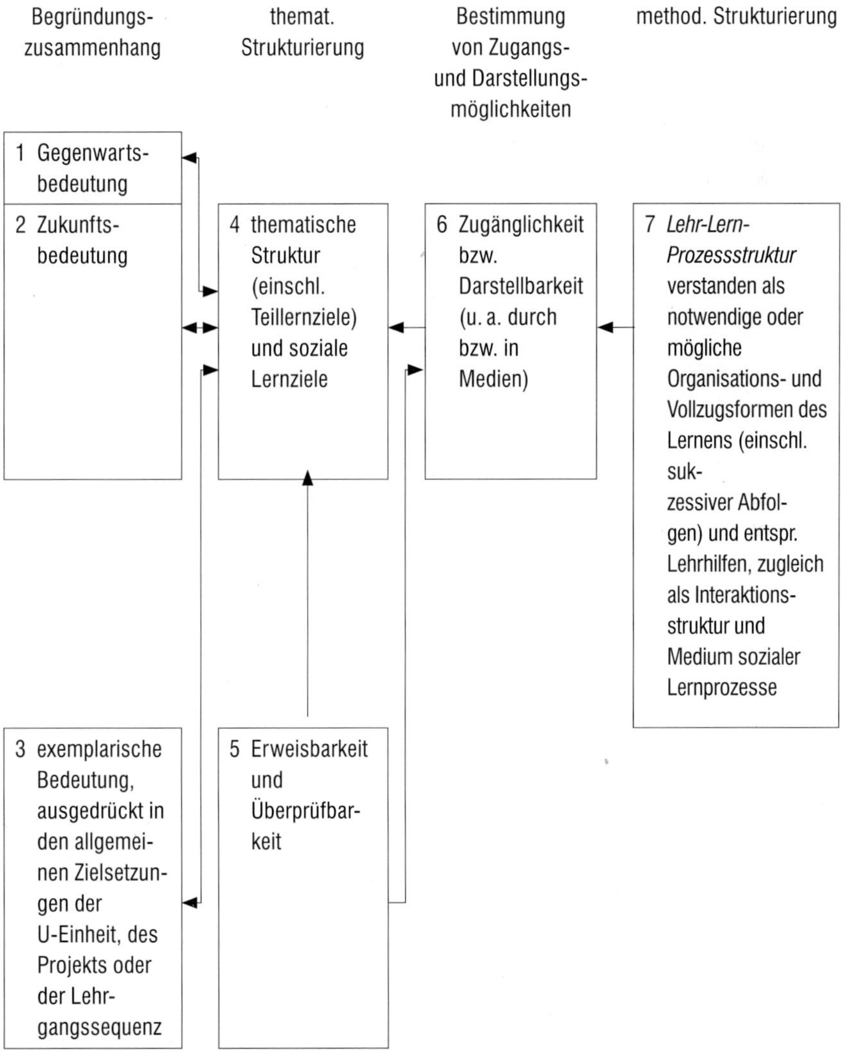

Abb. 23: Modell der Unterrichtsplanung nach W. Klafki (vgl. Arnold/Zierer 2015, 212)

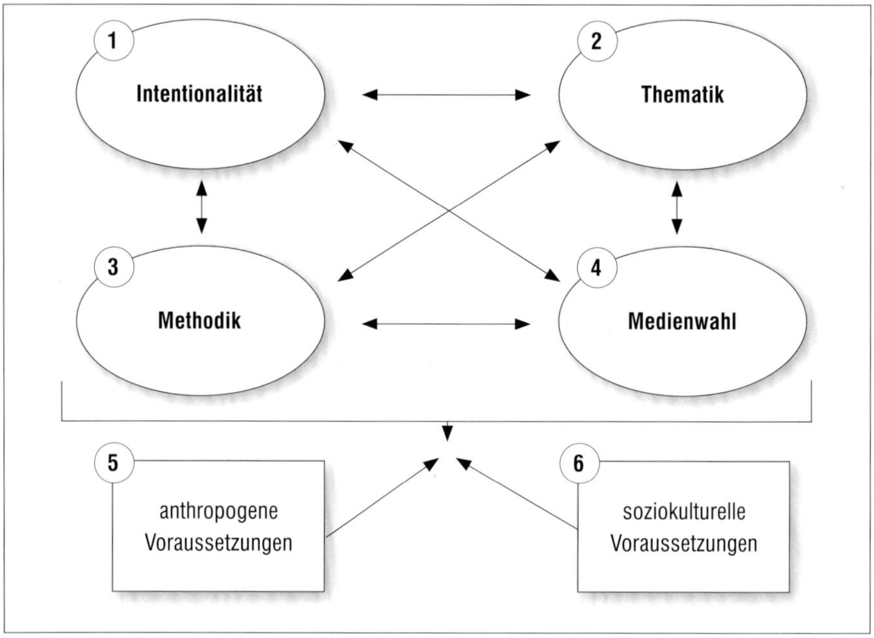

Abb. 24: Modell der Lehr-/Lerntheoretischen Didaktik nach P. Heimann (vgl. Arnold/Zierer 2015, 68)

Intentionen, Themen, Methoden und Medien sowie die anthropogenen und soziokulturellen Voraussetzungen rezipiert und in sein Modell aufgenommen. Wer Unterricht plant, muss also vor dem Horizont der unterschiedlichen individuellen Voraussetzungen (Dispositionen, Haltungen, Einstellungen) und gesellschaftlichen Prägungen (Pluralismus, Individualismus, konsumistischer Materialismus) das Zusammenspiel von Lernzielen und Inhalten (Lehr- und Bildungspläne) auf der einen und von Lernwegen (Makro-, Meso- und Mikromethoden) wie Medien (Bücher, Filme, Internet) auf der anderen Seite anleiten und steuern. In diesem Sinne kann die kritisch-konstruktive Didaktik als Synthesemodell verstanden werden.

Beide Modelle, und erst recht die Weiterentwicklung der Lehr-/Lerntheoretischen Didaktik im sogenannten Hamburger Modell durch Wolfgang Schulz, sind allerdings so komplex, dass sie jenseits von Schulpraktika und Referendariat in der Regel keine Verwendung mehr finden: Sie gelten als wenig hilfreiche und überkomplexe „Kopfgeburten“ universitärer Theoretiker, die im Schulalltag bei der Vorbereitung eines Wochenpensums von bis zu 30 Stunden Unterricht wenig hilfreich sind. Hilbert Meyer ist es zu verdanken, dass die alltäglichen Routinen und Rituale einer kurzfristigen Unterrichtsplanung inzwischen als ernstzunehmende Strategien der didaktischen Strukturierung zur Kenntnis genommen

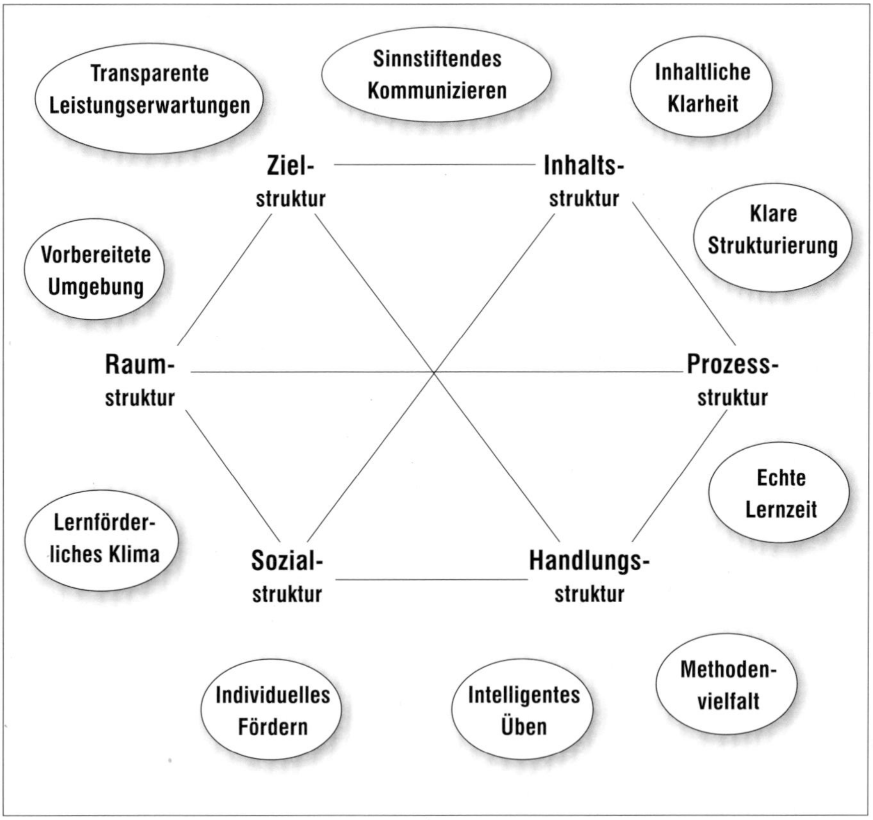

Abb. 25: Das Didaktische Sechseck von Hilbert Meyer (vgl. Meyer 2004, 25)

worden sind (vgl. Meyer 2001). Von Hilbert Meyer stammt auch das in diesem Kontext entstandene Modell des Didaktischen Sechsecks. Hier wird die Planung und Gestaltung von Unterricht auf sechs didaktische Grundsatzentscheidungen reduziert, welche mit den zehn Qualitätsmerkmalen guten Unterrichts verbunden sind, die Meyer aus seiner Oldenburger Metastudie über die unterschiedlichsten Forschungsbeiträge zur Qualität von Unterricht kondensiert hat.

Diese zehn Merkmale guten Unterrichts, die in der Schulpädagogik auch als sogenannter „Oldenburger Dekalog" bekannt geworden sind, hat Meyer zusammen mit einer Gruppe von Mitarbeitern als ein „Mischmodell" entwickelt, in dem er die „inzwischen sicherlich gut zweihundert oder dreihundert Merkmalsdefinitionen guten Unterrichts" (Meyer/Jank 2004, 37) auf zehn Merkmale reduzieren konnte.

4.4.2 Die Modelle aus der empirischen Unterrichtsforschung

Der Oldenburger Dekalog weist folgende Qualitätsmerkmale guten Unterrichts auf:

- klare Strukturierung des Lehr-/Lernprozesses
- intensive Nutzung der Lernzeit
- Stimmigkeit der Ziel-, Inhalts- und Methodenentscheidung
- Methodenvielfalt
- intelligentes Üben
- individuelles Fördern
- lernförderliches Unterrichtsklima
- sinnstiftende Unterrichtsgespräche
- vorbereitete Umgebung und
- klare Leistungserwartungen und -kontrollen

Meyer verweist darauf, dass die ersten beiden Merkmale, also Strukturierung von Lehr-/Lernprozessen und die intensive Nutzung der Lernzeit, „Spitzenreiter für die Qualitätsverbesserung des Unterrichts sind. Aber auch die anderen acht Merkmale helfen den Schülerinnen und Schülern nachweislich, zu guten Lernergebnissen zu kommen" (ebd.).

Gelten diese zehn Merkmale als Kriterienkatalog für die Gestaltung von schulischen Lehr-Lernprozessen allgemein, so will das Didaktische Sechseck nun die sechs Grundentscheidungen markieren, die Lehrende im Rahmen ihrer didaktischen Kompetenz in jeder Unterrichtssituation je neu fällen müssen. In unserem Modell gesprochen: Eine elementare Struktur schaffen bedeutet, die Ziele eines Lernprozesses zu klären, die Inhalte zu strukturieren und zu verdichten, einen Lernweg als Aneignungsprozess zu gestalten, die Handlungsoptionen von Schülerinnen und Schülern zu klären und dabei die Raumstruktur und das soziale Feld zu berücksichtigen.

Andreas Feindt hat dieses Merkmalmodell seines akademischen Lehrers Hilbert Meyer aufgenommen und mit Blick auf einen kompetenzorientierten Religionsunterricht weiterentwickelt. Ihm geht es dabei um die konkrete Gestalt von Unterricht, der zur Entwicklung und Einübung von religiösen Kompetenzen beitragen soll:

> Es geht um einen Perspektivwechsel, der die Handlungs- und Deutungsmuster der Schüler/innen nachvollzieht und für einen didaktisch sinnvollen Fortgang des Unterrichts nutzbar macht [...], um darauf aufbauend das didaktische Kerngeschäft der Planung passender Lernangebote für die Schülerinnen und Schüler umzusetzen (Feindt 2009, 161 f.).

Er hat entsprechend ein „didaktisches Grundgerüst" (Feindt 2010, 86) für den kompetenzorientierten Religionsunterricht „gezimmert", das er in der Tradition

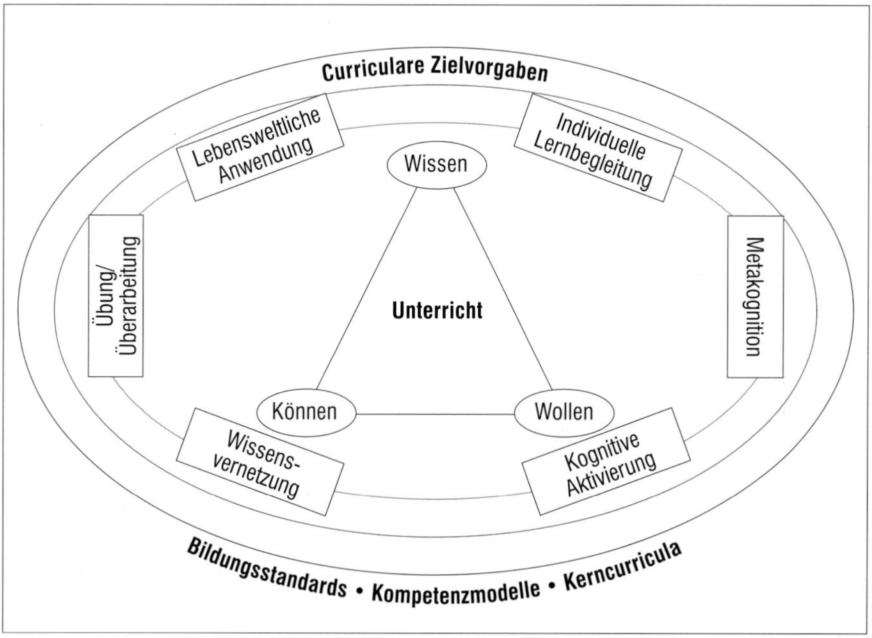

Abb. 26: Die Merkmale eines kompetenzorientierten Unterrichts nach Andreas Feindt (vgl. Feindt 2010, 87)

seines akademischen Lehrers aus Merkmalen guten Unterrichts zusammensetzt. Diese Merkmale sind mit Blick auf die Entwicklung von Kompetenzen:

- 1. Individuelle Lernbegleitung
- 2. Übung und Überarbeitung
- 3. Metakognition
- 4. Vernetzung von Wissen und Fertigkeiten
- 5. Kognitive Aktivierung
- 6. Lebensweltliche Anwendung

Eingerahmt werden diese Merkmale auf der einen Seite von den curricularen Vorgaben in Kernlehrplänen und Bildungsstandards – sie formulieren den Rahmen des Bemühens um die Fähigkeiten und Fertigkeiten von Schülerinnen und Schülern –, auf der anderen Seite bestimmen sie das Binnengeschehen im Fachunterricht, welches sich im Zusammenspiel von Können – Wissen – Wollen entfaltet und entwickelt.

Durch dieses Merkmalraster wird eine erste Signatur von Kompetenzorientierung deutlich: Wer Schülerinnen und Schüler anregen und anleiten will, ihre Kompetenzen zu erproben und weiterzuentwickeln, der muss ein Lernarrangement schaffen, in dem Kinder und Jugendliche fachspezifische Problemlösefähigkeiten (z. B. „religiöse Sprache verstehen") individuell entwickeln (z. B. durch die Auseinandersetzung mit einem Psalm: Merkmal 1) und immer wieder ausprobieren (z. B. durch wiederholtes Üben an verschiedenen Texten: Merkmal 2). Dabei ist es wichtig, dass sich die Schülerinnen und Schüler ihrer Lernstrategien bewusst werden und sich darüber austauschen (z. B. in einem Galeriegang: Merkmal 3) und dass sie sich dabei der Kenntnisse aus verschiedensten Wissensgebieten bedienen (z. B. durch den Rückgriff auf Attribute der Gottesrede oder durch Bearbeitung einer Wundergeschichte: Merkmal 4). Schülerinnen und Schüler müssen aber auch mit herausfordernden Problemstellungen konfrontiert werden (z. B. ein modernes Gedicht in Psalmform: Merkmal 5), damit ihnen deutlich wird, dass die entwickelte Kompetenz in ihrer Lebenswelt durchaus von Relevanz sein kann (z. B. ein Psalmwort auf einer Todesanzeige: Merkmal 6). Entsprechend wichtig ist es, Kindern und Jugendlichen eine Vielfalt an Lernwegen anzubieten (vgl. ausführlich Sajak/Feindt 2012 und Sajak 2012).

Ein alternatives Modell zur Planung von kompetenzorientierten Unterrichtssequenzen hat Wolfgang Michalke-Leicht im Rahmen seines materialreichen Werkbuchs *Kompetenzorientiert unterrichten* (2011) vorgestellt. Während Feindts Modell durch die Kompatibilität und Offenheit der sechs Merkmalschritte ein großes Maß an Freiheit und Kreativität lässt, zielt Michalke-Leichts Ansatz stärker auf eine schematische und hierarchisierte Unterrichtsplanung im klassischen Sinne. Dazu schlägt er ein 10-Schritte-Modell vor, in dem sich Lehrende bei der Unterrichtsvorbereitung von den curricularen Vorgaben eines Kernlehrplans über ein konkretes Unterrichtsthema und entsprechende Medien zu einem geeigneten Lernarrangement hin vorarbeiten. In dem unterrichtspraktischen Forschungsprojekt *KompKath*, das die Frage der Unterrichtsvorberei-

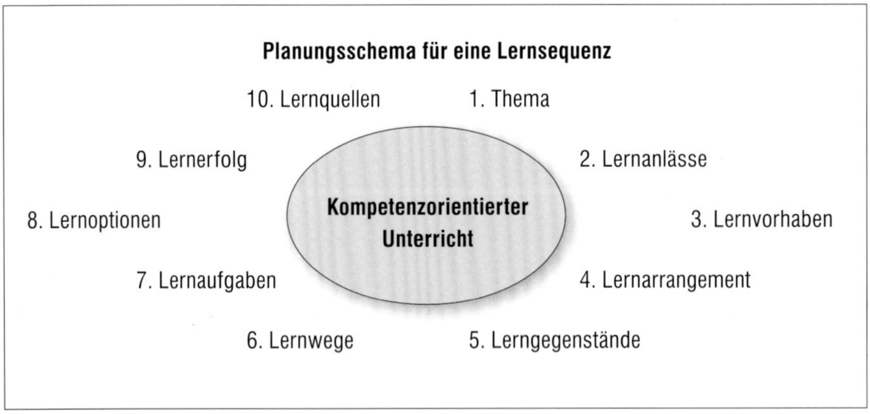

Abb. 27: Das 10-Schritte-Modell nach Wolfgang Michalke-Leicht (Michalke-Leicht 2011, 79)

tung in ein kompetenzorientiertes Unterrichtsprojekt aufgenommen und wissenschaftlich reflektiert hat, wurden die Modelle von Feindt und Michalke-Leicht den Lehrerinnen und Lehrern als Hilfe zur Unterrichtsvorbereitung zur Wahl gestellt. Es zeigte sich, dass sich die große Mehrheit der Kolleginnen und Kollegen für das Modell von Andreas Feindt entschieden. Allerdings gab es im Bereich der Grundschule Präferenzen für das Modell von Michalke-Leicht (vgl. Sajak/Feindt 2012, 174 f.).

Offensichtlich bieten die beiden Modelle unterschiedlichen Lehrertypen ihrem Habitus entsprechende Alternativen für die Planung und Gestaltung eines kompetenzorientierten Religionsunterrichts: Inwieweit diese allerdings wirklich schultypabhängig sind, müsste eine wesentlich größere und damit repräsentative Studie aufzeigen. – Auf sein Modell zur kompetenzorientierten Unterrichtsplanung wird Wolfgang Michalke-Leicht in seinem Beitrag zur Unterrichtsplanung (vgl. 5) ausführlich eingehen.

ZUSAMMENFASSUNG

Unter didaktischer Kompetenz wird die Fähigkeit verstanden, theologische Fragestellungen, Themen und Inhalte für unterrichtliche Prozesse auszuwählen, zu reflektieren und mit Blick auf die elementaren Erfahrungen und Zugänge von Schülerinnen und Schülern in eine für Lernende hilfreiche und mit Blick auf die Sache angemessene Struktur zu bringen. Bei der Gestaltung kompetenzorientierter Unterrichtssequenzen hat sich ein Merkmalmuster von individueller Lernbegleitung, von Übung und Überarbeitung, von Metakognition, von Vernetzung des Wissens und der Fertigkeiten, von kognitiver Aktivierung und lebensweltlicher Anwendung als hilfreich erwiesen.

Literatur

Arnold, K.-H./Zierer, K. (2015), Die deutsche Didaktik-Tradition: Grundlagentexte zu den großen Modellen der Unterrichtsplanung, Bad Heilbrunn.

Feindt, Andreas (2009), Vom Verlieren und Finden der Forschung. Anmerkungen zum forschenden Habitus von LehrerInnen in der Unterrichtsentwicklung. In: Hollenbach, Nicole/ Tilmann, Klaus-Jürgen (Hg.), Die Schule forschend verändern. Praxisforschung aus nationaler und internationaler Perspektive, Bad Heilbrunn, 147–165.

Feindt, Andreas (2010), Wie geht kompetenzorientierter Unterricht? Didaktische Herausforderungen im Zentrum der Lehrerarbeit. In: Ders. u.a. (Hg.), Lehrerarbeit – Lehrer sein, Jahresheft 2010, Seelze 2010, 85–89.

Klafki, Wolfgang ([8]1995), Die bildungstheoretische Didaktik im Rahmen kritisch-konstruktiver Erziehungswissenschaft. In: Gudjons, Herbert/Tseke, Rita/Winkel, Rainer (Hg.), Didaktische Theorien, Hamburg, 11–27.

Meyer, Hilbert ([4]2009), Leitfaden Unterrichtsvorbereitung, Berlin.

Meyer, Hilbert (2001), Türklinkendidaktik. Aufsätze zur Didaktik, Methodik und Schulentwicklung, Berlin.

Meyer, Hilbert ([2]2004), Was ist guter Unterricht?, Berlin.
Meyer, Hilbert/Jank, Werner (2004), Didaktische Modelle, Berlin.
Michalke-Leicht, Wolfgang (2011), Kompetenzorientiert unterrichten. Ein Praxisbuch für den Religionsunterricht, München.
Sajak, Clauß Peter (Hg.) (2012), Religionsunterricht kompetenzorientiert. Beiträge aus fachdidaktischer Forschung, Paderborn.
Sajak, Clauß Peter/Feindt, Andreas (2012), Räume zur selbsttätigen Aneignung schaffen. Zur Signatur kompetenzorientierter Unterrichtsgestaltung im Religionsunterricht. In: Theo-Web. Zeitschrift für Religionspädagogik 11, 164–178.

9

Arbeitsblatt

4.4 Die didaktische Kompetenz

Vergewisserung

Zeigen Sie an einer von Ihnen gewählten exemplarischen Unterrichtsstunde die Entscheidungs- und Bedingungsfelder der Lehr-Lerntheoretischen Didaktik nach Paul Heimann auf.

Vertiefung

Diskutieren Sie die zehn Merkmale guten Unterrichts nach Hilbert Meyer, indem Sie aufgrund Ihrer eigenen Erfahrungen in Schule und Unterricht eine begründete Rangliste nach Wichtigkeit und Bedeutung erstellen.

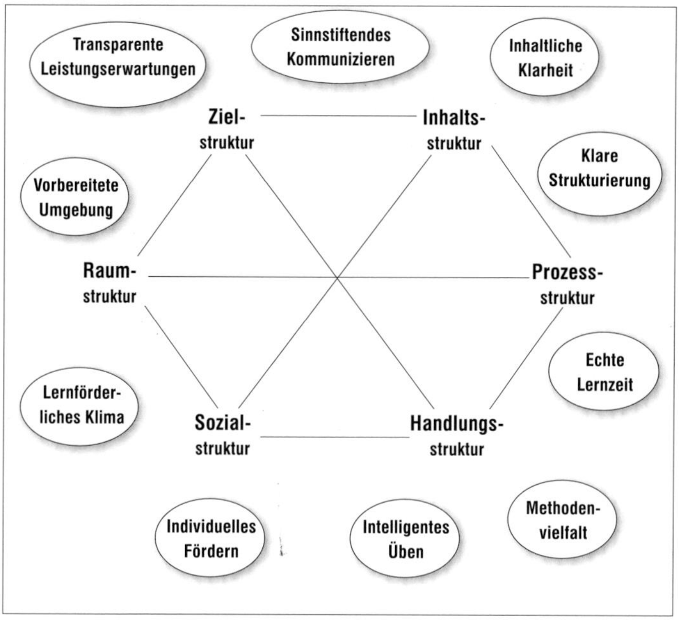

Das Didaktische Sechseck von Hilbert Meyer (vgl. Meyer 2004, 25)

4.5 Die methodische Kompetenz: Fähigkeit zur Gestaltung von Lernwegen und Lernlandschaften

4.5.1 Der Begriff der Methode

Der in der Pädagogik inzwischen fast schon inflationär gebrauchte Begriff der Methode stammt ursprünglich aus der griechischen Sprache: „meth'odos" bedeutet im weiteren Sinne „auf dem Weg sein". Methoden sind also Wege, auf denen sich Schülerinnen und Schüler die im Rahmen der didaktischen Reflexion selektierten Lerngegenstände auswählen und erschließen können. In diesem Sinne ist die methodische Dimension auch als fünfter Bereich, nämlich als „elementarer Lernweg" in das Elementarisierungsschema von Nipkow (vgl. 3.2) nachgetragen worden. Hilbert Meyer definiert Methoden als „Formen und Verfahren, die zur Aneignung von Wirklichkeit dienen" (Meyer 2009, 45). Er gliedert diese in seinen einschlägigen Beiträgen zur Methodenlehre in drei Kategorien, die er als Makro-, Meso- und Mikromethodendimensionen beschreibt. Dabei versteht er unter Makromethodik die sog. Grundformen des Unterrichts, also den gemeinsamen Unterricht, die Freiarbeit, die Lehrgänge, die Projekte und das sog. Marktplatzlernen – also die Öffnung von einzelnen Klassen und Lernverbünden hin in die Schulöffentlichkeit hinein. Mit Mesomethodik werden dagegen die Sozialformen (Plenum, Gruppen-, Partner- und Einzelarbeit), die Handlungsmuster (Vortrag, Textarbeit, Gespräch etc.), die Verlaufsformen (Einstieg, Erarbeitung, Ergebnissicherung) und auch die Raumstruktur (Umgebung, Lernort, Lernwerkzeug etc.) bezeichnet. Unter Mikromethodik versteht Meyer schließlich die Operatoren und Inszenierungstechniken, mit denen der Kommunikationsprozess zwischen Lehrenden und Lernenden konkret gestaltet wird (ebd., 13).

Neben dieser im Bereich der Erziehungswissenschaften entwickelten und inzwischen breit rezipierten Methodologie, die für alle Fächer des schulischen Spektrums Gültigkeit hat, gibt es eine für den Religionsunterricht spezifische Methodenlehre, die sich aus den religionsdidaktischen Prinzipien der Korrelation bzw. Elementarisierung ergibt und dem Vermittlungsgeschehen zwischen Lernenden und den Lerngegenständen entspricht. Die religionsdidaktischen Methoden lassen sich in unterschiedlicher Weise kategorisieren und systematisieren. Eine gängige Gliederung ergibt sich aus den folgenden sieben Zugängen (vgl. in ähnlicher Weise Hilger/Ritter 2006, 153–290), die jeweils anhand von Beispielen vorgestellt werden sollen.

4.5.2 Theologisierendes und philosophierendes Lernen

Der methodische Zugang, Kinder und Jugendliche zu einem theologisierenden und philosophierenden Lernen anzuregen, indem die ihnen eigene Perspektive auf die Wirklichkeit bedacht und im Gespräch weiter bearbeitet wird, wird inzwischen mehr oder weniger einheitlich als Kinder- respektive Jugendtheologie bezeichnet. Wichtige Impulse verdankt die Religionspädagogik hier ihrer philosophischen Nachbardisziplin, in deren Rahmen seit gut zehn Jahren explizit der Ansatz einer Kinder*philosophie* entwickelt worden ist: Philosophieren mit Kindern erfreut sich großer Beliebtheit, nicht nur in der Wissenschaft und im Bildungsbereich, sondern auch in der medialen und kommerziellen Öffentlichkeit, wie Jostein Gaarders Bestseller *Sophies Welt* oder Vittorio Hösles *Café der toten Philosophen* zeigen (vgl. Martens 1999). Der evangelische Religionspädagoge Friedrich Schweitzer hat in diesem Zusammenhang darauf hingewiesen, dass sich Grundthemen einer Philosophie mit Kindern durchaus mit den Anliegen einer Theologie mit Kindern decken können. So nennt er elementare Fragen von Kindern, die philosophische Perspektiven mit theologischen Fragestellungen verbinden, weil sie „zumindest potenziell religiöse" Antworten verlangen (Schweitzer 2003, 12). Solche Fragen können lauten: Wer bin ich? Warum musst du sterben? Wo finde ich Geborgenheit? Warum soll ich gut handeln? Warum glauben andere Kinder an Allah?

Für Schweitzer gibt es keine „an den herkömmlichen Definitionen der beiden wissenschaftlichen Disziplinen abgelesene Unterscheidung" (ebd., 10), sondern lediglich eine Unterscheidung, die sich aus den Konsequenzen kindlichen Nachdenkens über solche Fragen ergeben, zum einen für die Theologie, zum anderen für die Gesellschaft, in der das „Recht auf Religion" (so der Titel einer zusammenfassenden Publikation von Schweitzer) des Kindes eben nicht mehr selbstverständlich ist. In diesem Sinne ist Kindertheologie in der Unterscheidung zur Kinderphilosophie ein Denken, das nicht nur über Denken, sondern über religiöses Denken reflektiert.

Von philosophischer Seite hat der Hamburger Philosophiedidaktiker Ekkehard Martens die „Familienähnlichkeiten" zwischen Kinderphilosophie und Kindertheologie beschrieben. Er begrüßt es ausdrücklich, „dass man endlich auch den Kindern zutraut, sich eigenständig mit theologischen wie philosophischen Fragen zu beschäftigten, und dass dadurch beide Disziplinen an Lebendigkeit gewinnen" (Martens 2005, 13). Die wichtigste Kongruenz sieht Martens dabei im gemeinsamen Anliegen eines Nachdenkens über Grundfragen unseres endlichen Daseins. Dabei bleibt für ihn als Philosoph aber eine wichtige Differenz (ebd., 27):

> Während das philosophische Nachdenken in der Philosophie zu keiner inhaltlichen Sicherheit führt, beruht es in der christlichen Religion auf einer Hoffnung im Glauben, die nicht infrage gestellt wird. Beide Formen des Nachdenkens vollziehen sich aus einer unterschiedlichen säkularen und religiösen Perspektive.

Aus beiden Definitionen ergibt sich aber, dass die Begriffsanalyse des Terminus *Kindertheologie* nicht im Sinne einer Theologie für Kinder – also etwa als Abbilddidaktik für die religiöse Erziehung im Kindergarten, in der Grundschule oder auch später in der Sekundarstufe I – verstanden werden darf, sondern primär als Theologie *von* Kindern, die durch das Theologisieren von Erziehenden – Eltern, Geschwistern, Erzieherinnen und Erziehern, Lehrerinnen und Lehrern – *mit* Kindern ihre konkrete Gestalt gewinnt (ebd., 11–16). Denn es bedarf ja immer der pädagogischen wie didaktisch-methodischen Bemühung um angemessene Lernarrangements, um Kindern die Möglichkeit zu geben, ihre Fragen und Gedanken weiterzuentwickeln. Der englische Religionspädagoge John Hull zeigt dies in detaillierten Protokollen von Gesprächen mit den eigenen Kindern sehr anschaulich (Hull 1997, 40–41):

Erstes Kind:	Ist Gott die Luft?
Mutter:	Nein, Gott ist nicht die Luft, aber er ist ein bisschen wie Luft.
Zweites Kind:	Ist Gott die Zimmerdecke?
Mutter:	Nein, Gott ist nicht die Zimmerdecke, aber er ist ein bisschen wie die Zimmerdecke.
Erstes Kind:	Ist er ein dickes, rundes Baby?
Mutter:	Nein, er ist kein rundes Baby, aber er ist ein bisschen wie ein kleines Kind, weil er ganz frisch und neu ist.
Zweites Kind:	Ist er unsichtbar?
Mutter:	Ja, das ist er.
Erstes Kind:	Ist er wie ein dickes, rundes Baby mit Flügeln, das durch die Luft fliegt? (allgemeines Gelächter)
Mutter:	Gott ist ein bisschen wie viele Dinge, aber er ist nicht genau wie irgend etwas.
Zweites Kind:	Warum nicht?
Mutter:	Weil Gott einzigartig ist. Gott hat überhaupt keine feste, bestimmte Gestalt.
Erstes Kind:	Warum hat er keine Gestalt?
Mutter:	Weil Gott eine Art Idee ist. Haben Vorstellungen eine Gestalt?
Erstes Kind:	(lachend) Nein.
Mutter:	Siehst du, Gott ist ein bisschen wie eine ganz mächtige Idee.

Das religiöse Denken der fünfjährigen Kinder in diesem Beispiel ist noch in den kindlichen Vorstellungen eines magisch-numinosen Gottesbildes verwurzelt – nach James Fowler die Stufe 1 des intuitiv-projektiven Glaubens (vgl. 4.2.2). Dadurch nun, dass die Mutter die Vorstellungen der Kinder (Luft, Zimmerdecke, Baby) nicht etwa verwirft oder durch die einer höheren strukturgenetischen Stufe ersetzt, sondern diese gerade aufnimmt, ernstnimmt und sanft korrigiert – man achte auf den vielfachen Gebrauch der Formel „ein bisschen" – wird dem Kind eine schrittweise Bearbeitung der „Unsichtbarkeitsproblematik" (Lothar Kuld) möglich gemacht. Indem Mutter wie Kinder ihr religiöses Denken durchdenken und weiterentwickeln, entsteht eine Kindertheologie im Sinne des Theologisierens von und mit Kindern.

Im Bereich der systematischen Theologie sind der Begriff der „Kindertheologie" und die Formel vom „Theologisieren mit Kindern" allerdings umstritten. Denn: Auch wenn Jesus in Mk 10,13–16 die Kinder segnet und sie als unmittelbar zum Reich Gottes bezeichnet, oder wenn er ein Kind in die Mitte stellt und es zum Maßstab für die neue Ordnung im Himmelreich (Mt 18,2) macht, so fühlt sich doch mancher Theologe von der Anwendung des Theologiebegriffs auf das Nachdenken von Kindern gestört, steht die hochkomplexe Wissenschaft der Glaubensreflexion mit ihren unterschiedlichen Feldern und Disziplinen doch in einem offensichtlichen Gegensatz zu kindlichen Denkoperationen auf frühen entwicklungspsychologischen Niveaustufen. Hier ist eine Begriffsklärung wie -differenzierung hilfreich, wie sie Ulrich Kropac unternommen hat (Kropac 2006). Er unterscheidet in Anlehnung an Max Seckler zwischen drei Grundgestalten von Theologie:

- 1. Theologie als religiöse Rede von Gott
- 2. Theologie als vernunftgeleitete Erkenntnisbemühung um Gott
- 3. Theologie als Glaubenswissenschaft

Wenn die religiöse Rede von Gott nicht nur als eine vortheologische, der Vernunft Reflexionsmaterial liefernde Leistung verstanden wird, sondern in der Tradition von Max Seckler als „der Anfang, das Fundament und die Substanz aller anderen Formen von Theologie" zu würdigen ist (Seckler, 184), dann darf sicher auch das Fragen, das Antworten-Suchen und das damit verknüpfte Nachdenken von Kindern über das Verhältnis von Gott und Welt als „Theologie" bezeichnet werden. Liest man das bei Hull dokumentierte Gespräch zwischen Mutter und Kindern noch einmal aus dieser Perspektive, so findet man in den dort zitierten Aussagen über die Unsichtbarkeit Gottes durchaus theologische Erkenntnismomente.

Und damit scheint bereits die zweite Definition von Theologie auf: Im Nachdenken und in der Artikulation der Denkwege von Kindern zeigt sich oftmals ein ernsthaftes und sehr kreatives Bemühen um theologische Erkenntnis, die bisweilen vielleicht sogar unmittelbarer zur Botschaft des christlichen Glaubens ist, als manche komplexe wissenschaftliche Interpretation.

Wenn man natürlich von der Theologie als Glaubenswissenschaft, also von der dritten Definition sprechen will, entsteht ohne Frage eine kaum überbrückbare Differenz zwischen jenem direkten kindlichen Zugriff auf die Wirklichkeit auf der einen und der hochkomplexen, vielfältigen Glaubensreflexion der theologischen Wissenschaft mit ihren verschiedenen Disziplinen und Methoden auf der anderen Seite. Dennoch kann die Wahrnehmung kindlicher Erkenntnissuche und Reflexionsbemühung sicherlich auch den professionellen Theologen wichtige Impulse geben, und sei es etwa als besonderer Beitrag des „sensus fidelium", dem vom II. Vatikanischen Konzil wiederentdeckten Glaubenssinn der Gläubigen. Um es mit den Worten Karl Rahners zu sagen:

> Die Kindheit selbst hat eine Unmittelbarkeit zu Gott, sie grenzt an Gottes Absolutheit nicht nur mit der Grenze des Alters, der Reife des Späteren, sondern durch sich selbst. [...] Die Gnade der Kindheit ist nicht bloß das Angeld der Gnade des Alters (Rahner, 319).

Für die wissenschaftliche Religionspädagogik aber ist die Theologie von und mit Kindern noch weit mehr. Wenn die Religionspädagogik die Reflexion religiöser Bildungs- und Lernprozesse mit Hilfe wissenschaftlicher Instrumente und Methoden ist, dann muss sie mit großer Ernsthaftigkeit die theologische Erkenntnissuche von Kindern und Jugendlichen wahrnehmen, aufnehmen und mitnehmen. Was ist eine theologische Disziplin, die sich den Bedingungen der Möglichkeit religiöser Bildung von Subjekten widmen will, nicht aber die je vorhandene Eigentätigkeit und Eigenbildsamkeit der Subjekte erkennt und aufgreift?

Auf dem Höhepunkt der Diskussion um das von Rudolf Englert prophezeite Ende der Korrelationsdidaktik (Englert 1993), war oft der spöttische Satz zu lesen: „Der Religionsunterricht gibt Antwort auf Fragen, die Kinder gar nicht haben!" – In der Tat ist es eine Gefahr des korrelativen Verfahrens, aus biblischen Texten und theologischen Modellen Erfahrungen zu kondensieren, die übergriffig und deshalb überhaupt nicht in einen Bezug zu den heutigen Erfahrungen von Kindern und Jugendlichen zu setzen sind. Thomas Rusters einschlägig bekannter Versuch, dem mit einer Konfrontationsdidaktik zu begegnen, ist eine Möglichkeit, auf dieses systemimmanente Problem der Korrelation zu reagieren. Aufmerksam auf die philosophischen und theologischen Fragen von Schülerinnen und Schülern zu hören und achtsam mit ihnen ins Gespräch zu kommen, scheint mit Blick auf den Lernort Schule allerdings der bessere Weg, dieses Problem zu bearbeiten. Rainer Oberthür hat ein Gruppeninterview mit drei Abiturientinnen bzw. Abiturienten publiziert, in dem er mit diesen den Religionsunterricht ihrer Schulzeit reflektierte: Dabei zeigte sich sehr deutlich, dass Schülerinnen und Schüler besonders den Religionsunterricht in der Grundschule und in der Oberstufe in positiver Erinnerung behalten, weil es dort nämlich wirklich um ihre philosophisch-theologischen Fragen geht. Oberthür resümiert: „Ich habe den Eindruck, dass sich im Oberstufenunterricht der Jugendlichen sowohl von den Inhalten wie auch von der Haltung her nach einer stagnierenden Phase das fortsetzt, was wir im Grundschulunterricht angefangen und grundgelegt haben" (Oberthür 2006, 83). Wer Kinder und Jugendliche mit ihren schon je theologischen Fragen in das Zentrum seiner pädagogischen Bemühungen stellt, braucht keine künstlichen Konstruktionen und keine integralistische Konfrontation. Aber er muss die großen Fragen der kleinen Menschen zumindest einmal persönlich bedacht haben.

4.5.3 Ästhetisches Lernen

Das ästhetische Lernen will die Aufmerksamkeit von Schülerinnen und Schülern für die verschiedenen Dimensionen von Wirklichkeit schulen und zur Achtsamkeit im Umgang mit diesen anleiten. Dabei geht es nicht nur um die Auseinandersetzung mit Kunst, sondern in einem viel weiteren Sinne um eine dem christlichen Schöpfungsgedanken angemessene Erschließung und Reflexion von Mensch und Umwelt. Ästhetisches Lernen ist in der heutigen Zeit eine besondere Herausforderung, weil Kinder und Jugendliche in einem hohen Maße und mit einer beängstigenden Geschwindigkeit ästhetisch beansprucht werden: So sind sie auf der einen Seite den vielfältigen Eindrücken der neuen Medien und den Werbestrategien der Konsumgesellschaft ausgesetzt, auf der anderen Seite stehen sie unter einem besonderen Druck, ästhetische Ausdrucksformen zu finden, die sie im Kontext von Mode und Stilbildung zu ihrer Selbstinszenierung und Rollengestaltung wahrnehmen können. Der Religionsunterricht muss dies alles ernstnehmen und entsprechend einen Raum bieten, um die Einübung in eine bewusste Wahrnehmung (griechisch: aisthesis), für die Gestaltung kreativer Ausdrucksformen (griechisch: poiesis) und für die Übung von Urteil und Stellungnahme (griechisch: katharsis) zu bieten. Alle drei Dimensionen ästhetischen Lernens zielen auf eine Sensibilisierung für die verschiedenen Dimensionen von Wirklichkeit, die sich in besonderer Weise in Kunst und Kultur zeigen, und damit auch auf die religiöse Tiefendimension (vgl. Hilger 2001). Die Grundbedingungen einer so verstandenen ästhetischen Bildung sind eine Verlangsamung und Intensivierung von Lernprozessen in einer Zeit der Schnelllebigkeit und Vergänglichkeit. Drei Beispiele aus der Praxis des Religionsunterrichts sollen illustrieren, was mit den drei Schritten des ästhetischen Lernens gemeint ist.

Das rechtsseitig abgebildete Kreuz ist ein mittelalterliches Gabelkreuz, das in der Zeit um 1340 im Rheinland entstanden ist. Es steht heute in der Pfarrkirche St. Sixtus in Haltern am See. Das Kreuz wird seit dem 18. Jahrhundert in der Pfarrgemeinde in einer besonderen Weise gepflegt und verehrt, so dass mit der sog. „roten Kreuztracht" seit 1726 ein spezifisch eigener Kult um dieses religiöse Zeugnis entstanden ist, der bis heute gepflegt wird. Das Kreuz unterscheidet sich von klassischen Kreuzesdarstellungen durch seine Gestaltung als Lebensbaum, dessen Querholz deshalb in einer an Äste erinnernden Weise vertikal zu beiden Seiten nach oben strebt und zudem Sprossen zeigt, die aus diesem hervortreiben. Damit wollte der mittelalterliche Künstler zum Ausdruck bringen, dass das Kreuz nicht nur ein Folterinstrument und ein Symbol für den Tod des Gottessohnes ist, sondern zugleich auch ein Zeichen des Heils und der Erlösung, weil aus ihm das neue, wirkliche Leben wächst, das sich mit der Auferstehung Jesu Christi an seinen Tod angeschlossen hat. Will man mit Schülerinnen und Schülern dieses Kreuz erschließen, so ist es wichtig, erst einmal die sorgsame und gründliche Beschreibung dieses religiösen Zeugnisses einzuüben, um den Blick der Kinder und Jugend-

Abb. 28: Das Halterner Kreuz als Lebensbaum

lichen zum einen auf die traditionellen Strukturen des Kreuzes zu lenken, zum anderen aber für die an diesem Kreuz angebrachten Besonderheiten und Eigenarten zu sensibilisieren. Nur wenn diese gründliche Wahrnehmung von Lehrerinnen und Lehrern in angemessener Weise angeleitet und moderiert wird, können Schülerinnen und Schüler hier auch zu einer angemessenen Deutung dieses religiösen Kultgegenstandes kommen.

Zum ästhetischen Lernen gehört aber auch das Einüben in Ausdruck und Darstellung von wahrgenommenen Empfindungen und Erfahrungen, also das, was in der griechischen Philosophie mit dem Begriff „poiesis" beschrieben wird. Nur wenn diese aktive Seite des Rezeptionsprozesses mit in das Lerngeschehen integriert wird, können Schülerinnen und Schüler auch zu einem entsprechend fundierten Urteil über Zeugnisse aus Religion und Kunst kommen. Als Beispiel soll hier ein produktionsorientiertes Interpretationsverfahren aus dem Bereich der Literaturdidaktik vorgestellt werden.

Der Einsatz von Literatur und Dichtung im Religionsunterricht ist seit Jahren gängige Praxis, so dass inzwischen in der Religionsdidaktik verschiedenste Impulse aus einem intensiven Dialog zwischen Religion und Dichtkunst aufgegriffen und weiterentwickelt worden sind. Die verschiedensten literaturtheologischen Paradigmen, die vor allem im Kontext der systematischen Theologie entstanden sind, verbindet in der Regel ein gemeinsames hermeneutisches Grundanliegen: Die in der literarischen Konkretion manifestierte Wirklichkeit soll aufgenommen und für die theologische Reflexion fruchtbar gemacht werden. Dieser Zugang bietet sich im Religionsunterricht in besonderer Weise an, da in literarischen Texten in konzentrierter Form Wirklichkeitserfahrungen und -deutungen aufgenommen, übersetzt und im Unterricht thematisiert werden können. Das setzt allerdings voraus, dass Methoden und Verfahren Verwendung finden, die Schülerinnen und Schülern literarische Erzeugnisse erschließen und interpretieren helfen (vgl. Sajak 1998). Das auf Abb. 29 gezeigte Bild war Teil einer Unterrichtsreihe zur Exillyrik von Bertolt Brecht, in der dieser die Situation von Menschen in Verfolgung, Flucht und Exil zum Ausdruck gebracht hat (vgl. Sajak 2016).

ÜBER DIE BEZEICHNUNG EMIGRANTEN

Immer fand ich den Namen falsch, den man uns gab:
Emigranten.
Das heißt doch Auswanderer. Aber wir
Wanderten doch nicht aus, nach freiem Entschluß
Wählend ein anderes Land. Wanderten wir doch auch nicht
Ein in ein Land, dort zu bleiben, womöglich für immer.
Sondern wir flohen. Vertriebene sind wir, Verbannte.
Und kein Heim, ein Exil soll das Land sein, das uns da
aufnahm.
Unruhig sitzen wir so, möglichst nahe den Grenzen
Wartend des Tags der Rückkehr, jede kleinste
Veränderung
Jenseits der Grenze beobachtend, jeden Ankömmling
Eifrig befragend, nichts vergessend und nichts aufgebend
Und auch verzeihend nichts, was geschah, nichts verzeihend.
Ach, die Stille der Sunde täuscht uns nicht! Wir hören die
Schreie
Aus ihren Lagern bis hierher. Sind wir doch selber
Fast wie Gerüchte von Untaten, die da entkamen
Über die Grenzen. Jeder von uns,
Der mit zerrissenen Schuhn durch die Menge geht
Zeugt von der Schande, die jetzt unser Land befleckt.
Aber keiner von uns
Wird hier bleiben. Das letzte Wort
Ist noch nicht gesprochen.

Bertolt Brecht (1937)

Die Unterrichtsaufgabe bestand nun darin, Brechts Gedicht zu lesen und sich einen der Verse auszuwählen, um ein Bild dazu anzufertigen. Das Bild der Schülerin zeigt eine junge Frau, die, einen Brief aus der Heimat lesend, neben einem Haus sitzt, in dem sie offenbar Zuflucht gefunden hat. Doch dieses neue Heim, in dem die Exilantin wartet und verharrt, ist kein „Logenplatz", sondern eine Träne, die aufgehoben ist in einem schwarzen Meer von Tränen, Ausdruck für das Schreckensleid, von denen die Exilantin gerade mit Blick auf die Situation in der Heimat und das Schicksal anderer umgeben ist: „Wir hören die Schreie aus ihren Lagern bis hierher".

Ohne Frage ist es der Schülerin gelungen, die Grundsituation des Exils in einer ästhetischen Form zum Ausdruck zu bringen, die ein hohes Maß an Einfühlung zeigt und sich in beeindruckender Weise künstlerischer Stil- und Ausdrucksmittel bedient.

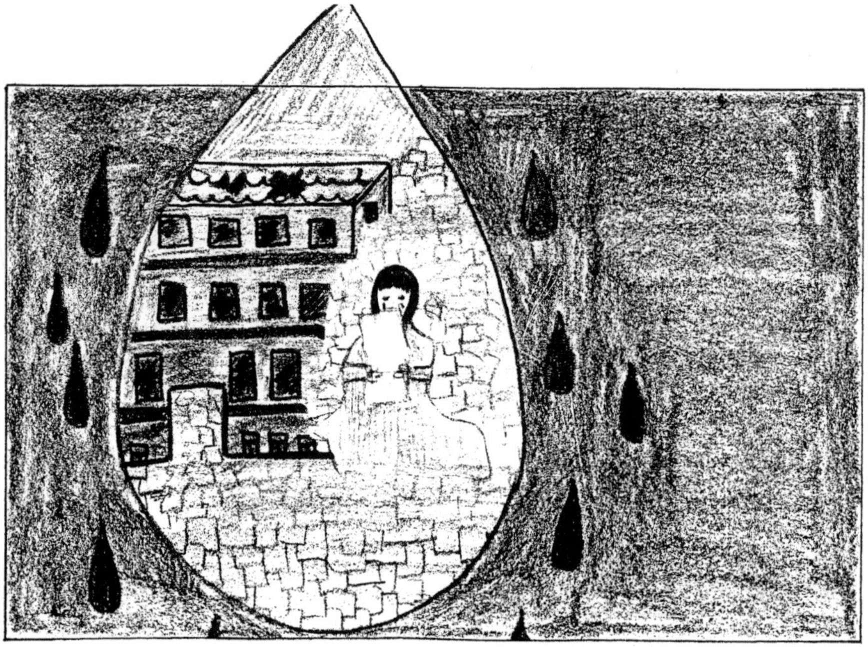

Abb. 29: Bild einer Schülerin zum Gedicht „Über die Bezeichnung Emigranten"

Der dritte Schritt des ästhetischen Lernens schließlich leitet die Schülerinnen und Schüler an, Ausdrucksformen von Wirklichkeit unter der Hinzuziehung von entsprechenden Kriterien und Maßstäben in einer angemessenen Weise zu beurteilen. Als Beispiel dient hier das umseitig abgebildete Gemälde „Die Jungfrau züchtigt den Jesusknaben vor drei Zeugen" von Max Ernst (1891–1976), ein häufig im Religionsunterricht verwendetes und eingesetztes Bild.

Das Gemälde, welches 1926 entstanden ist, zeigt die Gottesmutter Maria, wie sie ihren Sohn Jesus züchtigt. Es ist inzwischen bekannt, dass Ernst zunächst eine Skizze anfertigte, die große Ähnlichkeiten zu Bildern von Michelangelo und Jacopo Tintoretto aufwies. Nach seinen Aussagen sollen die drei Zeugen, die im Hintergrund erkennbar sind, André Breton, Paul Eluard und Max Ernst selbst sein. Die Farbwahl der Mutter Gottes ist klassisch in rot und blau gehalten. Auch ist eine ironische Anspielung auf das Motiv des antiken Liebesgottes Amor, der von der Göttin Venus gezüchtigt wird, zu erkennen. In dem Bild sind eine „Bestrafung" Gottes vor dem Hintergrund der traumatischen Kriegserfahrungen des Malers als auch eine pointierte Kritik an Kirche und Klerus gesehen worden.

Was zu Max Ernsts Zeiten als eine ungeheuerliche Provokation empfunden worden war, die einen entsprechenden Skandal auslöste, ist für heutige Schülerinnen und Schüler – weder mit Blick auf die pointierten Aussagen noch in der damaligen Wirkung – kaum noch verständlich. Entsprechend müssen Kinder und

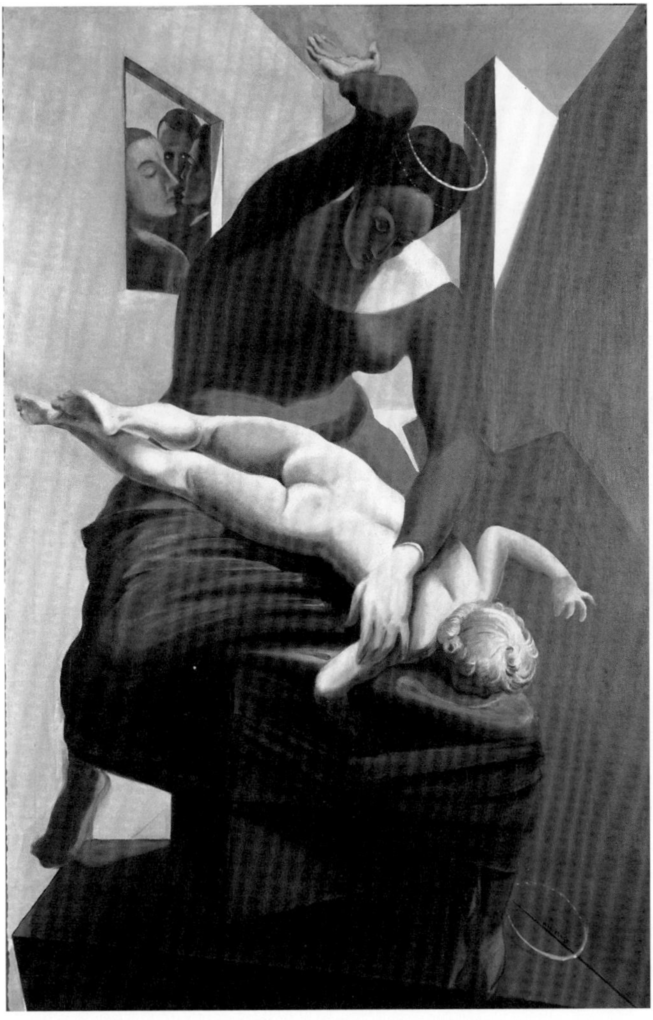

Abb. 30: Max Ernst: Die Jungfrau züchtigt den Jesusknaben vor drei Zeugen (1926)

Jugendliche angeleitet werden, Aufbau und Aussage des Gemäldes lesen und „decodieren" zu lernen, um dann zu einem kritischen Urteil zu gelangen, in welchem Maß Max Ernst für sein Anliegen eine gelungene künstlerische Form gefunden hat. Dabei bieten sich auch hier handlungs- und produktionsorientierte Wege und Verfahren an (vgl. Sajak 2012b):

- Die Schülerinnen und Schüler bauen das Bild als Standbild nach und reflektieren die dramatische Konstellation des Bildes

- Die Schülerinnen und Schüler gestalten ein Gespräch, in dem sich die drei Zeugen im Fenster über ihre Beobachtungen und Deutungen der Szene austauschen
- Die Schülerinnen und Schüler verfassen einen Monolog, in dem Maria am Abend des Tages darüber sinniert, warum sie ihren Sohn gezüchtigt hat
- Die Schülerinnen und Schüler recherchieren alternative Gemälde, auf denen Maria mit dem Jesuskind abgebildet ist und suchen ein Bild, das in einem möglichst großen Kontrast zu dem Bild von Max Ernst steht. In einer anschließenden Gruppendiskussion begründen sie ihre Wahl

4.5.4 Symbollernen

Religiöses Lernen ist in besonderer Weise auf den angemessenen Umgang mit Symbolen angewiesen. Dies hängt damit zusammen, dass die Tiefenstruktur religiöser Annahmen und Aussagen in der Regel in Symbole gefasst wird, also in Zeichen, die für eine tiefere, mit den Sinnen nicht erfahrbare Wirklichkeit stehen. Nicht umsonst wird das Wort Symbol (von griechisch: symballein = zusammenfügen) in der Geschichte des frühen Christentums als Titel für ein Glaubensbekenntnis, also das, was heute als „Credo" bezeichnet wird, verwendet, so z. B. im großen Glaubensbekenntnis von Nikaia, das auf Lateinisch den Titel „Symbolum Nicaenum" trägt. Symbole bringen also zum Ausdruck, was in einer Tiefenstruktur von Wirklichkeit verborgen liegt. Deutlich wird dies besonders in den Sakramenten, in denen Symbolhandlungen und Symbolmaterialien zeichenhaft für das göttliche Wirken stehen, so z. B. das Wasser in der Taufe für die Reinwaschung von den Sünden und das Salben des Täuflings als Ausdruck der Beschenkung mit der Gabe des Heiligen Geistes. Entsprechend werden Sakramente seit Augustinus als äußeres Zeichen einer inneren Handlung definiert. Zur religiösen Bildung gehört deshalb immer auch die Einführung in die Zeichensprache einer Religionsgemeinschaft und die Anleitung zum Umgang, also zur Dekodierung und Lektüre des Zeichens mit Blick auf seine tiefere religiöse Bedeutung. Religionsunterricht muss also darauf abzielen, ein symbolerschließendes Lernen zu fördern, mit dem Schülerinnen und Schüler zur unmittelbaren Wahrnehmung und Deutung von religiösen Grundsymbolen wie auch von christlichen Traditionssymbolen befähigt werden.

Seinen Ursprung hat das Wort „Symbol" in der griechischen Antike: Symbolon wurde dort ein Erinnerungszeichen genannt, das zwei Freunde vor einer längeren Trennung durch das Zerbrechen einer Tonschale oder eines Tongefäßes schufen. Jeder der Freunde nahm eine der Scherben als Erinnerung an sich und konnte so dem Trennungsschmerz einen Ausdruck geben. Bei der Wiedervereinigung der Freunde ließ sich durch das Zusammenfügen der Scherben (grch. sym-ballein = zusammen-werfen, zusammen-stecken) die Trennung und Unterbrechung wieder aufheben (Biehl 1987, 487).

Die Religionsdidaktik kennt eine ganze Reihe von einschlägigen symboldidaktischen Ansätzen, zu nennen sind hier z. B. Paul Tillich, Peter Biehl und Hubertus Halbfas. Für die konkrete Unterrichtsgestaltung ist weiterhin das Modell des evangelischen Theologen Heinrich Ott maßgeblich geblieben, der die Mehrdimensionalität von Wirklichkeit anhand des konkreten Symbols in verschiedenen Schritten erschließen will. Nach Ott lassen sich nämlich drei Ebenen der Wirklichkeit unterscheiden (vgl. z. B. Biehl 2002):

- die X-Ebene, auf der das Symbol als empirisch-naturwissenschaftlich erfass- und beschreibbares Phänomen zu deuten ist (z. B. Wasser als H_2O)
- die Y-Ebene, auf der das empirisch gegebene Phänomen nun übertragen wird in den Bereich der Sprichwörter, Bildworte, Weisheiten und Mythen (das Wasser als Bedrohung: „Mir steht das Wasser bis zum Hals!") – und schließlich
- die Z-Ebene, auf der nun in einem dritten Schritt die religiöse Dimension in ihren Sprachbildern und Ritualen erschlossen werden soll (das Wasser als „Wasser des Lebens" im Rahmen des Taufsakraments) (s. Abb. 31)

Eine für den Religionsunterricht angemessene Religionsdidaktik muss entsprechend immer darauf zielen, die X-Dimension der Empirie, aber auch die Y-Dimension der existentiellen Bedeutung und schließlich die Z-Dimension der transzendenten Bedeutung eines Symbols zu erschließen und für die Schülerinnen und Schüler damit zugänglich zu machen. Besonders in der Arbeit mit der Bibel und ihrer an Bildern und Metaphern reichen Sprache kann die für religiöse Bildung notwendige Sensibilität für Symbolsprache eingeübt und reflektiert werden.

Abb. 31: Wasser und seine Bedeutungsdimensionen

4.5.5 Interreligiöses Lernen

Interreligiöses Lernen will Schülerinnen und Schüler zu einer bewussten Wahrnehmung, einer angemessenen Begegnung und einer differenzierten Auseinandersetzung mit Zeuginnen, Zeugen und Zeugnissen fremder Religionen hinführen (vgl. Sajak 2005, 264). Angesichts der aktuellen gesellschaftlichen Debatten um Migration, Multikulturalismus und Fundamentalismus in der Gesellschaft ist die Relevanz einer solchen methodischen Großform evident. In der Regel wird zwischen zwei Grundformen des interreligiösen Lernens unterschieden, die der katholische Religionspädagoge Stephan Leimgruber in einer einschlägigen Publikation als interreligiöses Lernen „in einem weiteren Sinne" und „im engeren Sinne" (Leimgruber 2007, 20f.) bezeichnet hat.

Zum interreligiösen Lernen in einem weiteren Sinne gehören alle „Wahrnehmungen, die eine Religion und deren Angehörige betreffen, die verarbeitet und in das eigene Bewusstsein aufgenommen werden" (ebd., 20). In diesem Sinne kann das Lesen eines Kinderbuchs über das Leben eines jüdischen Jungen zur Zeit Jesu (Berg/Weber 1996) genauso als interreligiöses Lernen verstanden werden, wie die Vorführung einer DVD aus der von Hans Küng (1999) herausgegebenen Reihe zum „Projekt Weltethos". Interreligiöses Lernen im engeren Sinne geschieht dagegen „durch das Gespräch in direkten Begegnungen. Im Zentrum steht der Dialog, in dem sich beide Gesprächspartner gegenseitig respektieren und zu verstehen versuchen" (Leimgruber 2007, 21) und der zur Konvivenz, also zum Miteinander in respektierter Differenz, führen soll.

Ein solches interreligiöses Lernen im engeren Sinne findet somit da statt, wo in besonderer Weise Schülerinnen und Schüler verschiedener Religionen in einen Dialog gebracht werden, wie z.B. bei gemeinsamen Projekten, beim Feiern religiöser Feste und Jahreszeiten in der Schulgemeinschaft oder Exkursionen zu religiösen Stätten und Sakralbauten. Solche Lernanlässe sind in den vergangenen Jahren vor allem im Rahmen des Schulenwettbewerbs „Schulen im Trialog" der Herbert Quandt-Stiftung durchgeführt und dokumentiert worden (vgl. Sajak 2010).

Stephan Leimgruber (2007), Johannes Lähnemann (2002) und andere (Sajak 2018) haben in den letzten beiden Jahrzehnten eine Theorie des Aufbauenden Interreligiösen Lernens ausgearbeitet, in der durch die verschiedenen Schulstufen hindurch ein alters- und entwicklungsbezogenes Methodenrepertoire verwendet wird (vgl. Lähnemann 2002). In der Regel wird hier unterschieden zwischen:

- der 1. und 2. Klasse, in denen interreligiöses Lernen durch bewusste Gestaltung des Schullebens und der Feste mit Blick auf die verschiedenen Religionen und Kulturen initiiert werden kann. So sollte in Schulen nicht nur der christliche Jahreskreis mit seinen großen Festen und heiligen Zeiten (Advent–Weihnacht / Fastenzeit–Ostern) im Schulleben aufgegriffen und gestaltet werden, sondern auch wichtige Feiertage anderer Religionen wie z. B. das Fasten im Ramadan und das Zuckerfest oder das Opferfest im Islam.

- der 3. und 4. Klasse, in denen Schülerinnen und Schülern mit Hilfe des Personalisierungsprinzips an einem Kind ihrer Altersstufe „exemplarische Erfahrungen verdeutlicht werden" (Lähnemann 2002, 400). Damit sind Geschichten, Bilder oder Filme angesprochen, in denen gleichaltrige Kinder aus anderen Religionen oder Kulturkreisen von ihrem Alltag wie auch von ihren religiösen Feiertagen erzählen.
- der 5. und 6. Klasse, in denen größere Zusammenhänge und erste systematische Aufbereitungen des Fremden in den Blick genommen werden können, z. B. durch die Auseinandersetzung mit religiösen Zeugnissen anderer Religionen (die Mesusa im Judentum, der Gebetskompass im Islam, die Gebetskette im Buddhismus usw.) oder aber durch die Erarbeitung religionskundlicher Einheiten im Religionsbuch oder in Referaten.
- der weiteren Sekundarstufe I bis Klasse 10, in der das Begegnungslernen durch Exkursionen und Besuche von Vertretern fremder Religionen in der Schule ermöglicht werden sollte. Gerade auch durch den Besuch jüdischer Synagogen und muslimischer Moscheen können zum einen die Sakralbauten der anderen Religionen als Orte religiöser Praxis entdeckt werden, zum anderen können hier leicht Begegnungen mit authentischen Zeugen der anderen Religionen arrangiert werden.
- der gymnasialen Oberstufe, in der die Arbeit an Quellentexten angeregt werden kann. So bietet sich hier vor allem die vergleichende Lektüre von Koran- und Bibeltexten an, denn beide Heiligen Bücher kennen eine ganze Reihe gemeinsamer Figuren und Motive (z. B. Adam und Eva, Abraham, Joseph, Mose, Elia und Jesus).

Elementar- und Primarstufe (Kindergarten)	**Interreligiöses Lernen durch bewusste Gestaltung des Schullebens an Fest-, Feier- und Fasttagen**	iL im engeren Sinne
Primar- und Orientierungs-stufe (Grundschule)	**Interreligiöses Lernen durch Fiktion und Narration**	iL im weiteren Sinne
Sekundarstufe I Haupt-, Real-, Gesamtschulen/ Gym.)	**Interreligiöses Lernen durch die Begegnung mit Zeugnissen anderer Religionen**	iL im weiteren Sinne
Sekundarstufe I Haupt-, Real-, Gesamtschulen/ Gym.)	**Interreligiöses Lernen durch die Begegnung mit Zeugen anderer Religionen**	iL im engeren Sinne
Sekundarstufe I Haupt-, Real-, Gesamtschulen/ Gym.)	**Interreligiöses Lernen durch die Exkursionen zu und Besuche in Heiligen Räumen**	iL im engeren Sinne
Sekundarstufe II (BBS/Gym.)	**Interreligiöses Lernen durch den Vergleich und die Analyse Heiliger Schriften**	iL im weiteren Sinne

Abb. 32: Altersbezogenes Methodencurriculum für das Interreligiöse Lernen (Sajak 2018, 109)

Ein solches Curriculum darf nicht als stufenbezogener Methodenmonismus verstanden werden, sondern als eine Akzentuierung des interreligiösen Lernens in den verschiedenen Altersstufen, die den lebensweltlichen Erfahrungen und den anthropogenen Voraussetzungen der Schülerinnen und Schüler gerecht werden soll.

4.5.6 Ethisches Lernen

Zum Religionsunterricht gehört auch die Dimension des ethischen Lernens, denn mit jeder Religion ist ein bestimmtes Ethos, also ein Grundbestand an moralischen Werten, Haltungen und Einstellungen verbunden. Diese speisen sich meist aus den Offenbarungsschriften bzw. religiösen Lehren, wachsen aber auch über die Jahrhunderte durch die Auslegungstraditionen von Lehramt (besonders intensiv im Fall der römisch-katholischen Kirche) und der Auslegungsgemeinschaft (besonders prägnant im Islam und dem Judentum). Ethisches Lernen im Religionsunterricht will deshalb zur Auseinandersetzung mit den tradierten Wertvorstellungen anregen und die Haltungen und Einstellungen, die Kinder und Jugendliche durch ihre gesellschaftliche Prägung mit in die Schule und den Unterricht bringen, vor dem Horizont der religiösen Dimension kritisch analysieren und reflektieren. Ziel eines solchen ethischen Lernens ist die Entwicklung einer moralischen Kompetenz, die sich darin zeigt, dass Kinder ein eigenes Urteilsvermögen entwickeln können und zu eigenverantwortlichen Entscheidungen befähigt sind.

Als ein besonders aktuelles und prägnantes Beispiel für das ethische Lernen im Religionsunterricht kann die Auseinandersetzung mit den bioethischen Fragestellungen von Leben und Tod sein. Die Position der christlichen Kirchen zu den Fragen der modernen Biotechnologien wird in der öffentlichen Diskussion mitunter als altmodisch und wenig zeitgemäß herausgestellt (Peter Glotz: „Neue Scholastik"). In der Tat folgt die theologische Ethik im christlichen Raum den Grundsätzen einer traditionsreichen Sittenlehre, in der die Heiligkeit des Lebens den unaufgebbaren Grund für alle ethische Reflexion liefert. Dies wirkt vielleicht vor dem Horizont einer säkularisierten Gesellschaft und der in ihr propagierten Beliebigkeit unzeitgemäß, deckt sich aber mit den ethischen Grundvorstellungen der meisten Religionen in der Welt und bietet ein notwendiges Korrektiv zum unreflektierten Erkenntnisstreben und zum Machbarkeitswahn in Politik und Wissenschaft. Gerade im katholischen Raum ist die im Naturrecht, also einem universell, allzeit gültigen höheren Recht, verwurzelte traditionelle Grundfigur der theologischen Argumentation der absolute Schutz des menschlichen Lebens von der Zeugung bis hin zum Tod. Den besonderen Wert des menschlichen Lebens leitet die katholische Theologie aus dem im Buch Genesis überlieferten Schöpfungstext ab, nach dem der Mensch als „Abbild Gottes" (Gen 1,27) bzw. als „Gottes Stellvertreter" (hebräisch: tselem) geschaffen worden ist. Folglich besitzt allein der Mensch eine unaufhebbare Würde und einen Wert an sich, der nicht gegen andere Werte abgewogen werden kann. Äußerliche Zeichen der Würde sind Freiheit und Vernunft. Der Mensch ist ein vernunftbegabtes Wesen, der anders als das sich instinktiv verhaltende Tier in Freiheit zwischen Gut und Böse wählen kann und damit vorsätzlich handelt. Dies zeigt sich im Buch Genesis direkt im folgenden dritten Schöpfungstext, der Erzählung vom sog. „Sündenfall“ (Gen 3,1–24). Im vierten Gebot des Dekalogs „Du sollst nicht töten“ (Ex 20,13f.) steht dem Menschen die Macht über Leben und Tod nicht zu. Folglich gilt die Bewahrung des menschlichen Lebens von Anfang an – und das ist aus katholischer Sicht die Verschmelzung der Samen- und der Eizelle nach der Zeugung (Fertilisation) und nicht etwa die Einnistung (Nidation oder andere spätere Embryonalphasen). Der Grund für dieses Festhalten an der Fertilisation ist der Personenbegriff. Der Mensch ist in antiker und scholastischer Tradition Person, d. h. unverwechselbares Wesen mit unteilbaren Anlagen, Individuum. Der erste Zeitpunkt in der Genese des Embryos, an dem die unverwechselbare und unteilbare Anlage eines neuen Menschen vorliegt, ist aber die Verschmelzung der Samen- und Eizelle mit den jeweiligen Chromosomensätzen. Folglich existiert von diesem Zeitpunkt an ein neuer Mensch, der von nun an bis zu seinem Tod zu schützen ist. Aus diesem Grund lehnt die katholische Kirche in ihrer klassischen naturrechtlichen Lehre alle jene Eingriffe und Maßnahmen ab, die wie der Schwangerschaftsabbruch, die verbrauchende Embryonenforschung oder die Todesstrafe das Leben eines Menschen instrumentalisieren oder sogar vorzeitig beenden wollen.

Sollen Schülerinnen und Schüler nun mit diesem katholischen Grundverständnis von Lebensethik vertraut gemacht werden, ist es wichtig, dass dies im Kontext einer autonomen Moral mit christlichem Horizont geschieht. Es geht also nicht darum, wie in früheren Tagen ethische Urteile aus kirchlichen Normen einfach abzuleiten – dies wäre für Schülerinnen und Schüler heute in keiner Weise mehr plausibel und akzeptierbar –, sondern das ethische Urteil aus verschiedenen Komponenten, nämlich dem Sinnhorizont des christlichen Glaubens, der Kenntnis des Sachverhaltes, der Wertvorstellungen, der Abwägung von Alternativen zu entwickeln. Ein solches Modell fügt sich damit in den Zusammenhang der aktuellen religionspädagogischen Diskussion, in der die Konstruktion und die Eigentätigkeit zu Schlüsselbegriffen geworden sind. Die Moralpsychologie weiß seit Lawrence Kohlberg (4.2.3), Fritz Oser und Wolfgang Althof (ebd.), dass es zur Stimulierung der moralischen Entwicklung vor allem der aktiven Auseinandersetzung der Lehrenden mit moralischen Problemen und Konflikten bedarf. Vor allem Bruno Schmid und Lothar Kuld haben in ihrem Ansatz des Lernens aus Widersprüchen eine Fülle von Beispielen vorgelegt, wie sich in der Auseinandersetzung mit konkreten moralischen Dilemmata Schülerinnen und Schüler ihr eigenes Urteil im Kontext des christlichen Wertehorizonts bilden können und wollen (vgl. Schmid 2004). Dabei geht es im Grunde immer darum, die Schülerinnen und Schüler zu den folgenden Schritten anzuleiten:

- 1. zum Bewusstmachen des Vorverständnisses
- 2. zur Kenntnis der einschlägigen Sachverhalte
- 3. zur Prüfung der Sinnorientierung und Wertfeststellung
- 4. zur Rationalisierung der Alternativen

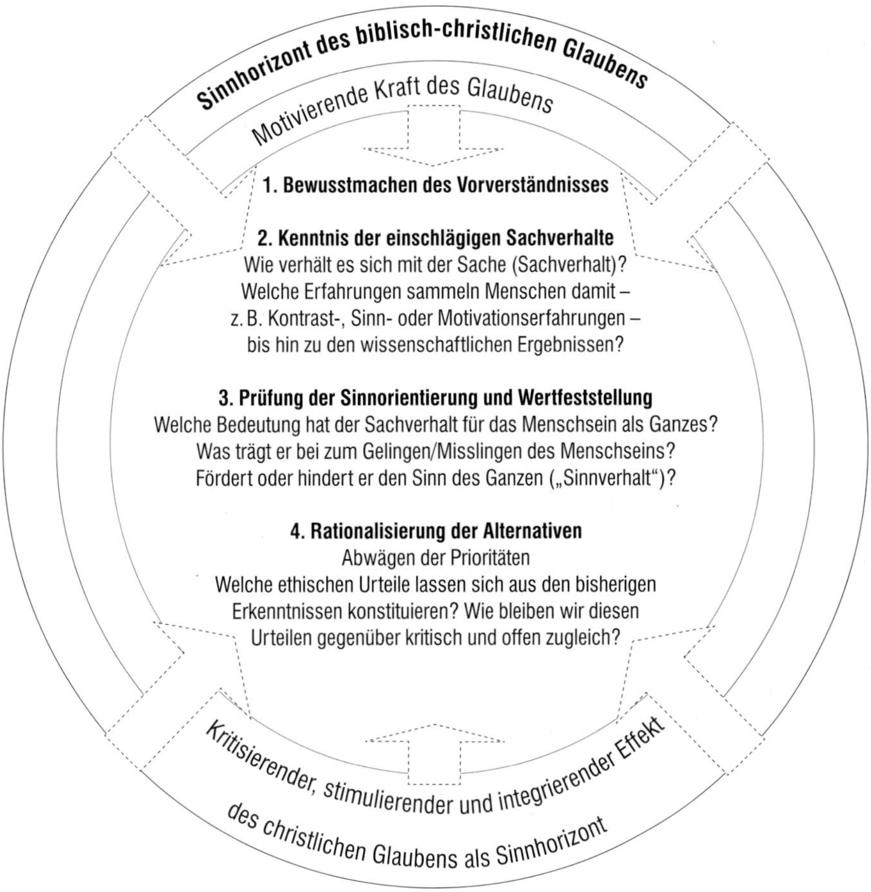

Abb. 33: Urteilen lernen im Kontext des christlichen Wertehorizonts

Am Ende dieses komplexen Prozesses kann schließlich die autonome Urteilsbildung von Schülerinnen und Schülern stehen, in deren Kontext zum einen die selbstständige Entscheidung der Jugendlichen, zum anderen aber auch der Horizont der christlichen Werte und Normen eine angemessene Berücksichtigung finden kann (vgl. Kuld/Schmid 2001).

Ethisches Lernen im Religionsunterricht zielt also darauf ab, christliche Werte und Normen Schülerinnen und Schülern so transparent und plausibel zu machen, dass sie zu einem Konstitutivum ihres Wertehorizonts werden können, den sie als Referenz verwenden wollen, wenn es zu ethischen Konfliktsituationen in ihrem persönlichen Leben kommt.

4.5.7 Biographisches Lernen

Der Religionsunterricht soll Schülerinnen und Schüler auch befähigen, wichtige Stationen ihres Lebenswegs zu reflektieren und aus der Perspektive des Glaubens bedenken zu lernen. Vor allem die Auseinandersetzung mit der Bibel, die nicht nur Glaubensurkunde, sondern auch eine Sammlung menschlicher Erfahrungen und Lebensgeschichten, eben eine „Geschichte von Geschichten" ist, kann ein wichtiger Zugang zum biographiebezogenen Lernen im Religionsunterricht sein. Der Einbezug weiterer Biographien aus den Geschichten der Bibel und der gemeinsamen Geschichte von Juden und Christen kann Kinder und Jugendliche ermutigen, ihre eigene Biographie bewusst zu gestalten und sich dabei auch von Vorbildern aus der Geschichte des Christentums und anderen Religionen anregen und inspirieren zu lassen.

Ging man früher in der Religionspädagogik vom Begriff des Heiligen und des Lernens an Heiligen aus, so hat man sich in den letzten Jahren eher auf den Begriff des Vorbilds und des Vorbildlernens geeinigt. Ein Vorbild ist nach Hans Mendl, der in diesem Bereich durch sein Passauer Projekt „Local Heroes" Maßstäbe gesetzt hat, „eine Person, die wegen ihrer besonderen Eigenschaft in der moralischen Handlung zum persönlichen Leitbild gewählt wird. Sie regt den eigenen Lebensentwurf an und dient zur Nachahmung und Identifikation" (Mendl 2005, 39). Das Lernen am Vorbild bzw. das Vorbildlernen als didaktisches Prinzip stärkt also die Fähigkeit, vorbildliche Handlungen und Charaktereigenschaften zu erkennen und diese sich auch im eigenen Leben anzuverwandeln. Es besteht aber auch die Möglichkeit, Kritik am Vorbild zu üben in dem Sinne, dass hier ein nicht erreichbares Ideal als Ziel gesetzt worden ist und die individuelle eigene Persönlichkeitsentfaltung in den Hintergrund gerät. Ein Vorbild, das von einem Kind oder einem Jugendlichen bewundert und verehrt wird, beeinflusst nachhaltig dessen Verhalten, sein Handeln und sein Leben. Entsprechend hat sich im Rückgriff auf die sozialkognitive Lerntheorie von Albert Bandura (1994) der Begriff des Modell-Lernens eingebürgert. Während nämlich der Begriff des Vorbilds ein bestimmtes Verhalten in einer Situation bereits positiv konnotiert, impliziert ein Modell, wie man sich in bestimmten Situationen verhalten kann, aber nicht muss. Dieser Begriff ist also weniger normativ. In diesem Zusammenhang kann ein Modell eben auch ein problematisches Vorbild sein, das zu denken gibt. Die Möglichkeit einer kritischen Auseinandersetzung mit Vorbildern ist im Rahmen der Religionsdidaktik gegeben und gewünscht und muss einen konstitutiven Bestandteil des Religionsunterrichts ausmachen.

Als Beispiel soll die Person Dietrich Bonhoeffer dienen. Er ist kein katholischer Heiliger im klassischen Sinne, sondern ein evangelischer Theologe, der von Christen aller Konfessionen als Modell gesehen wird, von vielen sicherlich aber auch in engerem Sinne als Vorbild: Dietrich Bonhoeffer wurde am 4. Februar 1906 in Breslau geboren und starb am 9. April 1945 im Konzentrationslager Flossenburg, wo er noch kurz vor der Befreiung des Lagers durch die amerikanischen

Streitkräfte auf persönlichen Befehl Hitlers erhängt wurde. Zwischen beiden Daten erstreckt sich das kurze aber eindrucksvolle Leben eines persönlich wie politisch engagierten evangelischen Christen, über den später der anglikanische Bischof Bell gesagt hat: „Als einer aus der Gemeinschaft der Märtyrer repräsentiert er beides, den Widerstand, den die glaubende Seele im Namen Gottes allen Angriffen des Bösen entgegensetzt, und den moralischen und politischen Aufstand des menschlichen Gewissens gegen Unrecht und Gewalt" (Schlingensiepen 2006, 392).

Nach dem Studium der evangelischen Theologie in Tübingen, Rom und Berlin sowie nach Promotion und Habilitation tritt Dietrich Bonhoeffer 1933 eine Pfarrstelle der evangelischen Auslandsgemeine in London an. Von hier aus verfolgt er aufmerksam und kritisch die Veränderungen in Deutschland, die mit der Machtergreifung der Nationalsozialisten eine neue bedrohliche Dynamik bekommen haben. Gegen die Gleichschaltung der evangelischen Kirchen in Deutschland kämpft Bonhoeffer mit großer Leidenschaft, so dass er zu einer führenden Gestalt des evangelischen Widerstands wird. Vor allem durch seine Kontakte zu wichtigen Theologinnen und Theologen im Ausland und durch sein Engagement in der Pfarrausbildung prägt Bonhoeffer maßgeblich die sog. bekennende Kirche in Deutschland. Ein Angebot seiner amerikanischen Freunde, durch eine Lehrtätigkeit am Union Theological Seminary in New York ins sichere Ausland zu emigrieren, lehnt Bonhoeffer ab. Er will in Deutschland bleiben und leidet weiter mit seiner Kirche. Durch seinen Schwager Hans von Dohnany kommt er 1938 in Kontakt mit dem deutschen Widerstand und wird auch in die Pläne zur Ermordung Hitlers eingeweiht. Nach dem gescheiterten Attentat vom 20. Juli 1944 wird Bonhoeffer verhaftet und ins Militärgefängnis Tegel eingeliefert. Im Februar 1945 werden die Gefangenen wegen der schweren Bombenangriffe erst nach Buchenwald, dann nach Flossenburg verlegt, wo Bonhoeffer am 9. April noch in einem Eilverfahren kurz vor der Befreiung hingerichtet wird. Bonhoeffers Zeit im Gefängnis ist auch für Schülerinnen und Schüler heute durchaus berührend und inspirierend: Zum einen fasziniert sie die Art und Weise, wie er Gefangene in der Haft als Seelsorger betreut und diese oft bis zu deren Hinrichtung begleitet und tröstet, zum anderen entsteht in seiner Korrespondenz mit der Außenwelt ein theologisches Spätwerk, das durch die persönliche Erfahrung des Totalitarismus in seiner bittersten Konsequenz geprägt wird. In den 50 Seiten von Briefen, Ansprachen und Gebeten, die unter dem von Eberhard Bethge herausgegebenen Titel *Widerstand und Ergebung* (1994) berühmt geworden sind, finden sich jene Grundgedanken einer „Theologie für eine religionslose Zeit", die gerade wegen ihrer unbenommenen Aktualität bis heute bestechen. Hier macht Bonhoeffer ernst mit einer christologisch gestimmten Weltbejahung trotz der Macht und Gewalt des Bösen in dieser: „Ich erfahre bis zur Stunde, daß man erst in der vollen Diesseitigkeit des Lebens glauben lernt, wenn man völlig darauf verzichtet hat, aus sich selbst etwas zu machen, dann wirft man sich Gott ganz in die Arme, dann nimmt

4. Doch willst du uns noch einmal Freude schenken / an dieser Welt und ihrer Sonne Glanz, / dann woll'n wir des Vergangenen gedenken, / und dann gehört dir unser Leben ganz.

5. Lass warm und hell die Kerzen heute flammen, / die du in unsre Dunkelheit gebracht, / führ, wenn es sein kann, wieder uns zusammen! / Wir wissen es, dein Licht scheint in der Nacht.

6. Wenn sich die Stille nun tief um uns breitet, / so lass uns hören jenen vollen Klang / der Welt, die unsichtbar sich um uns weitet, / all deiner Kinder hohen Lobgesang.

7. Von guten Mächten wunderbar geborgen / erwarten wir getrost, was kommen mag. / Gott ist mit uns am Abend und am Morgen / und ganz gewiß an jedem neuen Tag.

Dietrich Bonhoeffer: Von guten Mächten wunderbar geborgen (Evangelisches Gesangbuch Nr. 65) man nicht mehr die eigenen Leiden oder die Leiden Gottes in der Welt ernst, dann wacht man mit Christus in Gethsemani und ich denke, das ist Glaube, das ist methanoia, und so wird man ein Mensch, ein Christ" (ebd., 195). Dies ist die Haltung, aus der auch jene Zeilen entstanden sind, die den meisten Schülerinnen und Schülern aus Religionsunterricht, Konfirmandenarbeit und Firmkatechese bekannt sind: „Von guten Mächten wunderbar geborgen, erwarten wir getrost, was kommen mag" (ebd. 219).

In der kritischen, aber auch anregenden Auseinandersetzung mit einer Gestalt der Kirchengeschichte wie Dietrich Bonhoeffer kann für Schülerinnen und Schüler heute deutlich werden, was es heißt, als Christ in dieser Welt ernsthaft zu leben und welche Konsequenzen damit im Extremfall verbunden sind. Zugleich liefert die Biographie Bonhoeffers mit ihren verschiedenen Stationen und Entscheidungen auch die Möglichkeit, Dilemmata wie die Frage nach Flucht oder Bleiben, nach Exil oder Widerstand neu zu diskutieren und für das eigene Leben zu bedenken.

4.5.8 Biblisches Lernen

Als Bibel (griech. biblion = Papyrusrolle) wird im Christentum die kanonisierte Sammlung heiliger Schriften bezeichnet, die von der Heilsgeschichte Gottes mit den Menschen, der Menschwerdung Gottes in Jesus von Nazareth und der Gründung der Kirche als Nachfolgegemeinschaft Jesu erzählen. Die Schriften, in denen von der Geschichte des Volkes Israel mit Jahwe erzählt wird, tragen in der christlichen Überlieferung den Titel „Altes Testament" und sind zum großen Teil auch ein wichtiger Bestandteil der jüdischen Bibel, des sogenannten TeNaK (Torah = Gesetz, Nebiim = Propheten, Ketubim = Weisheit).

Das „Neue Testament" überliefert dagegen die Erfahrungen von Menschen mit Jesus Christus, seinem Wirken in dieser Welt, seiner Verkündigung der sogenannten Reich-Gottes-Botschaft, seinem Tod und seiner Auferstehung. In allen christlichen Kirchen gilt die Bibel als Offenbarungszeugnis, was allerdings nicht bedeutet, dass sie wortwörtlich zu verstehen ist – im Sinne der sogenannten Verbalinspiration –, sondern dass die Menschen, die ihre Erfahrungen mit Gott festgehalten und in die Schrift gebracht haben, dabei vom heiligen Geist bewegt und angetrieben worden sind. In diesem Sinne unterscheidet sich das Offenbarungsverständnis im Christentum grundsätzlich von den Offenbarungsvorstellungen im Islam, die bis heute auf der Annahme beruhen, dass der Koran in arabischer Sprache wortwörtlich vom Engel Gabriel dem Propheten Muhammad diktiert worden ist.

Der Religionsunterricht kann aufgrund des fundamentalen wie elementaren Charakters der Bibel als Heiliger Schrift des Christentums nicht auf eine intensive Auseinandersetzung mit dieser verzichten. Wie die Bibel gelesen, ausgelegt und für Schülerinnen und Schüler erschlossen wird, hängt immer auch von den didaktischen Konzepten des Religionsunterrichts im Allgemeinen ab. Betrachtet man die Geschichte der Bibeldidaktik, so fällt auf, dass sich diese analog zur Geschichte der religionsdidaktischen Grundkonzeption entwickelt und entfaltet. So ist in den Zeiten des material- und formalkerygmatischen Religionsunterrichts, wie er in der Weimarer Republik und nach dem Zweiten Weltkrieg praktiziert wurde, auch eine kerygmatische Bibeldidaktik zu finden, in der es vor allem um ein monologisches Verkünden des Kerygmas, also der Frohen Botschaft im Unterricht geht. Der hermeneutische Religionsunterricht, der im Kontext der frühen 1960er Jahre erst in der evangelischen und dann auch in der katholischen Religionspädagogik Raum griff, hat entsprechend eine sogenannte hermeneutische Bibeldidaktik transportiert, bei der nun auch Erkenntnisse aus dem Bereich der Bibelwissenschaft, der Exegese, aber ebenso der Entwicklungspsychologie und der Pädagogik Aufnahme fanden.

Mit der Würzburger Synode schließlich ist so etwas wie ein Standardmodell für den katholischen Religionsunterricht gefunden worden, nämlich die Korrelationsdidaktik. Diese spiegelt sich im katholischen Bereich in der dialogischen Bibeldidaktik wider, bei der es um einen angemessenen Dialog zwischen dem heutigen Leser in seiner Erfahrungswelt und den Aussagen der biblischen Autoren im Kontext ihrer damaligen Erfahrungswelt gehen muss. Im evangelischen Bereich ist die Bewegung zurück zur Bibel und ihren Autoren im Rahmen des im Buch dargestellten Elementarisierungskonzeptes vollzogen worden, indem im Kontext der sogenannten elementaren Bibeldidaktik die Bibel selbst in ihren zentralen Aussagen und Themen zur Sprache gebracht werden soll.

In jüngster Zeit ist die Debatte geprägt von sogenannten rezeptionsästhetischen Ansätzen, die auf eine stärkere Beteiligung des Lesers und seiner Perspektive auf und in den Text profitieren wollen. So laden Methoden der performativen Bibeldidaktik dazu ein, sich intensiv, kreativ und ohne Scheu mit biblischen Texten auseinanderzusetzen.

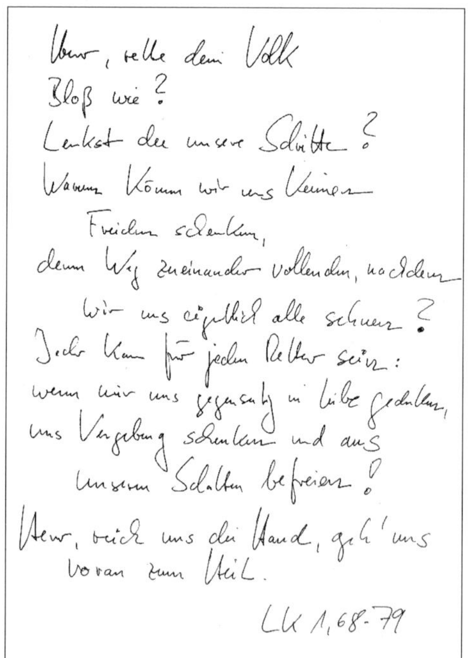
Herr, rette dein Volk
Bloß wie?
Lenkst du unsere Schritte?
Warum können wir uns keinen
Frieden schenken,
denn Weg zueinander vollenden, nachdem
wir uns eigentlich alle scheuen?
Jeder kann für jeden Retter sein:
wenn wir uns gegenseitig in Liebe gedenken,
uns Vergebung schenken und aus
unserem Schatten befreien!
Herr, reich uns die Hand, geh' uns
voran zum Heil.
Lk 1,68-79

Abb. 34: Schülerarbeit aus einer Performativen Bibeldidaktik zu Lk 1,68-79

Dabei geht es in dem Ansatz von Ingrid Schoberth (2002) z. B. darum, dass aus den Wörtern einer biblischen Perikope ganz frei ein neuer Text gestaltet werden soll, der eigene religiöse Reflexionen und Meditationen zum Ausdruck bringen kann.

ZUSAMMENFASSUNG

Im Religionsunterricht ist zwischen den klassischen Methoden wie sie in der Schulpädagogik definiert und differenziert werden und einer spezifischen religionsdidaktischen Methodenlehre zu unterscheiden. Letztere ergibt sich aus den unterrichtlichen Prinzipien der Korrelation und Elementarisierung, da die hier verwendeten Methoden dem Vermittlungsgeschehen zwischen Lernenden und den Lerngegenständen entsprechen. Die religionsdidaktischen Methoden lassen sich in unterschiedlicher Weise kategorisieren und systematisieren. Eine gängige Gliederung ergibt sich aus den sieben Zugängen: Theologisieren mit Kindern, Ästhetisches Lernen, Symbollernen, Interreligiöses Lernen, Ethisches Lernen, Biografisches Lernen und Biblisches Lernen.

Literatur

Bandura, Albert (1994), Lernen am Modell. Ansätze zu einer sozial-kognitiven Lerntheorie, Stuttgart.

Biehl, Peter (1987), Symbole. In: Böcker, Werner et al. (Hg.), Handbuch religiöser Erziehung, Düsseldorf, 481–494.

Biehl, Peter (2002), Symbole geben zu lernen. Einführung in die Symboldidaktik anhand der Symbole Hand, Haus und Weg (Wege des Lernens Bd. 6), Neukirchen.

Bonhoeffer, Dietrich ([15]1994), Widerstand und Ergebung, Gütersloh.

Bucher, Anton (2002), Kindertheologie: Provokation? Romantizismus? Neues Paradigma? In: Bucher, Anton et al. (Hg.), „Mitten drin ist Gott". Kinder denken nach über Gott, Leben und Tod. Jahrbuch für Kindertheologie 1, Stuttgart, 9–27.

Englert, Rudolf (1993), Die Korrelationsdidaktik am Ausgang der Epoche. Plädoyer für einen ehrenhaften Abgang. In: Hilger, Georg/Reilly, George (Hg.), Religionsunterricht im Abseits?, München, 97–110.

Hemel, Ulrich (2000), Ermutigung zum Leben und Vermittlung religiöser Kompetenz – Ziele des Religionsunterrichts in der postmodernen Gesellschaft. In: Angel, Hans-Ferdinand (Hg.), Tragfähigkeit der Religionspädagogik, Graz/Wien/Köln 2000, 63–76.

Hilger, Georg (2010), Ästhetisches Lernen. In: Hilger, Georg/Leimgruber, Stephan/Ziebertz, Hans-Georg, Religionsdidaktik. Ein Leitfaden für Studium, Ausbildung und Beruf, München, 434–443.

Hilger, Georg/Ritter, Werner H. (2006), Religionsdidaktik Grundschule. Handbuch für die Praxis des evangelischen und katholischen Religionsunterrichts, München.

Hull, John M. (1997), Wie Kinder über Gott reden. Ein Ratgeber für Eltern und Erzieher, Gütersloh.

Kropac, Ulrich (2006), „Kindertheologie": eine neue Formel auf dem Prüfstand. In: Katechetische Blätter 131, 86–92.

Kuld, Lothar/Schmid, Bruno (Hg.) (2001), Lernen aus Widersprüchen. Dilemmageschichten im Religionsunterricht, Donauwörth.

Lähnemann, Johannes (2002), Türen öffnen – Interreligiöses Lernen als Herausforderung. In: Katechetische Blätter 127, 397–401.
Leimgruber, Stefan (2007), Interreligiöses Lernen. Neuausgabe. München.
Martens, Ekkehard (1999), Philosophieren mit Kindern. Eine Einführung in die Philosophie, Stuttgart.
Martens, Ekkehard (2003), Kinderphilosophie und Kindertheologie. Familienähnlichkeiten. In: Bucher, Anton et al. (Hg.), „Kirchen sind ziemlich christlich", Erlebnisse und Deutungen von Kindern. Jahrbuch für Kindertheologie 4, Stuttgart 2003, 12–28.
Mendl, Hans (2005), Lernen an (außer-)gewöhnlichen Biografien. Religionspädagogische Anregungen für die Unterrichtspraxis, Donauwörth.
Meyer, Hilbert (^{4}2009), Leitfaden Unterrichtsvorbereitung, Berlin.
Oberthür, Rainer (1995), Kinder und die großen Fragen. Ein Praxisbuch für den Religionsunterricht, München.
Oberthür, Rainer (1998), Kinder fragen nach dem Leid und Gott. Lernen mit der Bibel im Religionsunterricht, München.
Oberthür, Rainer (2006), Wo ist das Kind, das ich gewesen? In: Katechetische Blätter 131, 82–85.
Rahner, Karl (1966), Gedanken zu einer Theologie der Kindheit. In: Ders., Schriften zur Theologie, Bd. 7, Einsiedeln, 313–329.
Sajak, Clauß Peter (Hg.) (2010), Trialogisch Lernen. Bausteine für die interkulturelle und interreligiöse Projektarbeit, Seelze.
Sajak, Clauß Peter (Hg.) (2012a), Gotteshäuser. Entdecken – Deuten – Gestalten. Erarbeitet von Dorothee Herborn, Clauß Peter Sajak, Nils-Holger Schneider und Bernadette Schwarz-Boenneke, Paderborn.
Sajak, Clauß Peter (2012b), Die Jungfrau züchtigt den Jesusknaben vor drei Zeugen. In: Michalke-Leicht, Wolfgang/Sajak, Clauß Peter (Hg.): „Vernünftig glauben". Foliensammlung zum Arbeitsbuch für den katholischen Religionsunterricht der gymnasialen Oberstufe, Paderborn, 74.
Sajak, Clauß Peter (2018), Interreligiöses Lernen, Darmstadt.
Sajak, Clauß Peter: „Sind wir doch selber/Fast wie Gerüchte von Untaten" (Bertolt Brecht). Die Geschichten von Flüchtlingen erschließen. Ein fächerübergreifendes Unterrichtsvorhaben zur Exillyrik. In: Büttner, Gerhard/Mendl, Hans/Reis, Oliver/Rose, Hanna (Hg.): Narrativität. Jahrbuch für konstruktivistische Religionsdidaktik 7, Babenhausen, 162–174.
Schlingensiepen, Ferdinand (2006), Dietrich Bonhoeffer. 1906–1945. Eine Biographie, München.
Schmid, Bruno (2004), Ethisch handeln lernen. Grundlagen der Moralpädagogik. In: RU heute H. 3/32, 4–9.
Schweitzer, Friedrich (2003), Was ist und wozu Kindertheologie? In: Bucher, Anton et al. (Hg.), „Mitten drin ist Gott". Kinder denken nach über Gott, Leben und Tod. Jahrbuch für Kindertheologie 1, Stuttgart, 9–27.
Seckler, Max (^{2}2000), Theologie als Glaubenswissenschaft. In: HFTh, Bd. 4, Stuttgart, 179–241.
Weidinger, Norbert (^{2}2004), Symboldidaktik – Auslauf- oder Zukunftsmodell? In: Noormann, Harry/Becker, Ulrich/Trocholepczy, Bernd (Hg.), Ökumenisches Arbeitsbuch Religionspädagogik, Stuttgart, 145–160.

10 Arbeitsblatt

4.5 Die methodische Kompetenz

Vergewisserung

Nicht nur Feuer und Wasser, sondern auch der Wind ist ein in der Bibel häufig verwendetes Symbol. Suchen Sie im Alten und Neuen Testament Textstellen, in denen dem Wind zentrale Bedeutung zukommt (kleiner Tipp: Wie wäre es mit 1 Kön 19,4–13a oder Apg 2,1–13?). Interpretieren Sie diese Textstellen mit Hilfe des X-Y-Z-Schemas von Heinrich Ott.

Vertiefung

1. **Betrachten Sie die abgebildete Figur und überlegen Sie, was Menschen mit dem Symbol des Schutzengels verbinden.**
2. **Nennen Sie weitere Gegenstände, die nach Ihrer Erfahrung von Menschen in ihrem Alltag als Symbol für etwas verwendet werden und erklären Sie den jeweiligen Verweischarakter des Gegenstandes.**

4.6 Die diagnostische Kompetenz: Fähigkeit zur Erhebung und Beurteilung von Schülerkompetenzen

4.6.1 Kompetenzentwicklung verlangt Übung, Diagnose und Evaluation

Ein Unterricht, der an den Kompetenzen von Schülerinnen und Schülern, also an ihren kognitiven Problemlösefertigkeiten und den damit verbundenen motivationalen, volitionalen und sozialen Bereitschaften orientiert ist, bekommt eine neue didaktische Ausrichtung und Akzentsetzung. Diese Neuorientierung ist zwar abhängig vom jeweiligen fachdidaktischen Kompetenzmodell des konkreten Unterrichtsfaches, sie weist aber fächerübergreifend gemeinsame Strukturelemente auf. Im Bereich der Unterrichtsziele hat sich inzwischen zum einen „eine Beschränkung auf die kognitive Dimension von Kompetenzen durchgesetzt", so dass Bildungsstandards „zu einer kognitiven Orientierung des Unterrichts" (Abs 2009, 223f.) beitragen werden. Zum anderen bekommen Unterrichtsziele einen linearen Charakter, da sie sich als Standards nun auf progressiv aufgebaute Niveaustufen beziehen müssen. „In diesem Sinne können Standards als Beitrag zu einer Didaktik kumulativen Lernens aufgefasst werden" (ebd., 224). Was die Unterrichtsgestaltung angeht, so haben die bisherigen unterrichtspraktischen Publikationen des von Bund und Ländern finanzierten Instituts für Qualitätsentwicklung im Bildungssystem Berlin (IQB) im Bereich der Mathematik eine Perspektive eröffnet, wie ein kompetenzorientierter Unterricht mit entsprechender Evaluation aussehen könnte (vgl. Blum et al. 2006). Die Analyse dieser Handreichung macht deutlich, dass eine Fokussierung auf diagnostische Instrumente, die Eröffnung unterschiedlicher Lern- und Lösungswege und die Etablierung einer positiv-affirmativen Fehlerkultur Referenzpunkte einer neuen Unterrichtsgestaltung sein werden. – Inwieweit sich eine solche offene Unterrichtsanlage und die gewünschte positive Fehlerkultur allerdings in einem Schulsystem entfalten kann, das immer mehr von schulbezogenen, länderspezifischen und sogar länderübergreifenden Parallel- oder Vergleichsarbeiten „eingeschnürt" wird, ist eine ganz andere, aber wichtige Frage.

Die Publikation von Werner Blum und den anderen Autoren des IQB liefert u.a. eine Liste von Aufgabentypen, die sicherlich auch über den Mathematikunterricht hinaus zur Überprüfung von Standards vorstellbar sind, so z.B. auch im Ethik- oder im Religionsunterricht (vgl. Herget 2006):

- Ergänzungs- und Einsetzaufgaben, wie z.B. das Ergänzen von Rechenzeichen in Gleichungen
- Ankreuz- und Multiple-Choice-Aufgaben, wie z.B. das Indizieren von Alternativen in Formelauflösungen
- Aus Fehlern lernen – Falsches begründet richtig stellen, wie z.B. die Korrektur von falschen Schülerlösungen

- Darstellungen verstehen und Ergebnisse darstellen, wie z. B. die Analyse und Interpretation von Balken- oder Kreisdiagrammen
- Selbst Aufgaben stellen lassen, z. B. als Aufgabenvorschlag zu einer Grafik aus der Zeitung
- Foto-Fragen, wie z. B. die mathematische Bearbeitung von Gebäude- oder Möbelfotos

Unabhängig von ihrem Typ müssen alle Aufgaben, so sie denn in einem sinnvollen didaktischen Arrangement zur Kompetenzüberprüfung eingesetzt werden sollen, klassifiziert werden, d. h. sie müssen einem Zweijahreszeitraum, einer Leitidee, den hier messbaren Kompetenzen und einem Schwierigkeitsgrad/ Anforderungsbereich zugeordnet werden (vgl. Hartung 2006). Hilfreich für die Praxis sind zudem ein Erwartungshorizont und ein didaktischer Kommentar für die Lehrkräfte. Unabhängig vom Typ können alle Kompetenzaufgaben verschiedene Rollen einnehmen, nämlich als „Testaufgaben" zur Leistungsüberprüfung oder aber als „Lernaufgaben" zur Kompetenzförderung im Unterricht. Im ersten Fall müssen die Aufgaben ohne externe Unterstützung verstehbar und individuell bearbeitbar sein, im zweiten Fall sollten vor allem Anregungsgehalt und Lernpotenzial im Fokus stehen (vgl. Blum 2006).

4.6.2 Aufgaben für einen kompetenzorientierten Religionsunterricht

Vergleicht man diesen Typenkatalog mit Aufgabenstellungen zur Kompetenzüberprüfung im Religionsunterricht, wie sie im Entwurf des Comenius-Instituts und in verschiedenen Schulbuchmaterialien (Bosold/Michalke-Leicht; Michalke-Leicht/Sajak) entwickelt worden sind, stellt man durchaus Kongruenzen fest. So findet man auch hier:

- Ergänzungsaufgaben, in denen z. B. die arabischen Fachbegriffe der Abbildung eines Moschee-Innenraums zugeordnet werden sollen
- Ankreuz- und Multiple-Choice-Aufgaben, in denen z. B. das Textverständnis der Beispielerzählung vom Barmherzigen Samariter (Lk 10,25–37) mit Multiple-Choice-Items überprüft wird
- Fehleraufgaben, in denen z. B. nicht-koschere Gerichte von der Speisekarte eines jüdischen Restaurant gestrichen werden sollen
- Verstehens- und Darstellungsaufgaben, in denen z. B. Detailfotos eines gotischen Westportals oder ein moderner Christmas-Song von Bryan Adams analysiert und interpretiert werden
- Selbst-Aufgaben, in denen z. B. Fragen zum Leben der Christen im frühen Rom formuliert und Mitschülern zur Beantwortung zugeteilt werden
- Fotoaufgaben, in denen z. B. das Zoombild eines Kirchenraums beschrieben wird

Auch für Aufgaben im Fach Evangelische oder Katholische Religion gilt natürlich, dass sie einem bestimmten Lernzeitraum zugeordnet werden müssen – in den Bundesländern, die bereits Standards in Evangelischer und Katholischer Religion erarbeiten lassen, hat sich die Gliederung in den Zweijahresrhythmen Klasse 2, 4, 6, 8 und 10 durchgesetzt (so z. B. in Baden-Württemberg, Nordrhein-Westfalen und Rheinland-Pfalz). Problematisch ist im Fach Religion bisher die Zuordnung von Schwierigkeitsgraden bzw. Anforderungsbereichen. Weder die Richtlinie der Deutschen Bischöfe noch das Konzept des Comenius-Instituts liefern solche Kategorisierungen, wohl auch, weil man die Passung von erwarteten Ergebnissen auf unterschiedliche Kompetenzstufen verständlicherweise den für den Implementationsprozess zuständigen Länder- bzw. Kircheninstituten überlassen will. In Baden-Württemberg aber hat das Institut für Religionspädagogik der Erzdiözese Freiburg zusammen mit dem Landesinstitut für Schulentwicklung in Stuttgart schon für den Bildungsplan 2004 sogenannte „Niveaukonkretionen" für die Kompetenzüberprüfung in den einzelnen Themenfeldern des Bildungsplanes herausgegeben. Sie sollen den Unterrichtenden eine Orientierung geben, welche Kompetenzstufen mit Blick auf Diagnose und Bewertung bei Schülerinnen und Schülern identifiziert werden können. So heißt es z. B. über die zu erwartenden Kompetenzen im Themenfeld „Christentum am Anfang" (Landesserver 2006):

Niveaustufe A
Die Schülerinnen und Schüler kennen die Wandlung des Paulus vom Verfolger der Christen zum Christen (Damaskuserlebnis) und können wichtige Beiträge des Paulus für die Entwicklung und Ausbreitung des Christentums nennen: Mission unter Juden und Nichtjuden, Gemeindegründungen.

Niveaustufe B
Sie erläutern zusätzlich die Tätigkeiten des Paulus als Missionar und Gemeindegründer anhand exemplarischer Ereignisse aus seinem Leben, z. B. Paulus in Ephesus, Korinth oder Athen.

Niveaustufe C
Sie kennen weiterhin die Konflikte, die zum Apostelkonzil geführt haben, und können aufzeigen, wie u. a. durch die Tätigkeit des Paulus das Christentum aus dem Judentum herauswächst

Dass solche Niveaukonkretisierungen doch recht vage bleiben und sich letztendlich auf einen rein quantitativen Lernzuwachs beschränken, zeigt, wie wenig dieses Instrument bisher den wissenschaftlichen Ausdifferenzierungen der empirischen Lern- und Unterrichtsforschung entspricht.

Was für Mathematik und alle anderen KMK-Fächer gilt, ist auch in Evangelischer, Islamischer, Jüdischer und Katholischer Religionslehre zu bedenken. Alle Aufgaben und die mit ihnen verbundenen Elemente können immer sowohl als prozessdiagnostisches Instrument eingesetzt werden – dann sind sie „Lernaufgaben“ in einer Unterrichtsphase oder am Ende einer Lernsequenz – oder aber als evaluatives Statusinstrument zur Leistungsüberprüfung – dann sind sie „Testaufgaben“ eines notenrelevanten Tests, einer Klassenarbeit oder sogar einer Jahrgangsabschlussprüfung. Ob letzteres ein für den Religionsunterricht wünschenswertes und praktikables Instrument darstellt, ist eine andere Frage.

L

Exkurs: Leistungsmessung im Religionsunterricht?
Aus schulrechtlicher Perspektive ist die Beurteilungsfrage im Religionsunterricht klar: Als „ordentliches Lehrfach“ gemäß GG Art. 7 Abs. 3 gelten für den Religionsunterricht die gleichen rechtlichen Regularien wie für alle anderen ordentlichen und damit versetzungsrelevanten Fächer im Kanon der Schule. Die Leistung einer Schülerin bzw. eines Schülers muss im Rahmen eines Bewertungsabschnitts mit einer schriftlichen und mündlichen Teilnote bezeichnet werden, wobei sich die einzelnen Kultussysteme darin unterscheiden, wie diese Teilleistungen gemessen und erhoben werden. Aus juristisch-administrativer Sicht stellt sich also die Frage nach der Legitimität von Beurteilung durch Benotung im Religionsunterricht überhaupt nicht. Die tägliche Schulpraxis aber zeigt, dass Beurteilung und Benotung in der Realität des konkreten Religionsunterrichts dann doch nicht einfach und unstrittig ist. Neben der irrigen, aber oft artikulierten Vorstellung, der Religionsunterricht habe auch Dimensionen wie das außerschulische religiöse Engagement oder gar die Rechtgläubigkeit zu berücksichtigen, tritt häufig das Phänomen einer wohlwollenden und affirmativen Benotung durch Unterrichtende, die mit dem Notenspektrum von sehr gut bis gut auskommt. Eine solche Praxis hat aber direkte Auswirkung auf den Status des Faches als „ordentliches Lehrfach“, die im besten Fall Schmunzeln im Kollegium auslöst, im schlimmsten Fall aber zur Ablehnung des Fachs durch die Kolleginnen und Kollegen wie auch der Schulleitung führen kann. Es ist offensichtlich, dass eine „ordentliche“ Benotung als Beurteilung von Schülerleistungen Voraussetzung dafür ist, dass der Religionsunterricht im Kontext von Schule ernstgenommen und wertgeschätzt wird. Schließlich wollen zum einen Schülerinnen und Schüler in ihrem Selbstwertgefühl ernstgenommen werden, zum anderen wollen Kolleginnen und Kollegen nicht die von ihnen verteilten Noten durch die Religionsnote aufgehoben oder sogar konterkariert sehen (vgl. Hilger 2008, 54 f.).

Wie aber umgehen mit der Problematik der Beurteilung in einem Fach, in dem es um die Botschaft von Umkehr, Vergebung und voraussetzungsloser Liebe geht, in dem die Umkehrung der irdischen Maßstäbe erschlossen und eine neue, ganz andere Form von Gerechtigkeit aufgezeigt wird? Zwei Antwortversuche:

1. Mit Blick auf das Proprium des Religionsunterrichts muss klar sein, dass es Phasen und Räume im Unterricht geben muss, die frei von Beurteilung und Benotung sind. Wenn es um Ritual, Gebet oder Gottesdienst geht oder um eine offene Diskussion über Glaubensvorstellungen und persönliche Positionen, darf es auf keinen Fall notenrelevante Beurteilungen

geben. Der Religionsunterricht als „ordentliches Lehrfach“ ist kein Gesinnungsfach!
2. Mit Blick auf die Bezugsnormen der Note muss vor allem der subjektive Lernfortschritt den Referenzrahmen für die konkrete Schülernote liefern (= subjektbezogene Norm). Natürlich sind auch die anderen beiden Bezugsnormen – die Korrektheit der Aufgabenlösung (= kriteriale Norm) und das Verhältnis zu den anderen Lernenden bzw. die Position in der Lerngruppe (= soziale Norm) – zu berücksichtigen. Bei Abwägung der drei Referenzen sollte aber der individuelle Lernfortschritt der Schülerin bzw. des Schülers ein besonderes Gewicht haben. Hier haben gerade Religionslehrerinnen und -lehrer vor dem Hintergrund einer entsprechenden theologischen Begründung die Chance, das im Schulalltag konkret werden zu lassen, was viele Erziehungswissenschaftler (vgl. verschiedene Positionen bei Winter 2008, 3f.) für die Notengebung allgemein fordern: „Den Lernfortschritt und die Lernleistung des Einzelnen sorgfältig wahrzunehmen und mit ihm zu reflektieren, ist pädagogisch unverzichtbar im Hinblick auf die Lernmotivation und im Hinblick auf das, was die jeweilige Person für ihre Entwicklung braucht und was ihrer Subjektwerdung dient“ (Hilger 2008, 52).

Eine solche Kultur der Beurteilung, in der zum einen die Benotung nicht die Gesamtheit des Unterrichts betrifft, sondern in der es Freiräume des liturgischen, mystagogischen und ethischen Lernens gibt, und in der zum anderen Schülerinnen und Schüler individuell und kreativ ihre Lernfortschritte dokumentieren und vorstellen können, bedarf neuer, nämlich offener und individueller Formen der Leistungsmessung.

4.6.3 Instrumente für Diagnostik und Evaluation im Religionsunterricht

Es ist mit Blick auf das Fach Mathematik oben bereits ausgeführt worden, dass die konsequente Umgestaltung der Unterrichtskultur mit dem Ziel des kompetenzorientierten Lernens und Lehrens mit großer Wahrscheinlichkeit „zu einer kognitiven Orientierung des Unterrichts“ (Abs 2009, 223f.) und zu einem Primat des kumulativen Lernens führen wird, der durch entsprechend linear-progressiv eingezogene Standardüberprüfungen gesichert werden soll. Das ist für einen konfessionellen Religionsunterricht, der anders als Mathematik auch wesentliche Bildungs- und Erziehungsziele im Bereich des ethischen und sozialen Lernens sowie im Bereich des Glaubenslernens anstrebt, eine ernsthafte Problemstellung. Zwar sagen z.B. die deutschen Bischöfe deutlich, dass zum Religionsunterricht essentiell neben „inhaltliche(n) Anforderungen“ und „fachrelevanten Kompetenzen“ auch die Förderung von „Haltungen und Einstellungen“ (vgl. Sekretariat der deutschen Bischofskonferenz 2004, 9 u.ö.) gehört, doch könnte eine konsequente Orientierung am Paradigma der Bildungsstandards genau zu jener „Verkopfung“ und kognitiven Engführung leiten, die alle anderen „weichen“ Bildungsziele verdrängt. Ganz praktisch stellt sich dann nämlich die Frage, wie ein Unterricht, der auf die spätestens alle zwei Jahre durchgeführten zentralen Leistungsüberprüfungen in Religion vorbereiten will, überhaupt noch Raum und

Zeit für Lernerlebnisse jenseits der dichten, aus den Gegenstandsbereichen entstehenden Kerncurricula finden kann. Und: Sollte der Religionsunterricht wirklich Teil eines Systems von zunehmender administrativer Kontrolle und Evaluation werden, oder sollte er nicht vielmehr auch einen Freiraum im Kanon der Fächer bieten, in dem Schülerinnen und Schüler gerade den „Mehrwert des Übernützlichen" in einer Zeit der Funktionalisierung kennenlernen?

Auch hier kann ein Blick auf die fortgeschrittene Entwicklung in Baden-Württemberg hilfreich sein: Obwohl gerade dieses Bundesland eine lange und bewährte Tradition in zentralen Lernstandskontrollen (Diagnose- und Vergleichsarbeiten/zentrale Abschlussprüfungen in Haupt- und Realschule/Zentralabitur) hat, haben sich die für den Religionsunterricht Verantwortlichen in den beiden (Erz-)Diözesen und Landeskirchen nach intensiver Diskussion vorerst dafür entschieden, im evangelischen und katholischen Religionsunterricht auf das Instrument der im Zweijahresrhythmus verpflichtend durchzuführenden Vergleichsarbeiten zu verzichten und somit nicht dem Beispiel der Kernfächer und der Naturwissenschaften zu folgen (vgl. Michalke-Leicht 2007, 249f.). Stattdessen wird den Schulen eine ganze Palette von Instrumenten empfohlen, mit denen Lehrerinnen und Lehrer die Kompetenzen ihrer Schülerinnen und Schüler evaluieren können, ohne zum einen in das Korsett von Teach-to-the-test gezwängt zu werden und ohne zum andern einer zu starken Konzentration auf die allein kognitive Dimension von Unterricht zuzuarbeiten. Diese Instrumente sind:

- Cahier – ein kleines Heft, das Schülerinnen und Schüler zu einer Unterrichtssequenz oder -einheit anlegen (z. B. ein eigenes Begleitheft zu einer Ganzschriftlektüre)
- Portfolio – eine Mappe zur Sammlung von Lernprodukten bzw. zur Dokumentation des Lernfortschritts einer Schülerin/eines Schülers über einen bestimmten Lernzeitraum
- Fragebogen – Befragung der Schülerinnen und Schüler (z. B. auch zu Fragen des sozialen und ethischen Lernens)
- Wettbewerb – projektbezogene Aufgabenlösung in spielerischer Konkurrenz zu anderen Schülergruppen (z. B. durch Teilnahme an Zeitungs- oder Stiftungswettbewerben)
- Kreative Aufgaben – problembezogene Aufgabenstellung mit stark handlungsbezogener Ausrichtung (z. B. das Drehen eines Films über die Arbeit der Sozialstation in der Nachbarschaft der Schule)

Gerade die Beispiele lassen erahnen, dass solche Formen der Kompetenzüberprüfung und Leistungsmessung dem spezifischen Charakter des Religionsunterrichts nicht schaden, sondern vielmehr ein Agens der Unterrichts- wie Schulentwicklung sein können.

ZUSAMMENFASSUNG

Die Ausrichtung an den Kompetenzen der Schülerinnen und Schüler verlangt auch im Religionsunterricht eine neue Kultur der Evaluation und Rückmeldung, um Fähigkeiten und Fertigkeiten diagnostizieren und entsprechend weitereinüben und weiterentwickeln zu können. Eine solche Kultur der Beurteilung, in der zum einen die Benotung nicht die Gesamtheit des Unterrichts betrifft, sondern in der es Freiräume des liturgischen und ethischen Lernens gibt, und in der zum anderen Schülerinnen und Schüler individuell und kreativ ihre Lernfortschritte dokumentieren und vorstellen können, bedarf neuer Formen der Leistungsmessung.

Literatur

Abs, Hermann Josef (2009), Standards schulischer Bildung. In: Anders, Sabine et al. (Hg.), Handwörterbuch Pädagogik der Gegenwart, Weinheim, 618–633.

Blum, Werner (2006), Die Bildungsstandards Mathematik. Einführung. In: Blum, Werner et al. (Hg.) (2006), Bildungsstandards Mathematik: konkret. Sekundarstufe I: Aufgabenbeispiele, Unterrichtsanregungen, Fortbildungsideen, Berlin, 14–32.

Blum, Werner/Drüke-Noe, Christina/Hartung, Ralph/Köller, Olaf (Hg.) (2006), Bildungsstandards Mathematik: konkret. Sekundarstufe I: Aufgabenbeispiele, Unterrichtsanregungen, Fortbildungsideen, Berlin.

Hartung, Ralph (2006), Zur Entstehung der Aufgaben. In: Blum, Werner et al. (Hg.) (2006), Bildungsstandards Mathematik: konkret. Sekundarstufe I: Aufgabenbeispiele, Unterrichtsanregungen, Fortbildungsideen, Berlin, 226–237.

Herget, Wilfried (2006), Typen von Aufgaben. In: Blum, Werner et al. (Hg.) (2006), Bildungsstandards Mathematik: konkret. Sekundarstufe I: Aufgabenbeispiele, Unterrichtsanregungen, Fortbildungsideen, Berlin, 178–193.

Hilger, Georg (2008), Religionsunterricht zwischen Leistungsmessung und Wirkungsüberprüfung. In: Religionsunterricht an höheren Schulen 51, 51–60.

Landesserver Baden-Württemberg (2006): http://www.bildung-staerkt-menschen.de/unterstuetzung/schularten/Gym/niveaukonkretisierungen/kR/@niveau.2006-08-31.4990534250

Michalke-Leicht, Wolfgang (2007), Bildungsstandards und Evaluation. Ein Blick nach Baden-Württemberg. In: Sajak, Clauß Peter (Hg.), Bildungsstandards für den Religionsunterricht – und nun? Perspektiven für ein neues Instrument im Religionsunterricht, Münster, 237–259.

Michalke-Leicht, Wolfgang (2008), Leistungsmessung – Hilfestellung für den Religionsunterricht. In: Religionsunterricht an höheren Schulen 51, 84–93.

Sajak, Clauß Peter (2008), Standardüberprüfung in Religion? Ein kompetenzorientierter Religionsunterricht verlangt neue Formen der Leistungsbeurteilungen. In: Religionsunterricht an höheren Schulen 51, 76–83.

Sekretariat der Deutschen Bischofskonferenz (Hg.) (2004), Kirchliche Richtlinien zu Bildungsstandards für den katholischen Religionsunterricht in den Jahrgangsstufen 5–10/ Sekundarstufe (Mittlerer Bildungsabschluss) (Die deutschen Bischöfe 78), Bonn.

11

Arbeitsblatt

4.6 Die diagnostische Kompetenz

Vergewisserung

1. Überprüfen Sie an einem Unterrichtswerk für das Fach Religion Ihrer Wahl, welche im Text genannten Aufgabenformen sich dort finden lassen und mit welcher Häufigkeit sie jeweils vertreten sind.
2. Diskutieren Sie, ob die in diesem Unterrichtswerk verwendeten Aufgaben den in unserem Buch genannten Kriterien einer neuen Aufgabenkultur für den kompetenzorientierten Unterricht entsprechen.

Vertiefung

Besonders das Portfolio erfreut sich als neue alternative Evaluationsform großer Beliebtheit. Recherchieren Sie, welche Bausteine und Elemente zu einem Schülerportfolio für den Religionsunterricht gehören sollten und erstellen Sie auf einem DIN-A4-Blatt eine Zusammenfassung für Ihre Kolleginnen und Kollegen, in der das Wichtigste zu dieser Evaluationsform aufgeführt ist.

4.7 Die professionale Kompetenz: Fähigkeit zur Entwicklung einer Balance von gelebter und gelehrter Religion

4.7.1 Die Grundfigur der professionellen Balance

Mit Balance wird in der Professionstheorie die reflektierte und gestaltete Spannung zwischen der eigenen Lehrerbiographie mit ihren individuellen professionellen Motivationen, Definitionen und Intentionen auf der einen und der pädagogisch reflektierten und verantworteten Unterrichtspraxis auf der anderen Seite verstanden. Diese beiden Pole werden auch als *Lebenserfahrung* und *Lebenswissen* bezeichnet: *Lebenserfahrung* als Oberbegriff für das, was Lehrerinnen und Lehrern aus ihrer Biographie heraus wichtig geworden ist, und *Lebenswissen* als das, was Lehrkräfte aus einer reflektierten didaktischen Perspektive für ihre Schülerinnen und Schüler als wichtig erachten. Dabei ist immer die Autonomie von Schülerinnen und Schülern zu wahren: Wo nämlich Lehrerinnen und Lehrer die Balance zwischen eigenem Anliegen und der Autonomie ihrer Schülerinnen und Schüler verlieren, droht das pädagogische Verhältnis insgesamt zu scheitern – das sogenannte „Überwältigungsverbot" in der Pädagogik gilt deshalb nicht nur für den Politik-Unterricht.

Diese Erkenntnis ist auch im hohen Maße für den Religionsunterricht relevant, in dem die religiöse Lebenswelt von Unterrichtenden und ihrer Schülerinnen und Schüler in der Regel in einer deutlichen Spannung steht. Religionspädagogisch gesprochen, geht es also um die *Balance von gelebter und gelehrter Religion* – ein Begriffspaar von Andreas Feige –, das in der inzwischen einschlägigen empirischen Studie über die „‚Religion' von ReligionslehrerInnen" als konstitutiv für das Gelingen des Berufs der Religionslehrerin bzw. des Religionslehrers identifiziert worden ist (vgl. Dressler 2002).

4.7.2 Die Berufszufriedenheit von Religionslehrerinnen und -lehrern

An der Vielzahl der Untersuchungen, die im Bereich der empirischen Religionspädagogik in den letzten Jahren unternommen worden sind, haben Studien zu Profession und zum Selbstverständnis von Religionslehrerinnen und -lehrern inzwischen einen nicht unerheblichen Anteil. Von besonderer Bedeutung ist in diesem Zusammenhang die von Andreas Feige (Braunschweig) und Bernhard Dressler (Marburg) verantwortete Studie *„Religion" bei ReligionslehrerInnen*, in der über 2100 evangelische Kolleginnen und Kollegen in Niedersachsen über ihr berufliches Selbstverständnis und ihre unterrichtlichen Zielvorstellungen Auskunft gegeben haben (vgl. Feige et al. 2000). Bereits in dieser ersten großen Untersuchung zur Profession von Religionslehrerinnen und -lehrern wurde deutlich, dass Religionslehrerinnen und -lehrer – trotz eines durch Säkularisierung und Entkirchlichung geprägten Handlungsfeldes – ihrer beruflichen Tätigkeit mit Engagement und Zufriedenheit nachgehen, wohl auch, weil sie zur Reflexion und Bearbeitung ihrer schwierigen Aufgabenstellung in der Lage sind und als Vermittler zwischen der Lebenswirklichkeit der Schülerinnen und Schüler auf der einen und der anspruchsvollen Komplexität der christlichen Botschaft auf der anderen Seite auftreten können. Das Design dieser Studie ist in der Folge von einer interkonfessionellen Forschungsgruppe unter der Leitung von Andreas Feige und Werner Tzscheetzsch (Freiburg) für die Religionslehrerinnen und -lehrer beider christlichen Konfessionen modifiziert worden. Im Rahmen von *„Religion" bei ReligionslehrerInnen in Baden-Württemberg* wurden im Herbst 2002 in einer repräsentativen Stichprobe evangelische wie katholische Religionslehrerinnen und -lehrer in diesem Bundesland mit einem modifizierten Fragebogen um Auskunft gebeten. Die Ergebnisse dieser Erhebung und eine Reihe von qualitativen Interviewinterpretationen sind in zwei Bänden der Öffentlichkeit vorgestellt worden (vgl. Feige et al. 2005; Feige/Dressler/Tzscheetzsch 2006).

Trotz spezifischer regionaler Unterschiede kommen beide Studien zu dem Ergebnis, dass Religionslehrerinnen und -lehrer in hohem Maße zufrieden mit ihrem Beruf sind und sich in der Regel im Rahmen von schulpastoralen Aufgabenstellungen in der Schule überdurchschnittlich engagieren. Das gilt zumindest für die Kolleginnen und Kollegen, die sich an der Studie beteiligt und den Fragebogen bearbeitet haben, nämlich 53 % aller Befragten (also über 2000 von rund 4000 Kolleginnen und Kollegen). Wie lässt sich diese Berufszufriedenheit derer erklären, die gern Religion unterrichten und die sich auch im Rahmen des Forschungsdesigns dazu erklärt haben? Zusammengefasst kann man sagen, dass sich die Zufriedenheit der Religionslehrerinnen und -lehrer in Niedersachsen wie Baden-Württemberg (und übrigens auch in Österreich, vgl. Bucher/Miklas 2005) auf drei Elemente religionspädagogischer Professionalität zurückführen lässt:

1. Die Nutzung religionspädagogischer Unterstützungssysteme

Religionslehrerinnen und -lehrer können stärker als alle anderen Berufsgruppen auf Fortbildungsinstitutionen und Materialressourcen zurückgreifen. Für sie stehen ja nicht nur die in allen Schulfächern vorgehaltenen staatlichen Organe der Lehrerbegleitung und -fortbildung zur Verfügung, sondern auch die vielfältigen Angebote der bischöflichen Schulabteilung und der interdiözesanen Fortbildungsinstitute. Oft organisieren sich Religionslehrerinnen und -lehrer zudem in lokalen/regionalen Supervisionsgruppen oder kollegialen Arbeitsgemeinschaften.

2. Die Orientierung an den Adressaten und ihrer Lebenswelt

Religionslehrerinnen und -lehrer richten ihren Unterricht konsequent an ihren Adressaten aus. Wenn bei der dezidierten Untersuchung zur theologischen Profilierung des Unterrichts die konfessionellen Akzente beider Konfessionsgruppen eher bescheiden ausfallen – während allgemein-christliche Items deutlich den Unterricht bestimmen –, lässt sich dies mit der didaktischen

Professionalität der Kolleginnen und Kollegen erklären: Es ist „die entsprechend wahrgenommene Lebens- und Glaubenssituation der Schüler/innen [...], an denen sich Religionslehrerinnen und -lehrer ausrichten wollen." Wenn dem so ist, hat dies zur Konsequenz, dass für Religionslehrerinnen und -lehrer mit Blick auf ihre SchülerInnen „einige essentials hinter jenen Grundaussagen zurücktreten müssen, die von den beiden christlichen Konfessionen geteilt werden" (vgl. Feige et al. 2005, 34 f.). Dennoch bestätigt die skizzierte Auswertung des quantitativen Studienteils eine wichtige Erkenntnis der Interviewanalysen im qualitativen Teil der Untersuchung: Es gibt durchaus ein evangelisches bzw. katholisches Profil von Religionsunterricht, das sich exemplarisch im katholischen Grundanliegen einer Orientierung von Schülerinnen und Schülern im katholischen „Kosmos" von Raum und Zeit und im evangelischen Ansatz einer auf die Selbstwerdung des Einzelnen zielende ethisch-lebenskundliche Unterweisung von Schülerinnen und Schülern identifizieren lässt (vgl. Sajak 2005).

3. Die Balance von gelebter und gelehrter Religion

Weil sich die Religionslehrerinnen und -lehrer auf ihre Adressaten ausrichten, produzieren sie in ihrem schulischen Wirken eine spezifische Gestalt von Religion, die sich als „Schulreligion" von der „Gemeindereligion" unterscheidet. Diese Differenz zwischen Religion in der Gemeinde und Religion in der Schule heißt aber nicht, dass eine Distanz zwischen Kirche und Lehrern konstruierbar ist. Im Gegenteil, gerade weil Lehrerinnen und -lehrer auf missionarische oder katechetische Ansätze in der Schule verzichten, können sie die Schülerinnen und Schüler in deren Lebenswelt überhaupt noch erreichen. Das bedeutet für viele Religionslehrerinnen und -lehrer die Balance und Bearbeitung eines Spannungsverhältnisses, nämlich die Spannung zwischen gelebter und gelehrter Religion. Im Zuge der Untersuchungsauswertung wurde deutlich, dass die angestrebten Bildungsprozesse umso produktiver, lebendiger und auch authentischer werden, je unverkrampfter die Religionslehrerinnen und -lehrer dieses Spannungsverhältnis zwischen ihrer Lebenserfahrung aus gelebter Religion und ihrem Lebenswissen an gelehrter Religion bewusst gestalten und nicht negieren. Wie dies konkret aussieht, soll am folgenden Beispiel gezeigt werden.

4.7.3 Die Balance zwischen gelebter und gelehrter Religion

Die Figur der pädagogischen Balance auf das Handlungsfeld des Religionsunterrichts übertragen bedeutet, dass die religiöse Lebenserfahrung der Religionslehrerin/des Religionslehrers – also ihre religiöse Prägung, seine Motivation, ihre Glaubenspraxis – in einem reflektierten Spannungsverhältnis zu einem religiösen Lebenswissen stehen muss, das sie im Religionsunterricht an Kinder und Jugendliche weitergeben. Dieses Spannungsverhältnis entsteht durch die reflektierte Distanz zwischen eigener, biographisch anverwandelter gelebter Religion und der auf die Adressaten des Religionsunterrichts bezogenen, didaktisch reflektierten gelehrten Religion. Wohlgemerkt, Distanz im Sinne einer Spannung oder Balance – zwei Figuren, die beide darstellen wollen, dass es nicht das eine ohne das andere gibt. Die Berufszufriedenheit von Religionslehrerinnen und -lehrern ist dort besonders hoch (das lässt sich mit einer Faktorenanalyse der quantitativ erhobenen Daten zeigen, in der Zielvorstellungen, Motivationen und Zufriedenheit korreliert werden), wo es den Kolleginnen und Kollegen gelingt, eine durch eigenes Engagement und Praxis verortete persönliche Spiritualität didaktisch so zu brechen, dass ein für die Schülerinnen und Schüler hilfreiches Lebenswissen in Konfession und Religion entsteht.

Wie zeigt sich diese Figur der Balance nun in den Aussagen von Lehrenden zu ihrer Profession? Ein Beispiel aus dem qualitativen Studienteil: Die Grund- und Hauptschullehrerin Marianne Sauter – natürlich ein Pseudonym – wächst in einem engagierten katholischen Elternhaus auf: die Mutter ist eine praktizierende Katholikin, der Vater ist etwas distanzierter, beide gehören aber in das typische Gemeinde- und Verbandsmilieu der Katholischen Kirche. Marianne Sauter gehört ohne Frage in den Binnenraum gelebter katholischer Religiosität, sie durchläuft neben der elterlichen Sozialisation die typisch katholischen Agenturen der Ministranten- und Sternsingerarbeit. Über ihre heutige Religion sagt Frau Sauter (Sajak 2006, 225f.):

> Ich fühle mich schon in meiner Kirche beheimatet. Wir gehen regelmäßig in den Gottesdienst, bringen die Kinder zur Kinderkirche hin. Wenn Gemeindefest ist, dann backe ich auch 'n Kuchen. Da gehen wir dann auch hin, aber es ist jetzt nicht so, dass wir in irgendwelchen Gremien wären, weil ich mir sage: „Ich hab' Schule, ich hab' Seminar, ich hab' meine Kinder." Aber eine religiöse Erziehung möchte ich auf jeden Fall an meine Kinder weitergeben [...].

Es ist jetzt nicht so, dass wir in irgendwelchen Gremien wären ... Fast könnte man meinen, Frau Sauter pflege hier bei der Beschreibung ihrer gelebten Religion einen Bescheidenheitstopos, denn mit dieser Form der gemeindlichen Beteiligung, vor allem mit ihrem regelmäßigen Gottesdienstbesuch, gehört sie sicherlich in den Bereich der engagierten und untereinander bekannten Kerngemeinde. Und die gelehrte Religion? Zu ihrem Konzept von Religionsunterricht an der Grund- und Hauptschule sagt Frau Sauter (ebd., 227):

> Für mich ist es so, dass ich Gott als Halt und Stütze sehe, der den Menschen – wie die Erfahrungen in der Bibel zeigen – Hilfen an die Hand gibt, nämlich das Zeugnis von Menschen, die schon ihre Erfahrungen mit Gott gemacht haben. Also, dass man in den Grenzsituationen von Angst, Leid, Tod, Freude Sicherheit und Orientierung erfährt, eine Art „Getragensein". Und das ist es auch, was einem Halt gibt im Leben, was ich den Kindern in der Schule auch anbieten möchte. Ich kann das nicht vermitteln, ich kann das nicht abprüfen, ob das erreicht wurde, aber ich kann es anbieten und es ist das, was ich an meine Kinder dann weitergeben möchte [...].

Nach einer zusammenfassenden Konzeption aus dem Fundus der Religionsdidaktik gefragt, antwortet Frau Sauter abschließend (vgl. ebd., 228):

> Also, für mich wäre das ganz stark erfahrungsbezogener Unterricht. Erfahrungen der Schülerinnen und Schüler aufgreifend und die in Verbindung bringen mit Erfahrungen, die in der Bibel niedergeschrieben sind.

Frau Sauters Konzeption ihres eigenen Religionsunterrichts fügt sich in das Verhältnis, das zwischen ihrem persönlichen Glauben gelebter Religion und ihren bereits oben formulierten Zielen gelehrter Religion ausgeleuchtet werden konnte: Sie will ihren Schülerinnen und Schülern auf ihrem Lebensweg helfen, indem sie diesen den christlichen Glauben als Lebenshilfe anbietet. Um dieses Ziel zu erreichen, muss sie den Schülerinnen und Schülern transparent machen, dass ihre Erfahrungen auch bereits von den Menschen in der Bibel gemacht worden sind – und, dass diese Menschen durch eben den Glauben an Jahwe und Jesus Christus Kraft, Stärke und Unterstützung bei der Lebensbewältigung erfahren haben. Damit beschreibt Frau Sauter im Wesentlichen das didaktische Modell der Korrelation, das seit der Würzburger Synode als maßgeblicher Ansatz in der katholischen Religionspädagogik praktiziert wird – und sie zeigt eine ausgewogene Balance zwischen ihrer persönlichen, gelebten und ihrer professionell gelehrten Religion.

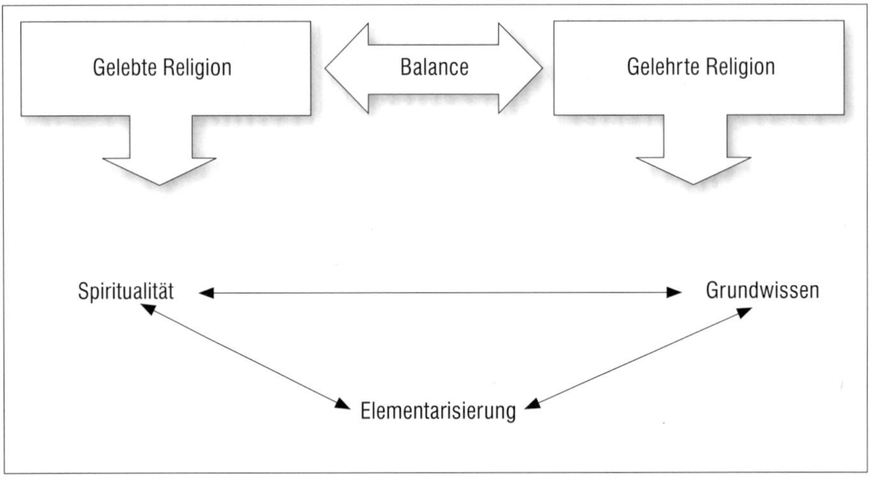

Abb. 35: Das Modell der Balance von Theologie, Didaktik und Spiritualität

4.7.4 Die Konsequenzen für die religionspädagogische Aus- und Fortbildung

Frau Sauter konnte eine professionelle Balance ausbilden, weil sie auf der einen Seite (1.) eine klassische katholische Sozialisation durchlaufen hat und in dieser eine persönliche, postkonventionelle, erwachsene Religiosität mit einem eigenen religiösen Standpunkt in Sachen Spiritualität entwickeln konnte und weil sie auf der anderen Seite (2.) über ein hohes Maß an Kompetenz im didaktisch-methodischen Bereich verfügt, so dass sie ihren Unterricht an die Perspektiven, Bedürfnisse und lebensweltlichen Erfahrungen ihrer Schülerinnen und Schüler anknüpfen kann. Man kann dies durchaus mit den religionsdidaktisch einschlägigen Begriffen Grundwissen und Elementarisierung bezeichnen.

Ihre persönliche religiöse Praxis von Gottesdienstbesuch und Gottesdienstgestaltung führt nicht zu einer Betonung des Liturgischen oder Sakramentalen in ihrer personalen Didaktik, sondern – quasi vom Adressaten her gelesen – zu einer Elementarisierung dieser theologischen Dimensionen über die elementaren Zugänge ihrer Schülerinnen und Schüler, also über deren Bedürfnis nach Trost, Halt und Hilfe in einer (zur Erinnerung: es geht hier um den Lernort Hauptschule) von vielfältigen Kontingenzen geprägten Wirklichkeit. Diese drei Kompetenzen scheinen entsprechend wichtig und deshalb unverzichtbar für die Arbeit in Aus- und Fortbildung: die Entwicklung einer eigenen *Spiritualität*, die Beherrschung eines theologischen *Grundwissens* und die Fähigkeit zur *Elementarisierung*.

Ein Blick auf die gegenwärtige universitäre Ausbildung von Religionslehrerinnen und -lehrern ist an dieser Stelle hilfreich: Es ist deutlich spürbar, dass in den Kollegien unserer Schulen eine neue Generation von Religionslehrerinnen und -lehrern Einzug gehalten hat. Gerade diese Alterskohorte der jungen Kolleginnen und Kollegen hat – wie der quantitative Teil unserer Studie und eine Studierendenbefragung an den dortigen Pädagogischen Hochschulen ausweist (vgl. Feige/Friedrichs/Köllmann 2007) – ein großes Bedürfnis nach theologischem Orientierungswissen und nach Hilfen bei der Ausbildung einer eigenen, tragfähigen christlichen Spiritualität. Das unterscheidet diese Generation von den langsam in den Ruhestand hinübergleitenden „68ern": Diese äußern durchweg den Wunsch nach theologischen und auch philosophischen Spezialthemen, in denen es häufig um die Grundfigur kritisch-rationaler Befragung theologischer Items sowie um deren methodisch-didaktische Bearbeitung geht (vgl. Feige et al. 2005, 38–43).

Spiritualität wird von dieser Generation nur selten als Thema gewünscht – vielleicht, weil dieses Feld in dieser Alterskohorte noch im Rahmen der traditionellen Sozialisation bearbeitet wurde. Es scheint so, dass die junge Generation der künftigen bzw. schon aktiven Religionslehrerinnen und -lehrer bereits erkannt hat, dass ihnen im Vergleich zur Generation ihrer eigenen Lehrerinnen und Lehrer etwas fehlt und dass deshalb die Ausbildung eines eigenen Standpunkts im Glauben und einer im Alltag tragfähigen Spiritualität auf der einen und die Fähigkeit zur didaktischen Brechung, Reduktion und Elementarisierung auf der anderen Seite notwendige Elemente der eigenen Profession sind. Notwendige Elemente, weil sie die Pole eines Verhältnisses bilden, dessen professionelle Gestaltung die Voraussetzung für das Gelingen des Unterrichtens wie auch des pädagogischen Wirkens überhaupt ist. Entsprechend sollten den künftigen bzw. den aktiven Kolleginnen und Kollegen entsprechende Lernangebote in Studium und Fortbildung, aber auch in Mentorat und Seelsorge gemacht werden.

ZUSAMMENFASSUNG

Religionslehrerinnen und -lehrer sind in hohem Maße zufrieden mit ihrem Beruf und engagieren sich überdurchschnittlich im Rahmen von schulpastoralen Aufgabenstellungen in der Schule. Die verschiedenen Studien zum Beruf der Religionslehrerin und des -lehrers haben auch gezeigt, woraus Kolleginnen und Kollegen, die Religion unterrichten, ihre Kraft und ihre Motivation schöpfen: Religionslehrerinnen und -lehrer können stärker als alle anderen Berufsgruppen auf Fortbildungsinstitutionen und Materialressourcen zurückgreifen (1.). Außerdem orientieren sie sich in besonderer Weise an den Schülerinnen und Schülern und richten ihren Unterricht konsequent an deren Lebenswelt aus (2.). Entsprechend verzichten Religionslehrerinnen und -lehrer auf missionarische oder katechetische Ansätze in der Schule. Stattdessen bearbeiten sie produktiv das Spannungsverhältnis zwischen eigener Religiosität und der Religion von Kindern und Jugendlichen, sodass eine Balance zwischen gelebter und gelehrter Religion gelingen kann (3.).

Literatur

Bucher, Anton/Miklas, Helene (Hg.) (2005), Zwischen Berufung und Frust. Die Befindlichkeit von katholischen und evangelischen ReligionslehrerInnen in Österreich, Münster.

Dressler, Bernhard (2000), Gelebte und gelehrte Religion – eine produktive Spannung? Biografie und Religion bei Religionslehrerinnen und Religionslehrern. In: Schule und Kirche 2/2002, 7–12.

Feige, Andreas/Dressler, Bernhard/Lukatis, Wolfgang/Schöll, Albrecht (2000), „Religion" bei ReligionslehrerInnen. Religionspädagogische Zielvorstellungen und religiöses Selbstverständnis in empirisch-soziologischen Zugängen, Münster.

Feige, Andreas/Dressler, Bernhard/Tzscheetzsch, Werner (Hg.) (2006), Religionslehrerin oder Religionslehrer werden. Zwölf Analysen berufsbiographischer Selbstwahrnehmung, Ostfildern.

Feige, Andreas/Friedrichs, Nils/Köllmann, Michael (2007), Religionsunterricht von morgen? Studienmotivationen und Vorstellungen über die zukünftige Berufspraxis bei Studierenden der ev. und kath. Theologie und Religionspädagogik, Ostfildern.

Feige, Andreas/Tzscheetzsch, Werner/Dressler, Bernhard/Lukatis, Ingrid und Wolfgang/Schramm, Michael/Boehme, Katja/Feil-Götz, Elvira/Kuld, Lothar/Rupp, Hartmut/Sajak, Clauß Peter (2005), Christlicher Religionsunterricht im religionsneutralen Staat? Unterrichtliche Zielvorstellungen und religiöses Selbstverständnis von ev. und kath. Religionslehrerinnen und -lehrern in Baden-Württemberg. Eine empirisch-repräsentative Befragung, Ostfildern/Stuttgart.

Sajak, Clauß Peter (2005), Wie konfessionell unterrichten Religionslehrerinnen und -lehrer? Ergebnisse einer empirischen Studie. In: Katechetische Blätter 130, 212–218.

Sajak, Clauß Peter (2006), Die Ästhetik des Katholischen ausprägen, das Politisch-Institutionelle abweisen. Die Religion der Grund- und Hauptschullehrerin Marianne Sauter. In: Feige, Andreas/Dressler, Bernhard/Tzscheetzsch, Werner, Religionslehrerin oder Religionslehrer werden. Zwölf Analysen berufsbiographischer Selbstwahrnehmung, Ostfildern, 204–236.

12 Arbeitsblatt

4.7 Die professionale Kompetenz

Vergewisserung

Recherchieren Sie in den Unterlagen Ihrer diözesanen Schulabteilung bzw. Ihres Landeskirchenamtes, welche Fortbildungen in diesem Schuljahr für Religionslehrerinnen und -lehrer angeboten werden und ordnen Sie diese dem Balance-Modell zu.

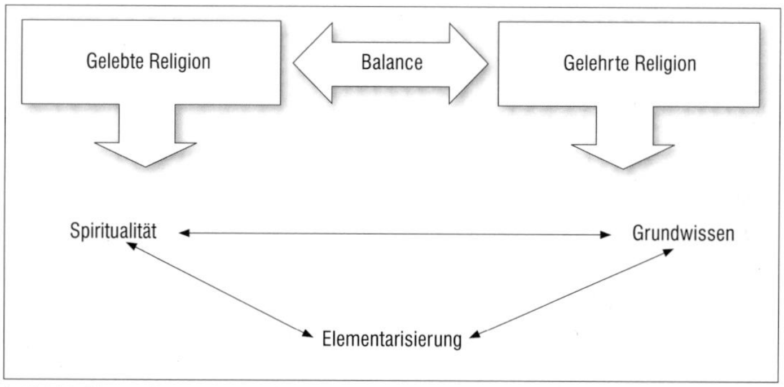

Das Modell der Balance von Theologie, Didaktik und Spiritualität

Vertiefung

In der im Text erwähnten Baden-Württemberg-Studie sind Lehrerinnen und Lehrer entsprechend ihrer Vorstellungen vom Religionsunterricht in vier Kategorien eingeteilt worden: Lehre, Sprache, Ethos und Raum. Dabei meint Lehre Religionslehrerinnen und -lehrer, die ihren Unterricht sehr theologisch gestalten, Sprache einen Unterricht, der vor allem an den Ausdrucksformen der Bibel und der Liturgie arbeitet, Ethos einen vornehmlich lebenskundlichen Unterricht und schließlich Raum einen Unterricht, der in den Kosmos, also die Zeichen, den Raum und die Zeit einer Religion und ihrer Praxis einführen will.
Reflektieren Sie Ihre eigenen Vorstellungen vom Religionsunterricht und versuchen Sie, sich mit Hilfe eines Kreuzchens in der unten dargestellten Grafik zu positionieren.

Die Darstellung einer „Habitus"-Verortung

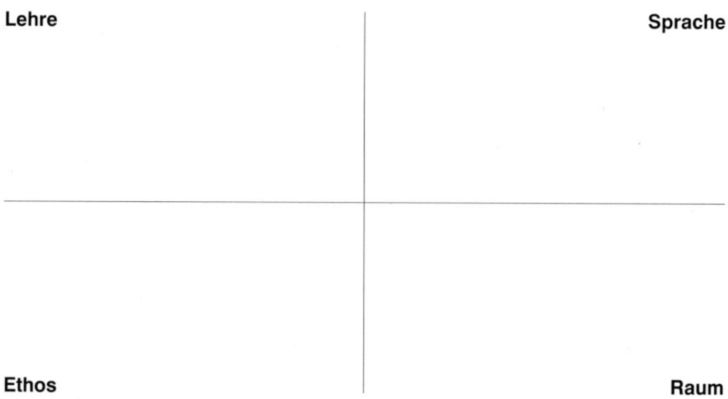

5 Unterrichtsvorbereitung: Den Perspektivwechsel einüben

Wolfgang Michalke-Leicht

Ziel unserer Didaktik soll es sein, die Unterrichtsweise [...] zu erkunden, bei welcher die Lehrer weniger zu lehren brauchen, die Schüler dennoch mehr lernen.
(Johann Amos Comenius)

5.1 Blick ins Lehrerzimmer

Ein Haus des Lernens soll die Schule sein, denn zum Lernen ist die Schule da, das weiß jedes Kind. Und auf die Frage, wer denn in der Schule lernen solle, ist die Antwort ebenso eindeutig: die Schülerinnen und Schüler natürlich. So weit, so gut. Ein Blick ins Detail oder genauer gesagt in alltägliche Unterrichtssituationen lässt erkennen, dass die soeben benannte elementare Aufgabenbeschreibung von Schule mit zunehmender Lebens- bzw. Schulerfahrung ganz offensichtlich an Evidenz verliert. Lehrerinnen und Lehrer dominieren das Unterrichtsgeschehen. Bisweilen wird die Schule dabei zur Lehranstalt.

Die große Selbstverständlichkeit und der Elan, mit dem Schulkinder in ihren ersten Jahren meist wissbegierig lernen, werden in der Sekundarstufe nicht selten ausgebremst. Mit dem Wechsel in die weiterführenden Schulen setzen Passivität und Lethargie ein. Auch wenn dieses Verhalten der angehenden Jugendlichen zu einem nicht geringen Teil den bisweilen dramatischen Umständen der Pubertät geschuldet ist, so hat es seine Ursache ganz sicher auch im didaktischen Paradigmenwechsel, der mit dem Schulartwechsel verbunden zu sein scheint. Die Schülerinnen und Schüler erleben einen Wechsel vom aktiven Modus des Lernens in den passiven Modus des Belehrtwerdens. Was damit gemeint ist, verdeutlicht ein Blick in den schulischen Alltag.

Der Kollege Müller kommt am Morgen ins Lehrerzimmer und trifft die Kollegin Meyer. Nach einem kurzen „... wie war dein Wochenende"-Talk, fällt die Frage: „Und was machst du heute in Deutsch?" Sie könnte auch lauten: „Wie weit bist du in der 8 in Mathe?" oder „Hast du in Erdkunde die Kontinentaldrift schon behandelt?" Möglich wäre auch „Wann nimmst du die Propheten durch?" Alltägliche und auch etwas belanglose Fragen sind das, so scheint es. Doch zugleich offenbaren sie eine Einstellung zum Unterricht, die eben genau dem oben beschriebenen passiven Modus auf der Seite der Schülerinnen und Schüler entspricht, denn der Lehrer bzw. die Lehrerin hat ganz offensichtlich den aktiven Part des Unterrichts für sich abonniert. Um die Sache zuzuspitzen, formulieren wir die aufgeworfenen Fragen einfach um: „Und was machen deine Schülerinnen und Schüler heute in Deutsch? Auf welchem Stand sind sie in Mathe? Haben sie in Erdkunde die Kontinentaldrift schon bearbeitet (und gelernt)? Wann werden sie sich mit den Propheten beschäftigen?"

Auch wenn es in beiden Fällen um die gleichen Unterrichtssituationen geht, lassen die verschiedenen Fragen erkennen, dass diese von unterschiedlichen Perspektiven aus wahrgenommen werden. Denn es macht einen Unterschied, ob Lehrerinnen und Lehrer sich fragen, was sie selbst morgen in ihrer Klasse machen oder ob sie sich fragen, was ihre Schülerinnen und Schüler morgen machen werden. Der Unterschied lässt einen didaktischen Habitus, eine Haltung, eine Einstellung dem Unterricht gegenüber erkennen. In dem Maße, in dem Lehrerinnen und Lehrer ihre Aufmerksamkeit primär dem eigenen Lehren und dessen

Vorbereitung (für das sie selbstredend verantwortlich sind) widmen, vernachlässigen sie nicht selten die Wahrnehmung des Lernens der Schülerinnen und Schüler.

Schulischen Unterricht als dynamischen und wechselseitigen Lehr-Lern-Prozess zu verstehen, ist ganz sicher keine Innovation. Bereits Johann Amos Comenius (1592–1670), Begründer des protestantischen Bildungsideals, beschrieb das Verhältnis der Lehrkunst (Didaktik) zur Lernkunst (Mathetik) wie folgt: „Erstes und letztes Ziel unserer Didaktik soll es sein, die Unterrichtsweise aufzuspüren und zu erkunden, bei welcher die Lehrer weniger zu lehren brauchen, die Schüler dennoch mehr lernen." Die Lehrenden müssen den Unterricht mit den Augen der Lernenden sehen. Allerdings zeigen die Erfahrungen des Alltags und auch empirische Studien, dass Lehrerinnen und Lehrer dazu neigen, den Lehr-Lern-Prozess ausschließlich aus ihrer Perspektive wahrzunehmen und ihn daher auf einen Lehr-Prozess zu reduzieren.

John Hattie z. B. hat mit seiner kontrovers diskutierten Publikation *Visible Learning* das weite Feld der Unterrichtsforschung quasi über Nacht aufgemischt (vgl. Hattie 2008, 2013). Auf der Basis von 800 Metastudien, die sich summa summarum auf ca. 50.000 Einzelstudien beziehen, stellt er eine Liste jener Faktoren vor, die guten Unterricht befördern wie auch solche, die ihn verhindern.

> Dabei berücksichtigt er methodisch und inhaltlich sowohl die Perspektive der Schülerinnen und Schüler als auch die der Lehrkräfte. Beide sieht Hattie als Lernende und Lehrende an (‚I see learning through the eyes of my students'; ‚I help students to become their own teachers'). Diese aufeinander bezogene Interaktion bildet die Basis für ‚Visible teaching and learning' (Nickel 2012, 52).

Schulischen Unterricht wieder mehr als einen dynamischen und wechselseitigen Lehr-Lern-Prozess sehen zu lernen, ist eine Frage der Haltung und zugleich das zentrale Anliegen eines kompetenzorientierten Religionsunterrichts. Dazu bedarf es eines didaktischen Perspektivenwechsels, der dem Lernen der Schülerinnen und Schüler seine Aufmerksamkeit schenkt. Wenn John Hattie sagt, dass er „das Lernen mit den Augen seiner Schülerinnen und Schüler" sehe und „ihnen helfe, zu ihren eigenen Lehrerinnen und Lehrern zu werden", dann formuliert er die Mitte des Anliegens, nämlich Schülerinnen und Schüler als die Subjekte des Lernens ernst(er) zu nehmen. In diesem Sinne ist Kompetenzorientierung als didaktische Haltung die Konkretisierung der seit Jahren geforderten Schülerorientierung.

Unterstützt wird dieses Konzept durch Einsichten aus den Neurowissenschaften und der Lernforschung, deren Berücksichtigung den Rahmen und die Qualität des Lernens entscheidend mitbestimmen (vgl. Spitzer 2001, Bauer 2007, Hüther 2010). Schulischer Unterricht ist immer und zuallererst ein kommunikatives Beziehungsgeschehen. In der gegenwärtigen gesellschaftlichen Situation mit ihren starken Individualisierungsprozessen sind verlässliche Beziehungen ein hohes Gut, das Kinder und Jugendliche mehr und mehr vermissen. Im Kontext des Lernens sind lebendige Beziehungen von fundamentaler Bedeutung. Professionelle Lehrerinnen und Lehrer leisten daher vor allem Beziehungsarbeit (vgl. Miller 2012). Ihr Unterrichtssetting werden sie nach Möglichkeit von positiven Emotionen bestimmt sein lassen, denn so lernt es sich besser. Jeder Mensch macht die Erfahrung, dass bereits geringe Entscheidungsspielräume Energien freisetzen. Wenn ich eigene Wege gehen kann, werden diese zu meinen Wegen. Das gilt auch beim Lernen. Hilfreich sind daher auch verschiedenste Formen der Aktivierung und Selbststeuerung.

Schülerinnen und Schüler fragen immer wieder, wozu sie dieses oder jenes überhaupt lernen sollen: „Das brauche ich später doch gar nicht!" Wenn an dieser Stelle der Begriff der Bedeutsamkeit eingeführt wird, dann geht es dabei nicht um eine wie auch immer geartete Verzweckung von Inhalten. Vielmehr soll hervorgehoben werden, wie wichtig es ist, dass die Lernenden mit den Lerngegenständen in Kontakt kommen. Das, worum es im Unterricht geht, das Thema also, muss sie in irgendeiner Weise angehen, eine Bedeutung für sie haben. Diese emotionale Besetzung kann positiv wie negativ sein. Wenn der Kontakt hergestellt ist, dann findet eine aktive Auseinandersetzung statt.

Schließlich ist in den letzten Jahren der besondere Stellenwert von Lerntechniken und Lernstruktur wieder deutlicher in den Blick genommen geworden. Ausgefeilte Mnemotechniken und intelligentes Üben – wohl zu unterscheiden von einem stumpfen Pauken – sind ausgewiesene Lernhilfen. Ebenso hat eine klare Strukturierung der Lernprozesse wie auch des Lernsettings einen erheblichen Anteil an gutem Lernerfolg. Denn nicht die Intelligenz eines Kindes ist primär entscheidend für den Lernerfolg, sondern dessen Fähigkeit, das eigene Lernen gut zu strukturieren. Kompetenzorientierter Religionsunterricht wird auch diese Aspekte berücksichtigen.

5.2 Sehhilfen für das Lernen

Zentraler Ansatzpunkt des hier vertretenen Konzeptes eines kompetenzorientierten Religionsunterrichts ist die didaktische Haltung der Lehrenden, die darin zum Ausdruck kommt, dass diese ihren Blick auf den Unterricht verändern, eine andere Perspektive einnehmen und auf das Lernen der Schülerinnen und Schüler schauen. Als Sehhilfe für diesen didaktischen Perspektivenwechsel ist das in diesem Band bereits in 4.4.2 angeführte Schema gedacht. Es benennt zehn Aspekte, die bei der Planung und Durchführung kompetenzorientierter Lernsequenzen relevant sind. Dabei ist jedoch wichtig zu betonen, dass dieses Modell sich nicht als ein hermetisches Konzept versteht, das wie ein Rezept eins zu eins umzusetzen wäre. Schon gar nicht bildet es eine konsistente Didaktik ab. Vielmehr wollen die zehn Gesichtspunkte die Dimension des Lernens im Kontext des Lehr-Lern-Prozesses fokussiert in den Blick nehmen und hervorheben. Selbstverständlich verlangen die zehn Aspekte in ihrer Darstellung auch keine konsekutive Abfolge, die zwingend einzuhalten wäre, wenngleich sie durchaus einer gewissen Sachlogik folgen. Schließlich ist noch darauf hinzuweisen, dass die zehn Gesichtspunkte nicht trennscharf voneinander abgegrenzt sind, manche überschneiden sich auch, denn es handelt sich zum Teil um benachbarte Perspektiven auf den Lehr-Lern-Prozess.

Wie nun also können die zehn Aspekte bei der Planung von Unterricht berücksichtigt werden? Die folgenden exemplarischen Erläuterungen und Hinweise beziehen sich einerseits auf das Praxisbuch *Kompetenzorientiert unterrichten* (vgl. Michalke-Leicht 2011) und andererseits auf konkrete Erfahrungen mit Lernsequenzen im Religionsunterricht am Goethe-Gymnasium Freiburg.

5.2.1 Lernthema

Jede Lernsequenz braucht ein Thema, denn Unterricht findet in aller Regel themengeleitet statt. Wenn Schülerinnen und Schüler daheim berichten, was sie am Vormittag in der Schule gemacht haben, dann werden sie sicher nicht sagen: „Wir haben unsere hermeneutische Kompetenz geschult." Vielmehr werden sie selbstverständlich das Thema benennen, das bearbeitet wurde. In unserem Beispiel einer Klasse 10 lautet es: „Die Bibel richtig verstehen – ein Handbuch zum Umgang mit der Bibel". Mit dieser Themenformulierung sind zugleich Inhalte und methodisches Vorgehen angesprochen.

5.2.2 Lernanlass

Von Gabriele Obst wurde der Begriff der Anforderungssituationen entwickelt. Damit sind Problemstellungen gemeint, welche die Bedeutsamkeit der zu erwerbenden Kompetenzen einsichtig machen und es den Schülerinnen und Schülern zugleich ermöglichen, mit dem Thema in Kontakt zu kommen. Im Schema der hier vorgestellten Lernsequenz wird von Lernanlässen gesprochen, um deutlich zu machen, dass damit das Lernen der Schülerinnen und Schüler angestoßen werden soll. Zum Bibelhandbuch bietet sich folgender Lernanlass an:

Mit multimedialen Geräten kennen Schülerinnen und Schüler sich bestens aus. Wer von ihnen sich ein neues Smartphone anschafft, wird dabei kaum das beigefügte Manual zur Kenntnis nehmen. Die selbsterklärende Menüsteuerung führt die Nutzer (auch auf dem Weg des Trial and Error) durch alle Anwendungsoptionen, sodass der sachgemäße Umgang mit dem Gerät binnen kurzer Zeit erlernt werden kann. Selbst Kinder können das und sind so in Windeseile auskunftsfähig.

Im Gegensatz dazu erscheint die Bibel als ein quasi hermetisches „Produkt". Schülerinnen und Schüler können leicht nachvollziehen, dass ihre Auskunftsfähigkeit im Blick auf einen sachgemäßen Umgang mit der Bibel eben nicht über eine „selbsterklärende Menüsteuerung" erfolgt. Eine Art Handbuch zur Bibel ist da schon eher geeignet. Die Herausforderung (Anforderungssituation) für die Lernenden besteht nun darin, dieses Handbuch im Laufe der Lernsequenz selbst zu erstellen und auf diesem Wege in Sachen Bibel kundig zu werden; das geschieht am besten arbeitsteilig. Dabei wählen sie einen inhaltlichen Aspekt aus, den sie erarbeiten und darstellen.

5.2.3 Lernvorhaben

Dieser Aspekt stellt die Intentionen bzw. beabsichtigten Ziele der Lernsequenz in den Mittelpunkt. Entscheidend ist die von der Lehrkraft zu beantwortende Frage: Was nehme ich mir vor, welche Kompetenzen sollen meine Schülerinnen und Schüler am Ende der Lernsequenz erworben haben? In der Regel finden sich die maßgeblichen Kompetenzerwartungen im Bildungsplan. Bei der Auswahl ist es hilfreich, die Anzahl der erwarteten Kompetenzen zu reduzieren. Eine solche Selbstbegrenzung ist einerseits ehrlich und andererseits pragmatisch. In unserem Beispiel sind diese dem baden-württembergischen Bildungsplan (Klassen 10 und 11) entnommen und lauten:

Die Schülerinnen und Schüler

- verfügen über bibelpropädeutische Grundkenntnisse, um mit biblischen Texten sachgemäß umgehen zu können;
- können aufzeigen, wie Kenntnisse über die Entstehungssituation biblischer Texte zu deren Verständnis beitragen;
- können an einem biblischen Beispiel den Zusammenhang von literarischer Gattung, Aussageabsicht und Sitz im Leben erläutern;
- kennen verschiedene methodische Zugänge zu biblischen Texten und können sie ansatzweise beurteilen.

Selbstverständlich werden im Laufe der Lernsequenz auch noch andere Kompetenzen von den Lernenden erarbeitet bzw. vertieft. Im Sinne einer besseren Handhabe und Überprüfung bzw. Evaluation ist es jedoch ratsam, sich zu beschränken. Sollte die Anzahl der erwünschten Kompetenzerwartungen dennoch höher sein, empfiehlt es sich, eine Priorisierung dahingehend vorzunehmen, welche Erwartungen im Zentrum stehen und welche lediglich partiell berücksichtigt werden.

5.2.4 Lernarrangement

Die Gesamtanlage der Lernsequenz wird als Lernarrangement bezeichnet. Die Lehrkraft wird in groben Zügen klären müssen, innerhalb welcher Rahmenbedingung die Schülerinnen und Schüler die gewünschten Kompetenzen erwerben sollen. Zur Veranschaulichung bietet sich das Bild einer Reise an. Wer eine solche unternimmt, wird sich genau überlegen, was auf ihn zukommt, und sich entsprechend vorbereiten. Bei Pauschalreisen ist der Aufwand sicherlich geringer als bei Individualreisen. Eine Lernsequenz lässt sich in gewisser Weise mit einer Kreuzfahrt vergleichen. Da gibt es die Tage auf See und die Tage an Land. Die Einführung und Unterweisung durch Reiseleiter und andere Experten (Instruktion) einerseits und die eigenen Beobachtungen, Entdeckungen und Erfahrungen (Konstruktion) andererseits gehen ein produktives Wechselverhältnis ein. Auch der gemeinsame Austausch über das Gelernte ist wichtig.

Einzelne Elemente des Lernarrangements können sein: das Verhältnis von Instruktion und Konstruktion, Zeitplan, Raumsituation, Sozialformen, Recherchemöglichkeiten, Quellenlage, Materialaufwand, Dokumentation von Absprachen und Ergebnissen, Hausaufgaben, Format und Kriterien der Leistungsbewertung usw. Die Vergewisserung bei der Planung sollte den Prozesscharakter des Lernens berücksichtigen und daher flexibel ausgerichtet sein. Deswegen ist von einer Klärung in groben Zügen die Rede, die keinesfalls mit einem Unterrichtsentwurf verwechselt werden sollte.

Im Rahmen der gegebenen Lernsequenz zum Bibelhandbuch bietet es sich darüber hinaus an, auf der Basis der Methode Advanced Organizer den Schülerinnen und Schülern einen Überblick zu geben und zusammen mit ihnen das Lernarrangement zu verabreden. Auf diese Weise können Vorkenntnisse ausgelotet und mit den zu erwerbenden Kompetenzen verknüpft werden.

5.2.5 Lerngegenstände

Kompetenzorientierte Bildungspläne weisen in der Regel optionale Inhalte (Lerngegenstände) aus, wobei immer auch ein mehr oder weniger klar bestimmter Kernbestand benannt wird oder im Blick sein sollte. Hinzu kommt, dass vor allem auch inhaltsorientierte Kompetenzerwartungen meist so formuliert sind, dass sie einer nahezu exegetischen Analyse bedürfen: „Was kann ein Kind, wenn es das kann, was da von ihm erwartet wird?" (Ziener 2008, 33)

Am besten ist es, wenn sich die Kolleginnen und Kollegen einer Schule (Fachschaft) auf der Basis der im Bildungsplan gesetzten Vorgaben verständigen, welche Lerngegenstände von allen Schülerinnen und Schülern der jeweiligen Klassenstufen bearbeitet werden sollen. Ein solcher Minimalkonsens sollte realistisch sein. Die Erfahrung lehrt, dass zu hohe Erwartungen zu Frustrationen und Konflikten führen. Deswegen ist es wichtig, sich regelmäßig zu vergewissern, ob und inwieweit die getroffenen Absprachen Geltung haben. In dem Maße, in dem in diesem wie auch in anderen Feldern die Kooperation gelingt, wird die Qualität des Unterrichts steigen.

Für das Bibelhandbuch bieten sich z. B. eine Auswahl aus den folgenden Lerngegenständen an: die Entstehung der Bibel, der Aufbau der Bibel, der Text der Bibel, die Übersetzungen, die Zweiquellentheorie, die historisch-kritische Methode, der Pentateuch, die Propheten, die Psalmen, die vier Evangelien, die Paulusbriefe, sechs zentrale Texte der Bibel, die Deutung biblischer Texte, die Wahrheit (in) der Bibel, Gotteswort in Menschenwort, der persönliche Dialog mit der Bibel, Bibel und Kunst, Bibel und Literatur sowie Bibel und Musik.

5.2.6 Lernwege

Eine der wichtigen Einsichten aus der Lernforschung lautet, dass die Selbststeuerung von Lernprozessen für den Lernerfolg förderlich ist. Mit anderen Worten: Schülerinnen und Schüler sollten die Möglichkeit haben, eigene Lernwege zu gehen. Erneut kann das Bild der Reise hilfreich sein. Wie das Erkunden einer Landschaft bei verschiedenen Ausflügen und auf unterschiedlichen Wegen erfolgen kann, so geschieht die Erschließung einer Lernlandschaft auf individuell ausgewählten Lernwegen. Aufgabe der Lehrenden ist es daher, Lernenden differenzierte Lernangebote vorzulegen, aus denen sie wählen können. Dabei ist es gar nicht so wichtig, möglichst viele Angebote zu machen. Vielmehr entscheidend ist, dass Schülerinnen und Schüler tatsächlich die Wahl haben und eigene Entscheidungen treffen können, denn auf diese Weise werden sie als Subjekte des Lernens ernstgenommen und erfahren, was Partizipation konkret bedeutet. So wird der Unterricht tatsächlich zu einem Lehr-Lern-Prozess, in dem die Akteure gemeinsam unterwegs sind. Selbstverständlich ist mit diesem Vorgehen kein „Laissez faire" im Sinne eines „wie es euch gefällt" gemeint, wie von manchen Kritikern der „Schülerorientierung" hartnäckig behauptet wird, so als ob die Lernenden tun und lassen könnten, was sie wollten. Die Lehrkraft wird bei der Vorbereitung und Auswahl der Lernwege genau schauen, welche geeignet und zielführend sind und welche nicht, und sie wird die Schülerinnen und Schüler entsprechend beraten und begleiten. Solche Art Adaption bzw. Binnendifferenzierung wird das gemeinsame Lernen mehr und mehr prägen müssen. Wobei es bei allen individuellen Lernwegen dann und wann auch wichtig sein wird, gemeinsame Eckpunkte der Instruktion und des Austausches zu setzen.

5.2.7 Lernaufgaben

Allem Anschein nach sind Lernaufgaben der didaktische Schlüssel eines kompetenzorientierten Unterrichts. Ihre Qualität bestimmt den zu erwartenden Lernerfolg. Deswegen ist bei der Formulierung solcher Aufgaben eine besondere Sorgfalt erforderlich. Lernaufgaben sind Aufforderungen an Schülerinnen und Schüler, aktiv zu werden. Daher werden in der Regel Operatoren verwendet, die genau bezeichnen, was von Lernenden erwartet wird, was sie machen und wie sie vorgehen sollen. Die KMK hat für alle schulischen Fächer verbindliche Operatoren festgelegt. Diese beziehen sich auf die drei Anforderungsebenen „Reproduktion, Reorganisation und Beurteilung" und weisen damit aus, welche Qualität die jeweilige zu erbringende Lernleistung haben soll. Die kenntnisreiche Analyse und Bewertung von Sachverhalten hat eine deutlich höhere Qualität als die reine Wiedergabe von Fakten. In der konkreten Praxis sollte darauf geachtet werden, dass in den Lernaufgaben stets alle drei Anforderungsebenen angesprochen werden. Zugleich sollten Lernaufgaben den Lernraum eröffnen, indem sie Hinweise zum Sachverhalt, auf geeignetes Material und entsprechende Strategien geben. Das kann zum Beispiel zur Zweiquellentheorie wie folgt aussehen:

- Lies in der Bibel die drei Texte Mt 3,13–17, Mk 1,9–11 und Lk 3,21–22 und vergleiche sie miteinander. Arbeite Gemeinsamkeiten und Unterschiede heraus und stelle diese in einer Tabelle gegenüber.
- Skizziere auf der Basis der Texte auf Seite 60 in „Wege des Glaubens" (Trutwin 2000) das synoptische Problem und dessen Lösung. Weitere Informationen findest du im „Religionsbuch 7/8" (Halbfas 2005) auf den Seiten 51–56.
- Stelle dazu die Zweiquellentheorie grafisch dar.
- Wende diese Theorie auf die Texte Mt 6,9–13 und Lk 11,2–4 an und prüfe ihre Tauglichkeit.
- Bereite 2–3 Folien (OHP oder ppt) vor, auf denen du deine Ergebnisse der Lerngruppe vorstellst.
- Dokumentiere deine Arbeit für das Bibelhandbuch auf 1–2 Seiten DIN A4.

5.2.8 Lernoptionen

Um das Anliegen der Adaption (auch geläufig als Binnendifferenzierung oder Passung) stark zu machen, wurde der Aspekt Lernoptionen in das Planungsschema aufgenommen. Dass Menschen sehr verschieden sind, ist eine triviale Erkenntnis. Heterogenität ist ein Phänomen, das zunehmend den schulischen Alltag prägt. In vielen Klassenräumen jedoch scheint diese Erkenntnis noch nicht angekommen zu sein. Nach wie vor werden dort die 25-30 Kinder und Jugendlichen nach der „G-7-Methode" unterrichtet: „Alle gleichaltrigen Kinder haben beim gleichen Lehrer mit dem gleichen Lehrmittel im gleichen Tempo das gleiche Ziel zur gleichen Zeit gleichgut zu erreichen". Stattdessen sollten „Kinder und Jugendliche auf vielfältigen Wegen mit vielfältigen Menschen an vielfältigen Orten zu vielfältigen Zeiten mit vielfältigen Materialien in vielfältigen Schritten mit vielfältigen Ideen in vielfältigen Rhythmen zu gemeinsamen Zielen unterwegs sein" (Peter Fratton).

Bei der Planung und Vorbereitung eines kompetenzorientierten Religionsunterrichts sollten Lehrpersonen daher ein besonderes Augenmerk auf die Passung legen. Auch hier geht es nicht um ein Feuerwerk an Ideen, sondern (vor allem anfangs) um eine niederschwellige und behutsame Herangehensweise, um Materialschlachten und Überforderung zu vermeiden. Dabei „kommt es weniger auf das OB an, sondern auf das WIE, insbesondere darauf, ob

- Dosierung und Timing von Impulsen und Interventionen angemessen sind;
- die Lehrer hohe Erwartungen haben und die Aufgaben herausfordernd und anspruchsvoll sind;
- die Lehrperson eine positive Einstellung zu den Grundgedanken der Individualisierung hat und sich intensiv engagiert, um in die Lernprozesse ihrer Schüler Einblick zu nehmen;
- das Lernen in einem von Respekt, Wertschätzung und Fehlerfreundlichkeit gekennzeichneten Klima stattfindet und vielfältige Angebote zur kognitiven und sozialen Schüleraktivierung gemacht werden;
- die Unterrichtszeit effizient für das Lernen genutzt wird." (Helmke 2013, 36)

5.2.9 Lernerfolg

Die Ergebnisse der Studie von John Hattie zeigen eindrücklich, wie wichtig und vor allem auch wirksam es ist, im Unterrichtsgeschehen eine Feedbackkultur zu etablieren (vgl. Berger u.a. 2013). Schülerinnen und Schülern mit Respekt zu begegnen bedeutet eben auch, ihnen in angemessener Weise zu spiegeln, welche Qualität ihre Leistungen haben, das heißt ihre Stärken und Ressourcen zu würdigen und ihre Defizite als Herausforderungen zu begreifen (Fehlerkultur). Das geschieht im alltäglichen Unterricht vor allem durch regelmäßige Begleitung und Beratung, durch Nachfragen, Anleitung und Unterstützung. Im Rahmen der hier vorgestellten Lernsequenz „Bibelhandbuch" kann das auf die Weise geschehen, dass die Schülerinnen und Schüler zu Beginn einen Bewertungsbogen erhalten, auf dem die Kriterien für die Leistungsbewertung präzise aufgeführt sind. Im Laufe der Arbeit – bei Zwischenschritten oder Reflexionsphasen – kann die Lehrperson immer wieder darauf Bezug nehmen. Darüber hinaus gibt es eine Vielzahl besonders auch innovativer Modelle und Verfahren, den Lernprozess wie den Lernerfolg für Schülerinnen und Schüler sichtbar zu machen (Winter 2012, Gnandt/Michalke-Leicht 2010).

In diesem Zusammenhang ist erneut die Beziehungskompetenz der Lehrenden und Lernenden gefragt. Gerade im Religionsunterricht sollte eine Kultur der Wertschätzung gepflegt werden, bei der z. B. Person und Sache klar voneinander unterschieden werden. Dieses Klima kann nur von allen am Unterricht Beteiligten geschaffen werden. Die Lehrenden haben die besondere Verantwortung, das Anliegen im Auge zu behalten und zu befördern.

Ebenso bedeutsam ist das Einüben von Metakognition. Auf die eigenen Lernwege und Lernstrategien zu reflektieren und die Einsichten für das weitere Vorgehen nutzbar zu machen, sollte für Schülerinnen und Schüler mehr und mehr eine Selbstverständlichkeit sein. In dem Maße, wie sie diese Kompetenz erwerben und vertiefen, werden sie ihre Lernentscheidungen zunehmend eigenständiger und verantwortlicher treffen können.

5.2.10 Lernquellen

Kompetenzorientierter Unterricht, so wie er hier vorgestellt wird, basiert zu einem nicht geringen Teil auch auf geeigneten Lernquellen, mit denen die Lernenden weitestgehend selbstständig arbeiten können. Dazu zählen ausgewiesene kompetenzorientierte Unterrichtswerke (Bosold/Michalke-Leicht 2007, Michalke-Leicht/Sajak 2011). Aber auch solche Schulbücher, die konventionellen Unterrichtsansätzen folgen (z. B. Trutwin 2000 oder Halbfas 2005ff.), sind interessant. Diese bieten sich darüber hinaus als lexikalischer Fundus an, da sie in ihren Texten eine Fülle von gut ausgewählten Informationen bereit halten.

Selbstverständlich spielen verantwortlich ausgewählte Internetressourcen eine große Rolle. In der Regel benötigen die Lernenden jedoch gezielte Hinweise. Die eigenverantwortliche Auswahl von Lernquellen aus dem Internet setzt eine weit überdurchschnittliche Kompetenz voraus. Die wenigsten Schülerinnen und Schüler haben den fachlichen Überblick, um qualifiziert beurteilen zu können, welche Ressourcen tatsächlich geeignet sind und welche nicht. Beim Erstellen des Bibelhandbuches ist z. B. das Bibelportal der Deutschen Bibelgesellschaft (www.die-bibel.de) sehr hilfreich und zusammen mit dem Religionslexikon www.relilex.de durchaus ausreichend.

Darüber hinaus ist es immer anregend, wenn die Lernenden über den Tellerrand des Religionsunterrichts hinausschauen und andere Fächer in den Blick nehmen. Zum Bibelhandbuch bieten sich vor allem die Fächer Geschichte und Ethik an (z. B. www.segu-geschichte.de oder http://wiki.zum.de/Ethik). Aber auch Kunst (http://kunst.zum.de/) und Musik (http://wiki.zum.de/Musik) sind affine Fächer, die für das Lernen im Religionsunterricht eine große Bereicherung darstellen. Schließlich sind lokale oder regionale Lernorte außerhalb der Schule sehr hilfreich. Eigene Lernwege zu gehen, bedeutet eben auch, das Schulgebäude zu verlassen und sich im näheren Lebensraum umzuschauen. Für das Bibelhandbuch bietet nahezu jeder Kirchenbau eine Fundgrube von Anregungen, die von den Lernenden produktiv aufgenommen werden können.

5.3 Blick nach vorn

Kompetenzorientierter Religionsunterricht ist ein Unterricht, der sich mehr und mehr öffnen wird. In dem Maße, wie die Lehrenden den Lernenden sukzessive die Verantwortung für ihr Lernen überlassen und diese sie tatsächlich übernehmen, werden die Grenzen des konventionellen Unterrichts geweitet oder überschritten. Es gilt, Schülerinnen und Schüler zur Selbstständigkeit und Verantwortungsübernahme zu ermächtigen. Der matethischen Kompetenz der Lehrenden kommt künftig eine große Bedeutung zu.

> Lehren heißt demnach: Lernen möglich machen, anregen, herausfordern, begleiten. Die Professionalität der Lehrenden erweist sich gerade darin, dass sie den Blick vor allem auf das Lernen der Lehrenden richten (von der Groeben 2013, 7).

Der beschriebene didaktische Perspektivenwechsel ist ein niederschwelliges Konzept der Kompetenzorientierung, das am konventionellen Unterricht ansetzt, diesen nicht über Bord wirft, sondern zu dessen schrittweiser Veränderung einlädt. Darin liegt seine große Stärke. Es wird auch künftig nicht darum gehen, alles anders zu machen, sondern das Bisherige mit anderen Augen zu sehen, die eigene Haltung zu ändern und auf das Lernen zu schauen. Mit anderen reformpädagogischen Ansätzen hat der didaktische Perspektivenwechsel

> drei Merkmale gemeinsam: (1) Die Lehrerinnen und Lehrer sind ‚besessen' von ihrem Fach, wollen die eigene Begeisterung an ihre Schülerinnen und Schüler weitergeben. (2) Das tun sie konsequent mit Blick auf diese Gruppe und diese Jugendlichen. (3) Sie denken zuerst ‚lernwärts', dann erst ‚lehr(plan)wärts' und zuallerletzt ‚testwärts'. Sie wissen, dass gemeinsames systematisches Fortschreiten nur gelingen kann, wenn die Lernangebote individuell möglichst gut genutzt werden können (von der Groeben 2013, 9).

Wenn Lehrende und Lernende mit diesem gewandelten Blick auf den Unterricht schauen, wird die Schule der Zukunft für alle zu dem, was sie eigentlich sein soll: ein Haus des Lernens.

ZUSAMMENFASSUNG

Kompetenzorientierter Religionsunterricht erfordert von den Lehrenden einen didaktischen Perspektivenwechsel. Es gilt, im Lehr-Lern-Prozess die besondere Aufmerksamkeit auf das Lernen der Schülerinnen und Schüler zu richten und dieses sichtbar zu machen (John Hattie). Damit ist in erster Linie eine didaktische Haltung gefordert, welche die Schülerinnen und Schüler als Subjekte des Lernens ernstnimmt. Zur Unterstützung dieser mathetischen Wende werden als heuristische Instrumente zehn Seh-Hilfen angeboten, die dazu dienen, das Lernen zu fokussieren und jeweils situationsspezifisch wahrzunehmen. Kompetenzorientierung im Religionsunterricht ist daher als ein offener Entwicklungsprozess zu verstehen. Je mehr die Lehrenden ihre Lehre als Ermöglichung, Unterstützung und Begleitung des Lernens gestalten, desto mehr werden sie ihren Unterricht öffnen und die Lernenden zum aktiven Kompetenzerwerb befähigen. In diesem Sinne ist die Kompetenzorientierung als didaktische Haltung eine Konkretisierung der seit Jahren geforderten Schülerorientierung.

Literatur

Bauer, Joachim (2007), Lob der Schule – Sieben Perspektiven für Schüler, Lehrer und Eltern, Hamburg.

Bosold, Iris/Michalke-Leicht, Wolfgang (2007), Mittendrin. Lernlandschaften Religion. Unterrichtswerk für den katholischen Religionsunterricht an Gymnasien, München.

Berger, Regine/Granzer, Dietlinde/Looss, Wolfgang/Waack, Sebastian (2013), »Warum fragt ihr nicht einfach uns?«: Mit Schüler-Feedback lernwirksam unterrichten, Weinheim.

Gnandt, Georg/Michalke-Leicht, Wolfgang (2010), Leistungsmessung im Religionsunterricht, 2. korr. Auflage, Freiburg.

Halbfas, Hubertus (2005 ff.), Religionsbuch 5/6, 7/8, 9/10 (3 Bände), München.

Hattie, John (2008), Visibile Learning, London.

Hattie, John/Beywel, Wolfgang/Zierer, Klaus (2013), Lernen sichtbar machen. Überarbeitete deutschsprachige Ausgabe von „Visible Learning", Baltmannsweiler.

Helmke, Andreas, Individualisierung: Hintergrund, Missverständnisse, Perspektive. In: Pädagogik 2/2013, 34–37, Weinheim.

Hüther, Gerald ([9]2010), Bedienungsanleitung für ein menschliches Gehirn, Göttingen.

Michalke-Leicht, Wolfgang (2011), Kompetenzorientiert unterrichten. Das Praxisbuch, München.

Michalke-Leicht, Wolfgang/Sajak, Clauß Peter (2011), Vernünftig glauben. Arbeitsbuch für den katholischen Religionsunterricht in der Oberstufe, Paderborn.

Miller, Reinhold (2011), Beziehungsdidaktik. 5. neu ausgestattete und aktualisierte Auflage, Weinheim.

Nickel, Stefanie (2012), Rezension von Visible Learning. In: Pädagogik 11/2012, 52, Weinheim.

Spitzer, Manfred (2001), Lernen. Gehirnforschung und die Schule des Lebens, Wiesbaden.

Trutwin, Werner (2000 ff.), Zeit der Freude, Wege des Glaubens, Zeichen der Hoffnung (3 Bände), München.

von der Groeben, Annemarie (2013), Mit den Augen der Lernenden sehen. Individualisierung als didaktische Herausforderung. In: Pädagogik 2/2013, 6-10, Weinheim.

Winter, Felix (2012), Leistungsbewertung. Eine neue Lernkultur braucht einen anderen Umgang mit den Schülerleistungen, 5. überarb. und erw. Aufl., Baltmannsweiler.

Ziener, Gerhard ([2]2008), Bildungsstandards in der Praxis. Kompetenzorientiert unterrichten, Seelze-Velber.

6 Glossar der wichtigsten Fachbegriffe

Aggiornamento

Aggiornamento (ital. = Modernisierung, Aktualisierung) ist ein Begriff, der maßgeblich durch Papst Johannes XXIII. (geb. 1881, 1958-1963) geprägt wurde. Mit diesem Programmwort empfahl er die Öffnung der katholischen Kirche zur modernen Welt. Das Aggiornamento gilt als das Leitmotiv des → Zweiten Vatikanischen Konzils. Der Begriff wurde bald zu einem redensartlichen Ausdruck, der verwendet wird, wenn von Aufbruch und Umbruch und dem „neuen Geist" der Kirche die Rede ist.

Alterität

Mit dem Begriff Alterität (von lat. alter = der andere) wird die Identität stiftende Andersheit/Unterschiedenheit zweier Individuen bezeichnet. Identität stiftend ist die Alterität insofern, als dass ein Individuum sich erst durch Abgrenzung zu einem anderen, einem Gegenüber formt und definiert. Bei der Alterität besteht daher im Gegensatz zur Alienität/Fremdheit eine wechselseitige Beziehung zwischen dem einen Individuum und dem anderen.

Beheimatung

Der Begriff Beheimatung wird prominent in der Verlautbarung der Deutschen Bischofskonferenz *Die bildende Kraft des Religionsunterrichtes* von 1996 gebraucht und bezeichnet in der katholischen Religionspädagogik den durch den konfessionellen Religionsunterricht initiierten Prozess der Sozialisation im Raum der Kirche, der auf ein Vertrautwerden mit der eigenen Religion, ihrer Praxis sowie die Bildung einer religiösen Identität abzielt.

Bezugsnorm (Notengebung)

Bei der Notengebung gibt es drei Bezugsnormen, d.h. Maßstäbe bzw. Referenzrahmen, welche die Beurteilenden bei der Benotung berücksichtigen sollten: der individuelle Lernfortschritt des Schülers/der Schülerin (= subjektive Bezugsnorm), die Korrektheit der Aufgabenlösung (= kriteriale Bezugsnorm) und das Verhältnis zu den anderen Lernenden bzw. die Position in der Lerngruppe (= soziale Bezugsnorm). Dabei muss vor allem die subjektive Bezugsnorm den Referenzrahmen für die konkrete Schülernote bilden.

Bildungsstandards
Bildungsstandards beschreiben die in jedem Schulfach grundlegenden domainbezogenen Kompetenzen von Schülerinnen und Schülern, die am Ende von mehrjährigen Bildungsabschnitten überprüft werden sollen.

Bremer Klausel
Die sogenannte „Bremer Klausel" findet sich in Art. 141 des Grundgesetzes. Sie ermöglicht den Bundesländern mit einer anderen Rechtstradition von einem konfessionellen Religionsunterricht gemäß Art. 7 Abs. 3 Abstand zu nehmen. Auf die „Bremer Klausel" berufen sich die Bundesländer Bremen, Brandenburg und Berlin, um ihre Sonderregelung des Religionsunterrichtes und eines Unterrichts mit religionskundlichen Anteilen zu begründen.

Crazy Quilt
Crazy Quilt (engl. = Flickendecke) ist ein durch Heiner Keupp geprägter Begriff aus der Identitätsforschung, der den Prozess der Konstruktion und Entwicklung von Identität beschreibt. Er macht auf die Vielschichtigkeit, die Mehrdimensionalität und die Vergänglichkeit von personaler Identität aufmerksam und lässt die Komplexität und Kontingenz ihres Entstehens anklingen. All diese Eigenschaften stehen im Kontrast zu den Charakteristika von Identitätskonzepten der klassischen Moderne, die – exemplarisch bei Erik H. Erikson (1973) und Jürgen Habermas (1976) – die Identitätsbildung als einen kontinuierlichen und linearen Prozess menschlicher Persönlichkeitsentwicklung verstehen.

Formale Bildungstheorie
Formale Bildungstheorien sind auf das Subjekt, d.h. auf die Lernenden und ihre Bedürfnisse bezogen. Sie fragen danach, welche Themen und Inhalte für die Schülerinnen und Schüler in ihrer gegenwärtigen Situation und künftig am wichtigsten sind. Zu formalen Bildungstheorien gehören die Theorie der funktionalen Bildung, laut derer derjenige gebildet ist, der seine körperlichen, geistigen und seelischen Kräfte entfaltet hat, und die Theorie der methodischen Bildung, laut derer der gebildet ist, wer gelernt hat, wie man richtig lernt und sich Methoden und instrumentelle Fähigkeiten angeeignet hat. Durch Vereinigung der formalen und der materialen Bildungstheorie (siehe unten) entwickelt Wolfgang Klafki die Kategoriale Bildung.

funktionaler/funktionalistischer Religionsbegriff
Der funktionale/funktionalistische Religionsbegriff definiert Religion von ihren soziologischen Funktionen her. Er beschreibt gewissermaßen die Außenseite von Religion, indem er die Wirkweise und die Aufgaben, die Religion in der Gesellschaft übernimmt, nachzeichnet und ursächlich begründet. Dabei wird oft der gemeinschaftstiftende Charakter von Religion als zentrale Funktion hervorgehoben.

Der funktionale/funktionalistische Religionsbegriff versucht Religion zwar objektiv und vergleichbar zu erfassen, er bleibt jedoch defizitär, da er lediglich beschreibt, was Religion bewirkt und nicht was Religion ihrem Wesen nach ist.

gelebte vs. gelehrte Religion

Mit gelebter Religion bezeichnet man die eigene, biographisch anverwandelte Religion. Sie beinhaltet die für die Lehrperson aus ihrer Biographie heraus wichtig gewordenen Elemente und Inhalte. Gelehrte Religion hingegen meint die auf die Adressaten des Religionsunterrichtes bezogene, didaktisch reflektierte Religion, die das enthält, was die Lehrkraft aus einer reflektierten didaktischen Perspektive für ihre Schülerinnen und Schüler für wichtig hält. Die religiöse Lebenswelt der Unterrichtenden und ihrer Schülerinnen und Schüler stehen allerdings in der Regel in einer diametralen Spannung zueinander. Für das Gelingen des Religionslehrerberufs ist daher die Balance von gelebter und gelehrter Religion konstitutiv.

Gender

„Gender", ursprünglich ein Begriff aus der Geschlechterforschung, ist inzwischen ein Schlüsselbegriff der feministischen Religionspädagogik, der zum einen als Kategorie der Kritik an den bestehenden Geschlechterverhältnissen in Kontexten religiöser Bildung, zum andern als Kategorie einer neuen, geschlechtersensiblen Theoriebildung dienen soll. Mit der Verwendung des Genderbegriffs wird die Opposition zwischen „Sex" und „Gender", dem biologischen und kulturellen Geschlecht, markiert. Dabei reflektiert die Genderforschung die grundsätzlichen kulturellen Konzeptionen von Geschlecht und wendet sich dabei gegen die Annahme von der „natürlichen" Bestimmung der Geschlechter. Stattdessen soll die historisch und gesellschaftlich-kulturell bedingte Konstruktion des sozialen Geschlechtes analysiert werden. Das soziale Geschlecht wird dabei als Ergebnis eines gesellschaftlichen Prozesses verstanden. Vertreterinnen der Genderkategorie lehnen schon durch den Unterschied von „Sex" und „Gender" eine biologistische Begründung von Geschlechtscharakteren und Geschlechterrollen ab, die auf dieser Grundlage als unveränderlich und legitimiert erscheinen. Feministische und geschlechtersensible Theologie reflektiert unter diesen Voraussetzungen die Relevanz der Geschlechtlichkeit für die biblische, historische, systematische und praktische Theologie sowie für die Strukturen, in denen Theologie betrieben wird. Im Kontext der praktischen Theologie untersucht die feministische bzw. gendersensible Religionspädagogik wiederum Geschlechterrollen und die ihnen zugrundeliegenden Strukturen in Formaten religiöser Erziehung und Bildung, z. B. das Verhältnis von Schülerinnen und Schülern zueinander, ihre unterschiedlichen Rollen und Auftritte im Unterrichtsgeschehen, ihre Bewertung durch Lehrerinnen und Lehrer sowie die Darstellung der Geschlechter in Unterrichtsmedien wie dem Religionsbuch.

Kinderphilosophie

Als Kinderphilosophie wird das Philosophieren von und mit Kindern bezeichnet. Dabei geht es um Einübung von logisch-argumentativem, dialogisch-pragmatischem und kreativem Denken mit Kindern im Vorschul- und Schulalter. Aus der Kinderphilosophie erhielt die → Kinder-/Jugendtheologie wichtige Impulse.

Kinder-/Jugendtheologie

Als Kinder-/Jugendtheologie wird der methodische Zugang bezeichnet, Kinder und Jugendliche zu einem theologisierenden und philosophierenden Lernen anzuregen, in dem die ihnen eigene Perspektive auf die Wirklichkeit bedacht und im Gespräch weiter bearbeitet wird. Kinder-/Jugendtheologie ist keine Theologie für Kinder, sondern wird verstanden als eine Theologie von Kindern, die durch das Theologisieren von Erziehenden – Eltern, Geschwistern, Erzieherinnen und Erziehern, Lehrerinnen und Lehrern – mit Kindern ihre konkrete Gestalt gewinnt.

Kompetenzen

Die bei Schülerinnen und Schülern verfügbaren oder erlernbaren kognitiven Fähigkeiten und Fertigkeiten, um bestimmte Probleme zu lösen sowie die damit verbundenen motivationalen, volitionalen und sozialen Bereitschaften und Fähigkeiten.

Konfrontationsdidaktik

Die Konfrontationsdidaktik von Thomas Ruster stellt ein Gegenstück zur → Korrelationsdidaktik dar. Im Gegensatz zur Korrelation als didaktischem Prinzip, mit welchem versucht wird, bei der Vermittlung von Unterrichtsstoff an die Lebenswelt der Schülerinnen und Schüler anzuknüpfen, setzt die Konfrontationsdidaktik auf eine direkte Auseinandersetzung im Sinne einer Instruktion. Das Problem der Korrelationsdidaktik ist, dass Schülerinnen und Schüler heutzutage wenn überhaupt nur noch rudimentäre Grundkenntnisse über ihre Religion haben und daher kaum etwas übrig bleibt, an das man im Unterricht anknüpfen könnte. Die Konfrontationsdidaktik versucht auf diese Schwierigkeit zu reagieren.

Konstruktivismus/Konstruktivistische Religionspädagogik

Konstruktivismus ist ein Ansatz im Kontext der philosophischen Erkenntnistheorie, der darauf aufbaut, dass die „Welt an sich" (Immanuel Kants „Ding an sich") nicht wirklich erkennbar und damit so etwas wie objektive Erkenntnis nicht möglich ist. Stattdessen beruht jede Erkenntnisleistung auf der Konstruktionsleistung des erkennenden Subjekts, das seine Erkenntnis von Welt aufbaut und gestaltet. Dabei fungiert die Bezeichnung „Konstruktivismus" vor allem als ein Sammelbegriff für verschiedene Strömungen und Schulen, die in den Humanwissenschaften diesen Grundgedanken angewendet und auf seine Konsequenzen bedacht haben (Psychologie: Paul Watzlawik; Biologie: Humberto Maturana; Hirnforschung: Gerhard Roth; Erziehungswissenschaften: Edmund Kösel). In der Pädagogik ist die Konstruktivistische Didaktik von Kersten Reich diskursprägend gewesen: Hier wird Lernen als ein Prozess verstanden, in dem sich das Wissen durch die Wirklichkeits- und Sinnkonstruktion des lernenden Subjekts selbstorganisiert. Entsprechend nehmen Methoden des eigentätigen, ganzheitlichen und selbstorganisierten Lernens in diesem Konzept einen breiten Raum ein.

In der Religionspädagogik haben die katholischen Religionspädagogen Hans Mendl und Wolfgang Michalke-Leicht konstruktivistische Elemente in ihre religionsdidaktischen Konzeptionen übernommen, im evangelischen Bereich ist der Konstruktivismus vor allem über die → Kinder- und Jugendtheologie in die Diskussion eingewandert. In beiden Konfessionen hat die Integration konstruktivistischer Elemente aber die gleichen Konsequenzen: Der Nutzen der nach wie vor sehr verbreiteten Instruktion bzw. des Instruktivismus (am deutlichsten im Frontalunterricht) wird grundsätzlich in Frage gestellt, da das Lernen im Unterricht aus konstruktivistischer Perspektive nicht als passiver, rezeptiver Prozess des Zuhörens und Aufnehmens, sondern als aktive, konstruierende Tätigkeit durch den Schüler/die Schülerin verstanden wird. Entsprechend ist es Aufgabe der Lehrerinnen und Lehrer, Schülerinnen und Schülern zu helfen, ihr Wissen selbst zu konstruieren und ihre Kompetenzen an diesen Kenntnissen zu erproben und zu entwickeln. Dabei steuern die Lernenden ihren Lernprozess überwiegend selbstständig. Weil sich Lernende ihr Wissen selber aneignen und aufbauen, geht die konstruktivistische Religionspädagogik davon aus, dass dieses Wissen dauerhafter bleiben wird und Schülerinnen und Schüler besser als bisher in der Lage sind, Wissen und Kompetenzen auf andere Situationen anzuwenden.

Gerade auf katholischer Seite gibt es allerdings auch massive Kritik an konstruktivistischen Konzepten, denn mit der Aufgabe der Lehrerrolle als „Instruktor" fürchten viele Kolleginnen und Kollegen auch die Aufgabe des Wahrheitsanspruches in religiösen Vermittlungsprozessen. Instruktive, lehramtliche Initiativen wie der „YouCat" können deshalb als Gegenprogramm zum Konstruktivismus verstanden werden.

Korrelation

Als Korrelation (von lat. *correlatio* = Wechselbeziehung) wird in den Natur- und Sozialwissenschaften eine Beziehung zwischen zwei oder mehreren Merkmalen, Ereignissen oder Zuständen bezeichnet. Die Theologie bezieht diese Wechselbeziehung seit der Mitte des 20. Jahrhunderts auf die Beziehung zwischen dem Wort Gottes und dem Hörer des Wortes (Karl Rahner). Verstanden als religionsdidaktisches Prinzip kann die Korrelation im Sinne der Würzburger Synode (1973–1975) als Anliegen angesehen werden, den Glauben im Kontext des Lebens vollziehbar und das Leben im Lichte des Glaubens verstehbar zu machen.

Materiale Bildungstheorie

Materiale Bildungstheorien sind auf das Objekt, d.h. den Inhalt von Unterricht bezogen. Sie fragen danach, welche Inhalte so wichtig und wertvoll sind, dass sie von Schülerinnen und Schülern gelernt werden sollten. Dazu zählen der bildungstheoretische Objektivismus, nach dem gebildet ist, wer möglichst viel gelernt und sich eine Art enzyklopädisches Wissen angeeignet hat, und die Bildungstheorie des Klassischen, nach der gebildet ist, wer sich klassische Inhalte, wie z. B. die Werke Schillers und Goethes erarbeitet hat und an ihnen gereift ist. Durch Verbindung der materialen und der formalen Bildungstheorie entwickelt Wolfgang Klafki die Kategoriale Bildung.

Performative Religionsdidaktik

Die Performative Religionsdidaktik ist ein jüngeres Unterrichtskonzept, das zuerst im Kontext der evangelischen Religionspädagogik (Bernhard Dressler/Thomas Klie/Silke Leonhard) entwickelt worden ist, inzwischen aber auch in der katholischen Religionspädagogik diskutiert wird (Hans Mendl/Hans Schmid). Der Begriff „Performanz" leitet sich vom Lateinischen „per formam" (= durch die Form bestimmen/durchführen) ab und kennt grundsätzlich zwei Verwendungsformen: Die Sprechakttheorie, in welcher der Begriff die Wirkung bzw. Bestimmung von Sprache markiert (z. B. zielen die Sprachformen Fluch und Segen auf eine bestimmte *Wirkung* des Ausgesprochenen), und der Bereich der Künste, in denen mit dem englischen Begriff der Performance die Inszenierung bzw. die Auf- und Durchführung eines Kunstwerkes bezeichnet wird. Performative Religionsdidaktik will beide Begriffstraditionen verbinden: Es geht also um die Erinnerung an die intendierte Wirkmacht religiöser Sprache, wie z. B. im Lied, im Gebet und im Segen, es geht aber auch um die schulische Inszenierung religiöser Handlungen aus Diakonie und Liturgie. Hintergrund des Konzepts ist der gesellschaftliche Traditionsabbruch: Weil Schülerinnen und Schüler kaum noch eine familiäre religiöse Sozialisation durchlaufen, kann der Religionsunterricht nicht mehr reflexiv-nachdenkend bearbeiten, was bisher in Familie und Gemeinde grundgelegt worden ist. Entsprechend müssen im Rahmen des schulischen Religionsunterrichts praktische Vollzüge und Übungen angesiedelt werden (ein Ritual einüben, ein Lied singen, ein Schriftwort hören und meditieren, ein Gebet sprechen, einen Sozialdienst im Compassion-Projekt ausüben), um der unterrichtlichen Reflexion über Glaube und Kirche erst einmal eine Erfahrungsgrundlage zu schaffen.

Das Konzept der Performativen Religionsdidaktik wird im evangelischen und katholischen Diskurs unterschiedlich konnotiert und diskutiert: Während im evangelischen Kontext Performance und Performation nur als unterrichtliches Probehandeln verstanden werden sollen, wird in der katholischen Debatte spätestens seit der bischöflichen Verlautbarung *Der Religionsunterricht vor neuen Herausforderungen* (2005) Performative Didaktik als eine Vermittlung von Elementen gelebten Glaubens und der damit verbundenen liturgischen Praxis verstanden.

Entsprechend sehen Kritiker dieses Ansatzes die Gefahr, dass in einem solchen katholischen Konzept Performativer Didaktik Schülerinnen und Schüler im Rahmen religiöser Vollzüge in einer übergriffigen Weise vereinnahmt werden (Verstoß gegen das Überwältigungsverbot!). Zum anderen wird auch darauf hingewiesen, dass in einem solchen Konzept die Gefahr besteht, Liturgie, also an Gott gerichteter Kult und Dienst, für pädagogische Zwecke zu instrumentalisieren und damit zu entweihen.

PostPISAm

Mit PostPISAm (lat. post = nach) wird die von Reformbemühungen im Bildungssystem geprägte Epoche nach der ersten PISA-Studie im Jahr 2000 bezeichnet, in der die Bildungspolitik vor allem durch Akkzelerierung (Beschleunigung und Verdichtung), Ökonomisierung (Verbetriebswirtschaftung) und Kontrolle (Zentrale Standards und Prüfungsverfahren) einen stärkeren Leistungsdruck auf Lehrerinnen und Lehrer sowie Schülerinnen und Schüler aufgebaut hat, um damit eine Qualitätsverbesserung im Bildungssystem zu erreichen.

Religious Literacy

Als Religious Literacy wird die basale Fähigkeit verstanden, das Symbolsystem religiöser Glaubenssysteme „lesen" und sich in diesem „verständigen" zu können, zum anderen aber auch Einstellungen und Haltungen, mit denen Glaube und Religion verstanden, akzeptiert, ja mehr noch: mit Wertschätzung wahrgenommen werden sollen. Die Notwendigkeit dieser Fähigkeit ist im Besonderen in der Tatsache begründet, dass die Schülerinnen und Schüler in Deutschland zunehmend in einer religiös pluralen Gesellschaft aufwachsen.

res mixta

Als res mixta (lat. = vermischte Angelegenheit) wird in der Rechtswissenschaft die Zusammenarbeit von Religionsgemeinschaft und Staat bezeichnet. Der Religionsunterricht ist eine solche res mixta, da er in der Bundesrepublik Deutschland laut Art. 7 Abs. 3 GG den Status eines ordentlichen Lehrfachs hat und seine Erteilung eine staatliche Aufgabe und Angelegenheit ist, bei der allerdings die inhaltliche Gestaltung durch die jeweilige Religionsgemeinschaft zu erfolgen hat. In der konkreten Praxis hat sich die res mixta inzwischen in den meisten Bundesländern (Ausnahmen siehe „Bremer Klausel") so ausgeprägt, dass der Staat für die Organisation des Religionsunterrichts und die Ausbildung der Lehrerinnen und Lehrer verantwortlich zeichnet, während die Religionsgemeinschaften der Einstellung von Religionslehrerinnen und -lehrern zustimmen und Lehrpläne wie Unterrichtsmaterialien approbieren müssen.

theologisch vs. religionskundlich

Die Vermittlung von Wissen *über* eine Religion, also Religion von der Außenperspektive her betrachtet, wird als religionskundlich bezeichnet. Im Gegensatz dazu nimmt die Theologie die Innenperspektive einer Religion ein. Im Zusammenhang mit dem Religionsunterricht bedeutet dies, dass ein religionskundlicher Unterricht eine weltanschaulich neutrale Redeweise über Religion impliziert, während im theologischen bzw. konfessionellen Religionsunterricht die Kinder und Jugendlichen *in* einer bestimmten Religion unterrichtet werden.

Säkularisierung

Mit dem Begriff Säkularisierung (von lat. saeculum = Zeitalter, Jahrhundert) wird im Allgemeinen die allmählich immer stärker voranschreitende, geschichtlich maßgeblich durch die Aufklärung in Gang gesetzte Verweltlichung der Gesellschaft beschrieben und – damit verbunden – der schwindende Einfluss der Religionen in Staat und Gesellschaft.

Spiritualität

Mit Spiritualität wird in der aktuellen religionspsychologischen Forschung die Verbundenheit („connectedness") eines Menschen zu Natur, Mitmensch und Transzendentem verstanden (so z.B. bei Anton Bucher). Damit hat der Begriff eine enorme Weitung erfahren, denn in seiner ursprünglichen Bedeutung (lat. spiritus = Geist) beschrieb Spiritualität erst einmal nur eine religiöse „Be-geisterung", um dann über lange Jahrhunderte vor allem als Synonym für kirchliche Frömmigkeit zu dienen. Die heutige begriffliche Weitung, Spiritualität als Verbunden- und Einssein zu verstehen, macht deutlich, dass sich die Ausrichtung des Menschen nicht nur durch eine vertikale Bewegung hin zu einem göttlichen Ultimaten, sondern auch auf sein soziales und ökologisches Umfeld hin verstanden werden muss. In dieser Hinsicht ist das Motto des Konziliaren Prozesses „Gerechtigkeit, Frieden und Bewahrung der Schöpfung" auch eine Grunddefinition christlicher Spiritualität.

Von Religionslehrerinnen und Religionslehrern wird in der Regel eine kirchenbezogene Spiritualität erwartet in dem Sinne, dass der- bzw. diejenige, die das Fach Religion konfessionell unterrichtet, „begeistert" sein sollte von der zu vertretenden Perspektive auf die Wirklichkeit. In diesem Sinne ist Spiritualität hier Voraussetzung dafür, dass die das Fach Religion Unterrichtenden Zeugnis ablegen können für die religiösen Grundvorstellungen und Weltanschauungen, die in der jeweiligen Konfession bzw. Religion vertreten werden. Das schließt allerdings nicht aus, dass die Spiritualität von Religion-Unterrichtenden noch ganz andere, komplementäre Elemente von Verbundenheit enthält, die weit über diese kirchlichen Vorstellungen hinausgehen können.

substantialer/substantialistischer Religionsbegriff
Der substantiale/substantialistische Religionsbegriff versucht Religion substantial, d.h. von ihrem Wesen her zu bestimmen. Er nimmt eine Innenperspektive ein und schaut auf die charakteristischen Inhalte von Religion, die sie von anderen gesellschaftlichen Phänomenen unterscheidet, wie beispielsweise die Erfahrung von „Gott" oder des „Heiligen".

Symbol
Symbole (von grch. symballein = zusammenwerfen/-fügen) sind Bedeutungsträger bzw. Zeichen, die mit ihrer vordergründigen Gestalt auf eine hintergründige, für die Sinne nicht wahrnehmbare Wirklichkeit verweisen. So kann ein Kuss ein Symbol der Liebe sein oder eine Umarmung ein Zeichen für Zuneigung etc. Symbole bringen also zum Ausdruck, was in einer Tiefenstruktur von Wirklichkeit verborgen liegt. Deutlich wird dies besonders in den Sakramenten, in denen Symbolhandlungen und Symbolmaterialien zeichenhaft für das göttliche Wirken stehen, so z.B. das Wasser in der Taufe für die Reinwaschung von den Sünden und das Salben des Täuflings als Ausdruck der Beschenkung mit der Gabe des Heiligen Geistes. Entsprechend wird das Sakrament seit Augustinus als äußeres Zeichen einer inneren Handlung bezeichnet.

Systematische Theologie
Die Systematische Theologie ist ein Teilbereich der Theologie, die den Glauben der Christen reflektiert und die Inhalte der Theologie in Anwendungsgebiete systematisiert. Die systematische Theologie ist nochmals unterteilt in vier Unterdisziplinen: die Fundamentaltheologie, die über die Grundlagen des christlichen Glaubens nachdenkt und mit Mitteln der Vernunft zu begründen sucht; die Dogmatik, welche die Inhalte des christlichen Glaubens reflektiert; die Moraltheologie, welche die christliche Lebensführung und das Handeln von Christen diskutiert und die christliche Sozialwissenschaft.

Trialog
Trialog (zusammengesetzt aus grch. tria = drei und logos = Wort, Rede) ist eine Wortneuschöpfung in Anlehnung an den Begriff Dialog, mit der die auf Begegnung, Austausch und Annäherung abzielende Kommunikation zwischen den drei Abrahamitischen Religionen Judentum, Christentum und Islam bezeichnet wird.

Würzburger Synode
„Würzburger Synode" ist ein im katholischen Sprachgebrauch geläufiger Terminus für die Gemeinsame Synode der Bistümer in Deutschland, die zwischen 1970 und 1975 regelmäßig in Würzburg tagte, um die Beschlüsse des → II. Vatikanischen Konzils, das zwischen 1962 bis 1965 in Rom stattfand, in den verschie-

denen kirchlichen Handlungsfeldern der deutschen Ortskirche konkret werden zu lassen. Wie das II. Vatikanische Konzil, so ist auch die Würzburger Synode ein Ereignis der Kirchengeschichte gewesen, das vom Geist des Aufbruchs und des → „Aggiornamento" (Papst Johannes XXIII.) Zeugnis ablegte. Für den Religionsunterricht entwickelten die Synodalen ein fundamental neues Konzept, das bis heute Gültigkeit hat.

II. Vatikanum/II. Vatikanisches Konzil

Das Zweite Vatikanische Konzil, das nach katholischer Zählung 21. ökumenische Konzil, ist eines der wichtigsten Konzilien in der katholischen Kirche, das von 1962–1965 in Rom abgehalten wurde. Als sein Leitziel gilt das von Papst Johannes XXIII. (geb. 1881, 1958–1963) geforderte → Aggiornamento. Mit diesem Konzil sind viele wichtige Neuerungen in der Lehre und im Leben der Kirche verbunden. Bedeutende Konzilstexte sind u.a. Dignitatis humanae: Erklärung über die Religionsfreiheit, Nostra aetate: Erklärung über das Verhältnis zu den nichtchristlichen Religionen, Unitatis redintegratio: Dekret über den Ökumenismus, Optatam totius: Dekret über die Ausbildung der Priester, Dei verbum: Dogmatische Konstitution über die göttliche Offenbarung, Lumen gentium: Dogmatische Konstitution über die Kirche, Gaudium et spes: Pastorale Konstitution über die Kirche in der Welt von heute, Sacrosanctum concilium: Konstitution über die heilige Liturgie u. v. a. m.

Quellennachweise

S. 7: © Vasyl/stock.adobe.com

S. 13: © scavenger/photocase.com

S. 19: © nikolya/Fotolia.com

S. 20: Otto, Rudolf, Das Heilige. Über das Irrationale in der Idee des Göttlichen. Beck Verlag München, 2. Aufl. 2004, S. 8f.

S. 20: Böhmke, Michael, Theologische Gründe für und wider die Funktionalität der christlichen Religion. In: Jömann, Norbert, Junker, Christiane, Chadi Touma (Hg.), Religion – Wieso, weshalb, warum? Zur Funktionalität von Religion aus soziologischer, biologischer, philosophischer und theologischer Sicht. Edition KSHG, Lit-Verlag Münster 2004, S. 98f.

S. 29: Grafik erstellt nach der Übersichtstabelle aus: Noormann, Harry. Lexikalische Stichworte. In: Noormann, Harry, Becker, Ulrich, Trocholepczy, Bernd (Hrsg.), Ökumenisches Arbeitsbuch Religionspädagogik, Kohlhammer Verlag Stuttgart/Berlin/Köln 2000, S. 293–294. © Harry Noormann. Aktualisiert anhand: Lähnemann, Johannes/Schreiner, Peter, Interreligious and Values Education in Europe, Comenius-Institut Münster 2009

S. 38: © İhsan Gerçelman/stock.adobe.com

S. 39: © Lucas/stock.adobe.com

S. 47: © Verlag des Bischöflichen Ordinariats Limburg/Lahn. Erstveröffentlichung in: INFO. Informationen für Religionslehrerinnen und Religionslehrer Bistum Limburg, Jg. 36 (Heft 1–2/2007), S. 21–26

S. 54: © Trifonenkolvan/shutterstock.com

S. 57: Grafik erstellt nach der Vorlage aus: Erikson, E. H., Identität und Lebenszyklus. Suhrkamp Verlag Frankfurt a. M. 1973, S. 150f.

S. 58: Grafik erstellt nach der Vorlage aus: Keupp, Heiner, Sich selber finden. Unter: http:/www.ipp-muenchen.de/texte/sich_selber_finden.pdf

S. 63: Abbildung aus: Calmbach, Marc; Thomas, Peter Martin; Borchard Inga; Flaig, Bodo: Wie ticken Jugendliche? (2012) Lebenswelten von Jugendlichen im Alter von 14 bis 17 Jahren in Deutschland. (Durchführendes Institut: SINUS Markt- und Sozialforschung GmbH, Heidelberg & Berlin). Abb. 3.9.1, Seite 81, © Verlag Haus Altenberg 2011

S. 67: Grafik erstellt nach der Vorlage aus: Oser, Fritz/Bucher, Anton, Religion – Entwicklung – Jugend. In: Oerter, Rolf/Montada, Leo (Hg.), Entwicklungspsychologie. Ein Lehrbuch. Beltz PVU Weinheim, 4. Aufl. 1995, S. 1047

S. 69: Grafik erstellt nach der Vorlage aus: Oser, Fritz/Bucher, Anton, Religion – Entwicklung – Jugend. In: Oerter, Rolf/Montada, Leo (Hg.), Entwicklungspsychologie. Ein Lehrbuch. Beltz PVU Weinheim, 4. Aufl. 1995, S. 1048–1049

S. 70: Grafik erstellt nach der Vorlage aus: Oser, Fritz /Althof, Wolfgang, Moralische Selbstbestimmung. Modelle der Entwicklung und Erziehung im Wertebereich, Klett-Cotta Verlag Stuttgart, 4. Aufl. 2001, S. 54

S. 89: Grafik erstellt nach der Vorlage aus: Meyer, Hilbert/Jank, Werner, Didaktische Modelle, © 1991 Cornelsen Verlag Scriptor, Berlin, 10. Auflage 2011, S. 199

S. 91: Grafik erstellt nach der Vorlage aus: Meyer, Hilbert, Was ist guter Unterricht, © 2004 Cornelsen Verlag Scriptor, Berlin, 8. Auflage 2011, S. 25

S. 93: Grafik erstellt nach der Vorlage aus: Andreas Feindt, Wie geht kompetenzorientierter Unterricht. In: Lehrerarbeit – Lehrersein. Friedrich – Jahresheft 28, © 2012 Friedrich-Verlag, Seelze, S. 87

S. 103: © Claußß Peter Sajak

S. 104: „Über die Bezeichnung Emigranten", aus: Bertolt Brecht, Werke. Große kommentierte Berliner und Frankfurter Ausgabe, Band 12: Gedichte 2. © Bertolt-Brecht-Erben / Suhrkamp Verlag 1988

S. 106: © Peter Willi – Artothek / © VG Bild-Kunst, Bonn 2020

S. 108: Clipdealer

S. 112: © Clauß Peter Sajak

S. 118: © Verlag Merseburger, Kassel www.merseburger.de

S. 131: © peshkova – Fotolia.com

Evolution und Schöpfung kontrovers

HORST BAYRHUBER I ASTRID FABER I REINHOLD LEINFELDER

Darwin und kein Ende?

Kontroversen zu Evolution und Schöpfung

21,5 x 23 cm, 240 Seiten Hardcover, vierfarbig

ISBN 978-3-7800-1078-0, € 19,95

Darwins Evolutionstheorie hat die Biologie revolutioniert, sie wurde weiterentwickelt und vielfältig abgesichert. Dennoch wird sie kontrovers diskutiert.

Kreationisten glauben an einen einmaligen Schöpfungsakt, Theologen der großen Konfessionen begründen die Vereinbarkeit mit dem Schöpfungsglauben und einige Biologen und Philosophen meinen, aus der Evolutionstheorie Atheismus ableiten zu können.

Das Buch diskutiert die Theorien und berichtet über Haltungen und Vorstellungen von Lernenden bezüglich Evolution und Schöpfung. Umfangreiches Bildmaterial veranschaulicht die widersprüchlichen Sichtweisen.

Fachbuch

Alle Preise zzgl. Versandkosten, Stand 2020

Unser Leserservice berät Sie gern:
Telefon: 0511/4 00 04 -150
Fax: 0511/4 00 04 -170
leserservice@friedrich-verlag.de

Klett Kallmeyer

www.klett-kallmeyer.de

Unter www.friedrich-verlag.de finden Sie Materialien zum Buch als Download.
Bitte geben Sie den achtstelligen Download-Code in das Suchfeld ein.

DOWNLOAD-CODE: d14900ru

Hinweis:

Download-Material (pdf)

Das Download-Material enthält Arbeitsblätter, die Ihnen Aufgabenstellungen für die Lehrerausbildung und vertiefende Hintergrundinformationen bereitstellen.

Haben Sie Fragen zum Download? Dann wenden Sie sich bitte an den Leserservice der Friedrich Verlags GmbH. Schreiben Sie uns oder rufen Sie uns an!

Sie erreichen unseren Leserservice
Montag bis Donnerstag von 8–18 Uhr
Freitag von 8–14 Uhr
Tel.: 05 11/4 00 04-150
Fax: 05 11/4 00 04-170
E-Mail: *leserservice@friedrich-verlag.de*

Wir freuen uns über Ihre Rückmeldungen und helfen Ihnen gern weiter!

ro
ro
ro

rororo